LA PORTE DU SALUT

Comment Naître de Nouveau

HOLLY VAN USELE

Copyright © 2024 Holly Van usele

Tous droits réservés. Aucune partie de ce livre ne peut être reproduite sous quelque forme que ce soit sans l'autorisation écrite de l'éditeur, sauf dans le cas de brèves citations dans des articles critiques ou des revues.

ISBN :978-0-6397-8953-8

DÉDICACE

À Jésus,
Pour ton sacrifice ultime sur la croix, qui a racheté et sauvé mon âme, ce livre t'est dédié. Ton amour et ta grâce ont été une lumière qui a guidé ma vie, m'inspirant à partager le message d'espoir et de rédemption avec les autres.

Au Saint-Esprit,
Merci pour la révélation et l'inspiration divines qui m'ont traversé pendant que j'écrivais ces pages. Ta guidance a été mon compagnon constant, éclairant mon chemin et m'aidant à rédiger cet ouvrage.

À mon épouse bien-aimée, Tara Stanley Van Usele,
Ton soutien indéfectible, ton amour et tes encouragements ont été ma force tout au long de ce voyage. Ce livre est autant le tien que le mien ; tu es ma plus grande bénédiction venant de Dieu le Père. Ce livre est un témoignage de l'amour que nous partageons et de la belle famille que nous construisons ensemble.

Et à nos futurs enfants,
Alors que nous attendons votre arrivée avec impatience et amour, ce livre vous est dédié, vous qui êtes la source d'une joie et d'une inspiration sans fin dans nos vies. Que ces mots vous rappellent l'amour et le dévouement que nous avons l'un pour l'autre et pour vous, nos précieux trésors. Votre arrivée sera un témoignage de l'amour entre ta mère et moi, et nous attendons avec impatience la joie et l'émerveillement que tu apporteras dans nos vies.

Avec toute ma gratitude et mon amour,
Holly van usele.

TABLE DES MATIÈRES

REMERCIEMENTS i
PREFACE iii
AVANT-PROPOS v
1 INTRODUCTION 1
CHAPITRE 1 : 5
LA NATURE DE L'HUMANITÉ 5
CHAPITRE 2 : 29
LE DON DE LA GRÂCE 29
CHAPITRE 3 47
REPENTANCE ET PARDON 47
CHAPITRE 4 97
L'URGENCE DE L'HEURE 97
5 LA PORTE DU SALUT 139
6. CONCLUSIONS 191
7 BIBLIOGRAPHIES 197
À PROPOS DE L'AUTEUR 199

REMERCIEMENTS

En achevant ce livre, je dois une profonde gratitude aux personnes remarquables qui ont joué un rôle essentiel dans sa création.
Tout d'abord, à mon épouse bien-aimée et dévouée, Tara Stanley Van usele, dont les efforts inlassables pour m'aider à écrire et à corriger méticuleusement le manuscrit ont été inestimables. Ta foi en moi et ta volonté d'être à mes côtés alors que je m'embarquais dans ce voyage littéraire représentent tout pour moi, et ta patience, ton amour et ton soutien inébranlable ont été mon point d'ancrage tout au long de ce voyage.
À mon meilleur ami, le pasteur Bienvenu Bukola, j'exprime ma plus profonde gratitude pour avoir prêché l'Évangile et pour l'impact profond que cela a eu sur mon âme. Tes conseils et ton amitié ont contribué à façonner l'essence spirituelle de ce livre.
À mon grand frère, le prophète Serge Kambanga, et à sa chère épouseTanya Lofele Kambanga, votre présence constante et votre soutien inébranlable ont été une source de force et d'inspiration. Votre foi inébranlable en moi a été la force motrice derriere la redaction de ce livre.

À chacun d'entre vous, je suis profondément reconnaissant pour le rôle essentiel que vous avez joué dans la réalisation de ce livre et pour avoir été à mes côtés. Votre influence et votre soutien ont enrichi ce voyage au-delà de toute mesure.

Avec mes remerciements les plus sincères,
Holly Van usele

PREFACE

L'une des plus belles choses dans la vie est de voir un pécheur déposer son ancienne vie et entrer dans la nouvelle à laquelle le Seigneur l'a appelé. La GRÂCE de Dieu est un si beau cadeau pour l'humanité, mais beaucoup ne la saisissent pas ou l'édulcorent. La grâce de Dieu ne peut pas être diluée. Elle est trop précieuse, elle change la vie et elle est toujours disponible pour tout le monde. Heureusement, Dieu utilise ses serviteurs pour transmettre la vérité à ses brebis, à son peuple.

Ce livre est une véritable bénédiction pour ce monde. Avec tant de sagesse et de connaissances, Holly transmet un message clair de Dieu à son peuple : Jésus est la seule porte du salut, la seule porte vers le Père. Dès le premier chapitre, Holly met l'accent sur l'amour de Dieu en tant que Père. Chaque chapitre est rempli de grâce et d'amour. La lecture de ce livre vous entraîne dans un voyage de réflexion, de compréhension et de vérité. En tant qu'auteur, Holly raconte également son histoire avec honnêteté et transparence. Son histoire nous montre comment la grâce de Dieu vous alloue, et quand la grâce vous a sauvé, c'est aussi la grâce qui vous garde. Son histoire met en lumière la transformation qui s'opère lorsque vous rencontrez Jésus et que vous l'acceptez comme votre Seigneur et Sauveur. En tant qu'épouse, j'ai le privilège d'être témoin de la transformation qui s'est opérée dans la vie de Holly, jusqu'à aujourd'hui. Il ne fait aucun doute qu'il comprend la grâce, et que Dieu l'utilise dans cette moisson de la fin des temps. Je suis extrêmement fière de lui et je sais qu'il continuera à marquer le cœur du peuple de Dieu.

La Porte du Salut est un livre rempli de vérité, qui apporte Jésus, le salut, la rédemption, le pardon, la transformation et la grâce aux nations. Je prie pour que chaque lecteur soit béni par ce livre et que les cœurs soient réceptifs à la vérité. Je prie pour que beaucoup fassent l'expérience de la transformation et de la liberté de s'éloigner des liens du passé, sachant qu'ils sont complètement rachetés et restaurés.

Avec tout mon amour,
Tara Stanley Van usele

AVANT-PROPOS

Cher lecteur bienvenue dans un voyage transformateur. Dans ces pages, vous vous embarquerez pour une quête de l'âme, explorant la profondeur et rencontrant l'extraordinaire. Ce livre est plus que de l'encre sur du papier ; c'est un portail vers des expériences qui changent la vie.

Dans notre monde chaotique, en quête de sens, il existe un désir universel dans chacun de nous de renaître pour se débarrasser du peche, chercher le pardon et trouver Dieu.

Naviguez dans ce voyage sacré grâce à la sagesse intemporelle de la Bible. Découvrez le pouvoir transformateur de la grâce et la beauté profonde de la rédemption. Plongez dans les histoires de la fragilité humaine, de l'amour divin.

Dans ces chapitres, vous découvrirez l'essence de la "nouvelle naissance" à travers le prisme de la parole de Dieu. Nous explorerons l'image divine qui est en nous, les conséquences de la chute, l'aspiration à la rédemption et le besoin de transformation. À chaque fois que vous tournerez la page, vous serez invité à réfléchir à votre propre parcours, à contempler les vérités contenues dans ces enseignements et à embrasser la promesse de renouveau qui vous attend.

Au fil des chapitres, nous découvrirons le don de la grâce, une grâce qui coule librement, une grâce qui pardonne et une grâce qui transforme. Nous plongerons dans les profondeurs de la repentance et du pardon, en comprenant leur importance dans nos vies. Mais ce n'est pas tout. Nous ouvrirons également la porte à une compréhension encore plus profonde, la porte du salut lui-même. Nous rencontrerons Jésus, la porte du salut, et découvrirons la signification profonde de son sacrifice et la promesse de la vie éternelle.

Ce livre est un appel à renaître dans la grâce de Dieu. Trouvez des réponses aux questions profondes de la vie et approfondissez votre lien avec Dieu.

Cher lecteur, entrez dans ces pages avec un cœur ouvert et un esprit curieux. Laissez-vous envahir par la sagesse et la grâce. Laissez les récits de transformation inspirer votre voyage.

Que le voyage commence.
Holly van Usele

1 INTRODUCTION

Dans ce livre, je partagerai avec vous mes expériences personnelles et révélations sur ce sujet qui me passionne profondément : "Comment naître de nouveau ? Aujourd'hui, nous vivons dans un monde plus complexe et plus difficile que jamais. Beaucoup d'idées fausses sont partagées derrière les chaires des églises, les livres et les vidéos sur ce sujet, qui génèrent un type de personnes qui ne sont pas vraiment nées de nouveau. De nombreux prédicateurs promeuvent un style sur la façon de naître de nouveau qui met les âmes dans une sorte de simulation et fait croire aux gens qu'ils sont nés de nouveau alors qu'ils ne le sont pas. C'est pourquoi de nombreux soi-disant chrétiens ne sont pas capables de vivre une vie sans péché. À notre époque moderne, il est si facile de se perdre dans le chaos et la confusion. Cependant, je crois fermement qu'il n'est jamais trop tard pour recommencer et retrouver le chemin de la justice.

En tant que prophète, j'ai eu le privilège d'interagir avec les gens. J'ai vu de mes propres yeux les difficultés auxquelles les gens sont confrontés lorsqu'ils essaient de trouver un sens et un but à leur vie. Mon propre parcours a été long et sinueux, mais je suis reconnaissant d'être né de nouveau de manière authentique et de connaître mon but en Christ.

Dans ce livre, je partagerai mes expériences personnelles et revelations sur la façon de naître de nouveau. Je crois qu'il n'y a pas d'approche unique dans ce processus, mais plutôt un voyage profondément personnel que chacun de nous doit entreprendre, et nous devons profiter de l'occasion qui nous est donnée pour le faire. Par exemple, nous ne naissons pas tous de nouveau dans le même bâtiment d'église, croisade ou même maisons.

Certains sont même nés de nouveau par le biais de la radio, de la télévision, d'Internet ou dans les centres commerciaux. Vous pouvez rencontrer Jésus n'importe où et n'importe quand, comme la femme au puits. Cependant, je crois qu'il existe certains principes et pratiques qui peuvent nous guider tout au long du chemin.

Tout d'abord, je crois que naître de nouveau, c'est recevoir Jésus-Christ dans notre cœur, comme notre Sauveur et notre Seigneur.

L'Appel à la Transformation

Au plus profond de l'âme de chacun, il y a souvent une aspiration à quelque chose de plus, un désir inexprimé d'un nouveau départ, d'une transformation profonde. C'est un appel qui résonne à travers les âges, dans le cœur de l'humanité, parce qu'il y a en nous une forme de vide que seul Dieu peut combler. Cet appel est l'invitation à naître de nouveau. Tout au long de l'histoire, on sait qu'avant la venue de Jésus-Christ sur terre, le concept de naître de nouveau n'a pas eu beaucoup d'importance dans les différentes cultures et croyances. Dans le domaine de la spiritualité chrétienne, il s'agit d'une expérience puissante et transformatrice enracinée dans les enseignements de la Bible. Elle offre un chemin vers le renouveau, la rédemption et une relation restaurée avec Dieu par l'intermédiaire de Jésus.

Dans ce livre, nous nous embarquons pour un voyage de redécouverte, un voyage qui navigue dans les profondeurs de l'Écriture, puisant dans ses mots sacrés pour éclairer le chemin de la nouvelle naissance. Nous explorerons le pouvoir transformateur de la grâce, la beauté de la repentence et la signification profonde de la vie nouvelle en Christ. Grâce à la sagesse et aux conseils bibliques, nous découvrirons les clés qui nous permettront d'embrasser une existence renouvelée et de vivre une vie pleine d'objectifs, de joie et d'épanouissement.

Mais ce voyage n'est pas destiné à être parcouru seul. Avec l'aide du Saint-Esprit, nous irons puiser dans l'ancienne sagesse de la Bible et dans la puissance de la croix, car c'est là que Jésus a dit que toute est acomplie. Nous rechercherons ses vérités intemporelles et les appliquerons à nos vies d'aujourd'hui. Nous nous engagerons dans la révélation de la parole de Dieu alors que nous naviguerons sur ce chemin pour un salut authentique, et non une réflexion humaine, une contemplation et une recherche d'âme charnelle.

Alors, si vous aspirez à un nouveau départ, si vous voulez vous libérer des fardeaux du passé et si vous désirez faire l'expérience de la vie abondante promise par les Écritures, rejoignez-moi dans cette expédition de l'esprit. Écoutons l'appel à la transformation, découvrons le chemin de la nouvelle naissance et embarquons pour un voyage qui changera à jamais le cours de notre vie.

- L'Aspiration à un Renouveau Spirituel et à un Nouveau Départ.

Depuis le jour où Adam et Ève ont péché, le lien qui unissait la race humaine à Dieu a été coupé. Aujourd'hui, au plus profond de chaque cœur humain, il existe un désir de renouveau spirituel et de nouveau départ. Ce désir transcende les frontières culturelles et religieuses, unissant les hommes dans leur quête d'un lien plus profond avec le Créateur. Dans un monde marqué par le chaos, l'incertitude et le poids des erreurs du passé, cette aspiration apparaît comme une lueur d'espoir. Elle nous murmure dans les moments de douleur, nous incitant à nous libérer des chaînes qui nous lient et à embrasser une existence renouvelée.

Qu'elle se manifeste sous la forme d'une aspiration au pardon, d'un désir de paix intérieure ou d'une soif d'objectifs et de sens, cette aspiration nous entraîne sur le chemin de la transformation. Elle nous pousse à rechercher une renaissance spirituelle, une occasion de laisser derrière nous l'ancien et d'embrasser le nouveau.

Tout au long de l'histoire, avant la venue de Jésus sur terre, d'innombrables individus ont ressenti cette aspiration et tenté de répondre à son appel, mais sans succès. L'homme, par ses propres efforts, ne peut atteindre ni avoir la paix que le péché lui a enlevée. Dans la sagesse divine, l'agneau a été offert pour l'homme avant la fondation du monde, car sans lui, l'homme essaiera de chercher le renouveau toute sa vie, sans y parvenir.

L'aspiration au renouveau spirituel renvoie à notre nature inhérente, en tant qu'êtres en quête de croissance, de guérison et de richesse. Il nous rappelle que nous sommes impuissants, limités et que nous avons besoin de Dieu.

- Les Enseignements Bibliques sur la "Nouvelle Naissance".

Dans les pages de la Bible, la "nouvelle naissance" prend racine et s'épanouit, offrant un aperçu profond de la nature transformatrice de la renaissance spirituelle. Sa révélation s'adresse aux profondeurs de l'âme humaine, éclairant le chemin du renouveau, de la rédemption et de la relation restaurée avec Dieu.

La notion la "nouvelle naissance" trouve son origine dans les enseignements de Jésus-Christ, qui souligne la nécessité d'une renaissance spirituelle et d'un changement radical de cœur pour voir le royaume de Dieu. Dans l'Évangile de Jean, Jésus dit à Nicodème : "En vérité, en vérité, je te le dis, si quelqu'un ne naît de nouveau, il ne peut voir le royaume de Dieu" (Jean 3:3 ESV). Ces mots résonnent à travers les âges, nous invitant à contempler la signification de cette expérience profonde.

Naître de nouveau, c'est subir une transformation spirituelle, une renaissance de l'être le plus profond. Il ne s'agit pas d'un simple changement physique ou intellectuel, mais d'un changement profond au cœur de notre être, lorsque nous abandonnons nos anciennes habitudes, recevons la grâce de Dieu et embrassons une nouvelle vie en Christ.

Le concept de la nouvelle naissance comprend plusieurs enseignements bibliques clés. Il met l'accent sur la nécessité de se repentir, de se détourner du péché et de manifester un véritable désir de changer. Il met en évidence le pouvoir de transformation de la grâce de Dieu, qui accorde le pardon et offre de nouveaux départs. Elle souligne le rôle de la foi et de la conviction pour recevoir le don du salut et entrer dans une relation renouvelée avec Dieu.

Tout au long de la Bible, les récits de personnes qui ont connu une "nouvelle naissance" témoignent du pouvoir transformateur de la nouvelle naissance. Qu'il s'agisse de l'histoire de Barnabé, de Corneille, de l'eunuque d'Éthiopie, du fils prodigue avec son père aimant ou de la conversion de l'apôtre Paul sur le chemin de Damas, ces récits témoignent de l'impact profond que la nouvelle naissance peut avoir sur la vie d'une personne.

En parcourant les enseignements bibliques sur la nouvelle naissance, nous nous plongerons dans ces récits, en tirant des leçons et de l'inspiration de la vie de ceux qui ont emprunté ce chemin avant nous. Nous explorerons les paroles de Jésus, des apôtres et des prophètes.

En fin de compte, le concept de la "nouvelle naissance" offre de l'espoir et un nouveau départ. Il nous invite à embrasser le pouvoir transformateur de l'amour de Dieu, à nous débarrasser de l'ancien et à embrasser le nouveau, et à faire l'expérience d'une profonde renaissance de notre esprit.

Embarquons donc ensemble dans ce voyage, en explorant les profondeurs de notre désir et en embrassant le pouvoir transformateur de la nouvelle naissance.

CHAPITRE 1 :

LA NATURE DE L'HUMANITÉ

Dans ce chapitre, je prie pour que le Saint-Esprit ouvre votre compréhension, car nous nous penchons sur la nature de l'humanité telle qu'elle est dépeinte dans la Bible, en donnant un aperçu de nos forces et de nos faiblesses inhérentes, de notre besoin de transformation spirituelle et de notre besoin d'un nouveau départ. À travers les enseignements bibliques, nous explorons le concept du péché, les conséquences de notre nature déchue et l'aspiration universelle à la rédemption et à la restauration.

1.1 L'Image Divine en Nous
Au plus profond de chaque être humain se trouve l'image et la ressemblance divines, une empreinte sacrée qui reflète notre lien avec Dieu. C'est la preuve réelle que Dieu nous a créés divins comme Lui. Au cours de son ministère, Jésus-Christ a cité l'un des douze psaumes d'Asaph à ceux qui s'opposaient à lui dans Jean 10 :34 : "J'ai dit : vous êtes des dieux, des fils du Très-Haut, vous tous ; mais vous mourrez comme des hommes, et vous tomberez comme n'importe quel prince" (Psaume 82:6-7). Cette vérité, enracinée dans les enseignements bibliques, révèle la dignité, la valeur et le but inhérents à chaque personne.

En ouvrant le livre de la Genèse, nous découvrons le récit de la création, où l'humanité est créée à l'image de Dieu.

Dans la Genèse 1:27, il est écrit : "Dieu créa l'homme à son image, à l'image de Dieu : "Dieu créa l'homme à son image, il le créa à l'image de Dieu, il les créa homme et femme". Cette vérité fondamentale révèle que nous portons une image et une ressemblance avec notre Créateur, une empreinte de qualités et de capacités divines, reflétant son amour, sa créativité, sa sagesse et sa capacité de relation.

La reconnaissance de l'image divine en nous a de profondes implications. Elle affirme notre valeur intrinsèque et nous rappelle que nous ne sommes pas de simples accidents ou des produits du hasard, comme l'affirment de nombreuses théories scientifiques. Chaque individu, quels que soient ses origines, son sexe, sa race ou sa situation, possède une valeur sacrée qui transcende les mesures terrestres.

Aucun homme ne peut comprendre ce qu'est l'homme s'il n'a pas accès au conseil divin. Dans ses écrits, le roi David a posé une question profonde concernant l'homme. "Quand je regarde tes cieux, ouvrage de tes doigts, la lune et les étoiles que tu as disposées, qu'est-ce que l'homme pour que tu te souviennes de lui, et le fils de l'homme pour que tu prennes soin de lui ? Tu l'as abaissé au-dessous des êtres célestes, et tu l'as couronné de gloire et d'honneur. Tu lui as donné la domination sur les oeuvres de tes mains ; tu as tout mis sous ses pieds, les brebis et les boeufs, les bêtes des champs, les oiseaux du ciel, les poissons de la mer, tout ce qui passe sur les sentiers des mers. Seigneur, notre Seigneur, que ton nom est majestueux sur toute la terre ! (Psaume 8, 3-9).

Après avoir créé les êtres célestes, Dieu gardait a exprimé une grande satisfaction et quand Lucifer s'est rebellé contre Dieu parce qu'il voulait être comme Lui. "Comment es-tu tombé du ciel, ô étoile du jour, fils de l'aurore ? "Comme tu es tombé du ciel, étoile du jour, fils de l'aurore ! Comme tu es abattu à terre, toi qui abaissais les nations ! Tu disais en ton cœur : 'Je monterai au ciel, je placerai mon trône au-dessus des étoiles de Dieu, je m'assiérai sur la montagne de l'assemblée, à l'extrémité du septentrion, je m'élèverai au-dessus des nuages, je me rendrai semblable au Très-Haut'. Mais toi, tu es descendu dans le séjour des morts, dans les profondeurs de la fosse" (Isaïe 14:1-15). Dieu a créé un autre être, appelé Homme, et a placé en lui son image et sa ressemblance, exprimant ainsi la dimension supérieure de la satisfaction. La Bible dit dans Genèse 1 :31 "Dieu vit tout ce qu'il avait fait, et voici, c'était très bon. C'est comme si Dieu démontrait à l'ange rebelle qu'il ne pouvait pas être comme Lui, parce qu'il n'avait jamais été créé à l'image de Dieu.

L'image divine qui est en nous parle de notre but et de notre vocation. Elle signifie que nous sommes conçus de manière unique pour remplir un rôle spécifique dans le grand plan de Dieu. Elle nous invite à découvrir et à cultiver nos dons, nos talents et nos passions, en les utilisant pour faire naître la bonté, la justice et la beauté dans le monde. Cependant, il est important de noter que l'image divine en nous a été ternie par les conséquences de la rébellion et du péché de l'homme. La chute, telle qu'elle est décrite dans la Genèse, raconte comment l'homme s'est détourné du plan parfait de Dieu, ce qui a conduit à la rupture, à la séparation et à la distorsion de notre véritable identité.

Pourtant, malgré cette rupture, l'image divine demeure en nous, même si elle est voilée et a besoin d'être restaurée. Le parcours de la nouvelle naissance nous invite à récupérer et à nourrir cette image divine, à nous aligner sur le caractère et les objectifs de Dieu et à subir un processus de transformation qui nous ramène à notre conception d'origine.

Reconnaître l'image divine qui est en nous nous invite à nous honorer et à nous respecter les uns les autres, en reconnaissant la valeur inhérente de chaque individu. Elle nous invite à rechercher la justice, l'égalité et la compassion, en reconnaissant que chaque personne est porteuse de l'image divine.

Dans l'exploration de la noulle naissance, nous reconnaissons l'image divine comme point de départ, un rappel de notre lien inhérent à Dieu et du potentiel de transformation qui réside en nous, la possibilité d'être racheté.

- L'Humanité est faite à l'Image de Dieu.

L'examen du récit biblique de la création et de la croyance selon laquelle l'humanité est faite à l'image de Dieu dévoile des idées profondes sur la nature et la signification des êtres humains. Dans le livre de la Genèse, le livre du commencement, nous rencontrons le récit de la création, où se déploie l'acte divin de façonner l'humanité.

Selon la Genèse 1 :26-27, Dieu a déclaré : "Faisons l'homme à notre image, selon notre ressemblance...". Dieu créa l'homme à son image, il le créa à l'image de Dieu, il les créa mâle et femelle". Ce passage affirme que l'humanité est façonnée de manière unique pour refléter l'image et la ressemblance de Dieu, et non moins.

La croyance en l'image divine de l'humanité a des implications significatives. Elle signifie que les êtres humains possèdent une valeur, une dignité et un but inhérents. Elle souligne qu'il y a quelque chose de distinct dans notre nature qui nous distingue du reste de la création. Nous portons des qualités et des attributs qui reflètent le caractère de notre Créateur.

Le fait d'être créé à l'image de Dieu suggère que nous partageons sa nature créative. Elle souligne notre capacité à penser, à raisonner, à aider, à soutenir et à exercer la sagesse. Elle souligne notre capacité à nouer des relations, à aimer, à faire preuve de compassion et à pratiquer la justice. Ces attributs divins en nous reflètent la bonté et la beauté inhérentes au dessein de Dieu.

En outre, la croyance en l'image divine renforce l'égalité et la valeur inhérentes à chaque être humain. Indépendamment des différences de sexe, de race ou de statut social, chaque personne porte l'empreinte divine. Cette conception appelle au respect, à la dignité et à la reconnaissance de la valeur inhérente de tous les individus.

Cependant, il est essentiel de noter que l'image divine au sein de l'humanité a été ternie par la présence du péché et de la fragilité dans le monde. Les conséquences de la rébellion et de la désobéissance humaines ont déformé et affaibli le reflet de l'image de Dieu en nous. Cette fragilité est évidente dans les injustices, les conflits et les souffrances dont nous sommes témoins dans notre monde.

Néanmoins, le concept de la nouvelle naissance est porteur d'espoir et de restauration. Il s'agit d'une invitation à récupérer et à restaurer l'image divine en nous en recevant Jésus dans notre cœur. Le seul moyen de récupérer et de restaurer l'image divine est de recevoir Jésus-Christ. En recevant Jésus-Christ, Dieu rétablit le lien qui a été rompu. Actuellement, nous sommes encore dans un corps charnel, et nous devons embrasser les enseignements de Jésus-Christ et la puissance du Saint-Esprit, afin que nous puissions faire l'expérience d'un renouveau de notre véritable identité et de notre but, en nous alignant sur l'image de Dieu dans ce monde. "Ne vous conformez pas au monde présent, mais soyez transformés par le renouvellement de votre intelligence, afin que, par l'épreuve, vous puissiez discerner quelle est la volonté de Dieu, ce qui est bon, agréable et parfait" (Romains 12:2).

En explorant le récit biblique de la création et la croyance en l'image divine, nous reconnaissons la signification profonde de notre existence. Cela nous encourage à accueillir Jésus dans notre vie et à embrasser notre identité en tant que porteurs de l'image divine, à honorer la valeur inhérente des autres et à poursuivre un voyage de transformation spirituelle qui nous aligne sur le caractère et les desseins de Dieu.

En tant qu'êtres créés à l'image de Dieu, nous ne pouvons pas vivre sans Dieu, quels que soient nos talents et nos réalisations. J'étais un jeune homme qui essayait d'être quelqu'un et d'influencer sa génération, mais il y avait en moi un vide que l'école, la musique rap que je faisais, les filles et même les amis ne pouvaient pas combler. Je sais que beaucoup d'entre vous ont ce sentiment ou l'ont ressenti. C'est notre nature divine, l'image de Dieu, qui aspire à se connecter à Dieu. Le sexe, l'alcool, la philosophie et les drogues ne peuvent rien y faire, ce dont vous avez besoin en ce moment, c'est de Dieu.

La reconnaissance de notre nature divine signifie que nous ne sommes pas simplement des êtres physiques, mais des êtres spirituels qui ont besoin de Dieu. Elle nous rappelle qu'il existe en nous une essence plus profonde, un noyau spirituel qui transcende les limites du monde matériel. Cette reconnaissance nous invite à explorer et à nourrir notre dimension spirituelle, à la recherche d'une relation significative avec Dieu et d'une compréhension plus profonde de notre raison d'être dans son plan.

L'importance de notre nature divine réside dans l'invitation à aligner nos vies sur le caractère et les objectifs de Dieu. En tant qu'êtres créés à son image, nous sommes appelés à refléter son amour, sa bonté, sa compassion et sa sagesse dans nos pensées, nos actions et nos relations. Cela signifie cultiver des vertus telles que la bonté, le pardon, l'humilité et la générosité, qui sont emblématiques de notre nature divine. Cela n'est pas possible sans naître de nouveau.

Il existe une relation profonde dont notre esprit a besoin et qui n'existe qu'en Dieu. Elle nous assure que nous ne sommes pas liés par le péché, nos erreurs passées, nos limites ou nos luttes. Au contraire, nous sommes appelés à embrasser le potentiel de croissance, de guérison et de renouveau. Cette reconnaissance de notre nature divine nous invite à nous embarquer dans un voyage de transformation intérieure, où nous abandonnons nos désirs égoïstes, alignons notre volonté sur celle de Dieu et permettons à Sa grâce de nous façonner pour devenir les individus que nous avons été créés pour être. Dans ce livre, je souhaite que vous compreniez l'importance de notre nature divine, car elle nous donne le pouvoir de vivre avec un but, un sens et un sentiment d'appartenance. L'image de Dieu en nous nous rappelle que notre vie a une vocation supérieure et que nous sommes co-créateurs avec Dieu pour façonner un monde de justice, d'amour et de compassion.

En fin de compte, embrasser et explorer notre nature divine est une invitation à faire l'expérience de la nouvelle naissance, de la plénitude de la vie, à approfondir notre connexion spirituelle et à remplir notre mission dans le monde. C'est reconnaître que notre véritable identité et notre épanouissement résident dans notre relation avec Dieu.

1.2 La Chute et la Condition Humaine

En explorant la chute et la condition humaine, nous nous plongeons dans le récit biblique qui parle de l'origine de la fragilité humaine et de l'impact qu'elle a sur nos vies. La chute fait référence à l'histoire de la désobéissance d'Adam et Ève dans le jardin d'Éden et à ses conséquences profondes pour l'humanité.

Selon le récit biblique de la Genèse, Dieu a placé Adam et Ève dans un état d'innocence et d'harmonie dans le jardin, avec la liberté de jouir de son abondance et de communier avec leur Créateur. Cependant, ils ont été tentés par le serpent et ont choisi de désobéir à l'ordre de Dieu en mangeant de l'arbre de la connaissance du bien et du mal.

Cet acte de désobéissance a introduit le péché et ses conséquences dans le monde. La chute a entraîné une rupture dans la relation de l'humanité avec Dieu, conduisant à une séparation spirituelle et à une compréhension déformée de la vérité et de la justice. Elle a également entraîné l'expérience de la douleur, de la souffrance et de la mortalité, affectant non seulement Adam et Ève, mais aussi toutes les générations suivantes.

La chute représente la condition humaine universelle, caractérisée par un penchant ou une tendance à la désobéissance, à l'égoïsme et à la déconnexion par rapport au dessein de Dieu. Elle reflète la fragilité et la nature déchue qui imprègne l'humanité, avec pour résultat un monde entaché par le péché, l'injustice et la rupture des relations.

En conséquence de la chute, les êtres humains sont sujets à une myriade de luttes et de défis. Nous sommes confrontés à des conflits intérieurs, luttons contre des désirs égoïstes et subissons les conséquences de nos actes et de ceux des autres. La condition humaine est marquée par la vulnérabilité, la rupture et l'aspiration à la rédemption et à la restauration.

Cependant, il est essentiel de noter que si la chute met en lumière les faiblesses de l'humanité, elle n'en est pas le dernier mot. L'histoire de la chute prépare le terrain pour le récit de la rédemption et de la restauration qui se déroule tout au long de la Bible.

Reconnaître la réalité de la chute et de la condition humaine nous permet d'admettre notre besoin du salut et de transformation spirituelle. Elle met en évidence notre dépendance à l'égard de la grâce, du pardon et de la guérison de Dieu. Elle nous rappelle également l'importance de la réconciliation avec Dieu et avec les autres, en s'attaquant à la rupture et aux injustices qui découlent de la chute.

Le récit de la chute et de la condition humaine constitue la toile de fond du concept de la nouvelle naissance. Il évoque le profond désir qui nous habite de restauration, de renouvellement et de retour à l'état prévu d'harmonie avec Dieu. En embrassant le pouvoir de transformation de l'amour, de la grâce et de la rédemption de Dieu, nous pouvons trouver la guérison, la libération et un sens renouvelé du but à atteindre.

En luttant contre la chute et la condition humaine, nous sommes invités à affronter honnêtement notre brisure, à rechercher le pardon et la réconciliation, et à participer à l'œuvre permanente de rédemption de Dieu dans nos vies et dans le monde. C'est un appel à reconnaître notre besoin de transformation et à embrasser l'espoir d'une relation restaurée avec notre Créateur, où nous pouvons faire l'expérience de la plénitude, de la guérison et de la vie abondante que Dieu a voulue pour nous, et qui est possible dans le Christ Jésus, parce que la grâce de Dieu opère toujours.

-L'Histoire de la Désobéissance d'Adam et Ève et ses Conséquences pour l'Humanité.

L'exploration de l'histoire de la désobéissance d'Adam et Ève et de ses conséquences pour l'humanité nous ramène au récit du jardin d'Éden dans le livre de la Genèse. Ce récit central relate les événements qui ont conduit à la chute et l'impact durable qu'elle a eu sur l'ensemble de l'humanité.

Dans Genèse 3, nous apprenons que Dieu a placé Adam et Ève dans le jardin d'Éden, leur a donné la domination sur toutes les créatures de la terre et leur a confié la garde de la création parfaite. Ils étaient libres, jouissaient d'une relation harmonieuse avec Dieu, vivaient dans une parfaite innocence et avaient un accès illimité à l'abondance du jardin, à l'exception de l'arbre de la connaissance du bien et du mal. Dieu les a avertis que s'ils en mangeaient, ils mourraient à coup sûr (Genèse 2:16-17).

Cependant, trompés par le serpent, Adam et Ève ont succombé à la tentation et ont choisi de désobéir à l'ordre de Dieu (Genèse 3:6). Ils ont mangé le fruit défendu, en recherchant la sagesse et l'autonomie en dehors des conseils de Dieu. Cet acte de rébellion contre l'autorité de Dieu a eu de profondes conséquences pour eux-mêmes et pour toute l'humanité.

Du fait de leur désobéissance, Adam et Ève ont subi des conséquences immédiates : ils ont rompu leur communion intime avec Dieu. Ils ont vécu une séparation spirituelle et une perte de l'innocence et de l'harmonie dont ils jouissaient auparavant. Ils se sont rendu compte de leur nudité et ont ressenti de la honte et de la culpabilité. Ils ont cousu des feuilles de figuier pour se couvrir (Genèse 3:7). Lorsque Dieu les a confrontés pour leurs méfaits, ils ont essayé de rejeter le blâme, Adam blâmant Eve et Eve blâmant le serpent (Genèse 3 : 11-13).

De plus, Dieu prononce le jugement et les conséquences de leurs actes. À Adam, Dieu dit : "Parce que tu as écouté la voix de ta femme et que tu as mangé de l'arbre dont je t'avais prescrit de ne pas manger, le sol est maudit à cause de toi ; tu en mangeras dans la souffrance tous les jours de ta vie" (Genèse 3:17). Dieu a également déclaré que l'homme éprouverait des difficultés et de la peine dans son travail et qu'il retournerait finalement à la poussière dont il a été fait (Genèse 3:19). A la femme, il dit : "Je multiplierai les peines que tu éprouveras à enfanter ; c'est dans la peine que tu mettras au monde des enfants. Ton désir sera contraire à celui de ton mari, mais il dominera sur toi". (Genèse 3:16). Le Seigneur Dieu dit au serpent : "Parce que tu as fait cela, tu seras maudit par-dessus tout le bétail et par-dessus toutes les bêtes des champs ; tu marcheras sur ton ventre, et tu mangeras de la poussière tous les jours de ta vie. Je mettrai une hostilité entre toi et la femme, entre ta postérité et sa postérité ; il t'écrasera la tête, et tu lui écraseras le talon.

En outre, leur désobéissance a introduit le péché dans le monde, corrompant la nature humaine et affectant toutes les générations suivantes. Le péché a provoqué une rupture dans les relations, entraînant la discorde, la rupture et une propension à l'égoïsme et à la méchanceté. Il a déformé les désirs humains, entraînant une lutte entre l'égocentrisme et la recherche de la justice.

Les conséquences de la désobéissance d'Adam et Ève ont dépassé leur vie personnelle. Elles ont affecté l'ensemble de l'ordre créé. Dans Romains 5:12, l'apôtre Paul déclare : "Ainsi donc, comme le péché est entré dans le monde par un seul homme, et la mort par le péché, la mort s'est étendue à tous les hommes, parce que tous ont péché". Ce passage souligne l'impact universel de la désobéissance d'Adam et Ève, qui a introduit le péché et la mort dans l'expérience humaine. Le sol a été maudit, rendant le travail humain pénible et produisant des épines et des chardons. La douleur et la souffrance sont devenues partie intégrante de l'expérience humaine, et la mort est entrée dans le monde comme conséquence du péché.

L'histoire de la désobéissance d'Adam et Ève nous rappelle la nature déchue de l'humanité et le besoin de rédemption. Elle souligne la rupture et la séparation d'avec Dieu qui ont résulté de leurs actions. Cependant, même au milieu des conséquences de la chute, il y a de l'espoir ; elle prépare également le terrain pour la solution ultime à la situation critique de l'humanité. Elle souligne la nécessité d'un Sauveur qui réconcilierait l'humanité avec Dieu et restaurerait ce qui a été perdu : l'œuvre rédemptrice de Jésus-Christ, qui offre la réconciliation avec Dieu et la vie éternelle par la foi en lui (Romains 5:18-19).

En reconnaissant l'histoire de la désobéissance d'Adam et Ève et ses conséquences, nous reconnaissons notre nature déchue commune et le besoin du salut. Cela nous oblige à rechercher la réconciliation avec Dieu et à poursuivre une relation restaurée par la foi et l'obéissance. Elle nous rappelle que nous dépendons continuellement de la grâce de Dieu et de l'espoir de rédemption que nous trouvons en Jésus-Christ.

En fin de compte, l'histoire de la désobéissance d'Adam et Ève sert de mise en garde, de rappel des conséquences d'un écart par rapport aux intentions de Dieu. Elle nous invite à vivre dans l'humilité, l'obéissance et la confiance dans les conseils de Dieu, alors que nous naviguons dans les complexités de nos propres vies et contribuons à la guérison et au renouveau du monde.

- Le Péché Originel et Comment il Affecte notre Relation avec Dieu.

Réfléchir au concept du péché originel et à son impact sur notre relation avec Dieu nous amène à comprendre que l'humanité a hérité d'une nature déchue et des conséquences qui en découlent ; nous nous tournons vers la

Bible pour obtenir des conseils et une compréhension.

Le concept du péché originel est une vérité que Dieu a révélée à Moïse dans la Genèse, car nous sommes les descendants d'Adam et d'Ève ; nous héritons d'une nature pécheresse transmise de génération en génération. Il prend racine dans le récit de la désobéissance d'Adam et d'Ève dans le jardin d'Éden par leur acte de désobéissance, le péché est entré dans le monde et a affecté l'ensemble de l'humanité.

Dans Romains 5:12, l'apôtre Paul aborde les conséquences du péché d'Adam en déclarant : "Ainsi donc, comme le péché est entré dans le monde par un seul homme, et la mort par le péché, et qu'ainsi la mort a atteint tous les hommes, parce que tous ont péché". Ce verset souligne que tous les hommes, en vertu de leur lien avec Adam, à cause du péché d'Adam, héritent d'une nature pécheresse et sont enclins au péché.

L'impact du péché originel sur notre relation avec Dieu est significatif. Il introduit une séparation entre l'humanité et Dieu, car le péché crée une barrière qui nous empêche de vivre pleinement et de jouir d'une communion harmonieuse avec notre Créateur. Le prophète Isaïe déclare : "Mais tes fautes ont mis une séparation entre toi et ton Dieu, et tes péchés t'ont caché sa face" (Isaïe 59:2). Ce verset souligne la réalité de la séparation entre l'humanité et Dieu, causée par le péché, qui entrave notre communion avec lui. Le Psaume 51.5 aborde également le concept du péché originel, David reconnaissant : "Voici, j'ai été enfanté dans l'iniquité, et c'est dans le péché que ma mère m'a conçu." Ce verset reconnaît la nature pécheresse héritée de la naissance, soulignant notre tendance inhérente au péché.

En outre, le péché originel déforme notre perception de la vérité, de la justice et de notre propre valeur. Il entache nos désirs et nous incline à l'égoïsme, à la rébellion et à la désobéissance. L'apôtre Paul reconnaît cette lutte en déclarant : "Je ne comprends pas ce que je fais, car je ne fais pas ce que je veux. Car je ne fais pas ce que je veux, mais je fais ce que je déteste" (Romains 7:15).

Cependant, il est essentiel de noter que le concept du péché originel ne signifie pas que nous sommes condamnés à une vie de désespoir. Le message de l'Évangile offre l'espoir et la rédemption. Par le sacrifice de Jésus-Christ sur la croix, Dieu nous a donné le moyen de nous réconcilier avec lui, malgré notre nature pécheresse. Comme le dit Paul : "Car si, par la faute d'un seul homme, la mort a régné par ce seul homme, à combien plus forte raison ceux qui reçoivent la grâce abondante de Dieu et le don de la justice régneront-ils dans la vie par le seul homme, Jésus-Christ". (Romains 5:17).

L'apôtre Paul oppose les effets du péché d'Adam au salut trouvé en Jésus-Christ. Par la foi en Jésus-Christ, nous pouvons naître de nouveau et recevoir le pardon de nos péchés. Le processus de la nouvelle naissance implique une transformation spirituelle, où le pouvoir du péché est brisé et où nous sommes rendus nouveaux en Christ. "Par conséquent, si quelqu'un est en Christ, il est une nouvelle création. L'ancien est passé, et voici que le nouveau est arrivé". (2 Corinthiens 5:17). Ce verset parle du pouvoir de transformation du salut, où notre ancienne nature pécheresse est remplacée par une nouvelle nature en Christ. Cette transformation nous permet d'avoir une relation restaurée avec Dieu, de faire l'expérience de son amour, de sa grâce et de sa direction dans notre vie.

Alors que le péché originel a laissé une marque sur l'humanité, l'œuvre rédemptrice de Jésus-Christ offre la possibilité d'une réconciliation et d'une restauration. Grâce à lui, nous pouvons surmonter les effets du péché et être réconciliés avec Dieu, en entrant dans une nouvelle relation d'alliance où son Esprit habite en nous, nous transformant de l'intérieur.

En réfléchissant au concept du péché originel et à son impact sur notre relation avec Dieu, nous nous rappelons notre besoin de salut et l'espoir que nous trouvons en Jésus-Christ. Il nous invite à reconnaître notre nature déchue, à rechercher le pardon et à embrasser le pouvoir transformateur de la grâce de Dieu. Par la foi en Christ, nous pouvons faire l'expérience de la réconciliation avec Dieu, d'un but renouvelé et de la joie de marcher en communion avec lui.

- Les Faiblesses et les Limites de la Condition Humaine.

S'attaquer aux faiblesses et aux limites qui caractérisent la condition humaine exige une reconnaissance honnête de nos vulnérabilités et des défis auxquels nous sommes confrontés dans la vie. Nous devons nous tourner vers la Bible pour y trouver un éclairage et une compréhension.

Les Écritures reconnaissent la réalité des faiblesses et des limites de l'être humain. Dans Romains 3:23, il est dit : "Car tous ont péché et ne sont pas à la hauteur de la gloire de Dieu". Ce verset souligne que chaque personne, sans exception, a péché et est en deçà de la norme parfaite de Dieu.

En outre, Ecclésiaste 7:20 nous dit : "Il n'y a pas sur la terre un seul homme juste qui fasse le bien et qui ne pèche jamais." Ce verset souligne la nature universelle de l'imperfection humaine et la tendance à tomber dans le péché.

Les limites de la condition humaine sont également reconnues. Le Psaume 103.14 déclare : "Car il connaît notre condition, il se souvient que nous sommes poussière". Ce verset reconnaît notre fragilité et le fait que nous sommes des êtres mortels avec des faiblesses inhérentes.

Dans 2 Corinthiens 4:7, l'apôtre Paul reconnaît nos limites en disant : "Mais nous avons ce trésor dans des vases d'argile, pour montrer que la puissance qui surpasse tout appartient à Dieu et non à nous". Ici, Paul compare nos corps humains à de fragiles jarres d'argile, soulignant notre vulnérabilité et la nécessité que la force de Dieu agisse à travers nous.

En outre, dans 2 Corinthiens 12:9, l'apôtre Paul parle de ses propres limites en disant : "Mais il m'a dit : Ma grâce te suffit, car ma puissance s'accomplit dans la faiblesse. C'est pourquoi je me glorifierai d'autant plus volontiers de mes faiblesses, afin que la puissance du Christ repose sur moi". Ce verset souligne que la puissance de Dieu peut se manifester dans nos faiblesses et nos limites.

Le fait d'aborder les faiblesses et les limites de la condition humaine nous amène à reconnaître notre besoin de la grâce et de la rédemption de Dieu. Ephésiens 2.4-5 proclame : "Mais Dieu, riche en miséricorde, à cause du grand amour dont il nous a aimés, alors que nous étions morts dans nos fautes, nous a rendus vivants avec le Christ : c'est par la grâce que vous avez été sauvés." Ce passage souligne que la miséricorde et la grâce de Dieu sont les moyens par lesquels nous pouvons être sauvés de nos faiblesses et de nos limites.

Malgré notre fragilité, Dieu nous offre l'espoir et la rédemption. En Jésus-Christ, nous trouvons la guérison et la restauration de nos faiblesses. Isaïe 61:1 proclame : "L'Esprit du Seigneur Dieu est sur moi, parce que le Seigneur m'a consacré par l'onction pour porter la bonne nouvelle aux pauvres ; il m'a envoyé pour panser ceux qui ont le cœur brisé, pour proclamer aux captifs la délivrance, et aux prisonniers l'ouverture de la prison". Ce verset évoque la mission du Messie, qui apporte la guérison et la libération à ceux qui sont brisés. Dans notre fragilité, nous pouvons nous tourner vers Dieu pour trouver le réconfort, la guérison et la transformation. Sa grâce nous permet de dépasser nos limites et de connaître une croissance spirituelle. Dans 2 Corinthiens 12:9, Dieu dit à Paul : "Ma grâce te suffit, car ma puissance s'accomplit dans la faiblesse". Cette affirmation nous rappelle que la force de Dieu se révèle dans notre faiblesse.

Le fait d'aborder les faiblesses et les limites de la condition humaine nous invite à l'humilité, à reconnaître notre besoin de la grâce de Dieu et de la puissance transformatrice de son Esprit. Cela nous incite à rechercher sa direction, sa guérison et sa restauration dans nos vies et à faire preuve de compassion et d'amour envers les autres personnes qui sont également affectées par la rupture.

En fin de compte, notre brisure peut devenir un catalyseur pour rechercher la présence de Dieu et lui permettre d'agir à travers nous. C'est en acceptant nos limites et en nous appuyant sur la force et la grâce de Dieu que nous pouvons trouver un but, de l'espoir et la capacité d'avoir un impact positif sur le monde.

1.3 Le Désir de Rédemption

L'aspiration à la rédemption évoque l'aspiration profonde qui résonne dans le cœur de chaque homme au salut, à la restauration et à la libération des effets du péché. Il s'agit d'un désir universel qui transcende les frontières culturelles et religieuses, soulignant un besoin fondamental de renouveau spirituel. Ce désir profond était fort dans mon cœur jour après jour, peu importe ce que je faisais et combien j'essayais de l'arrêter. Mon père était au service militaire de notre pays et nous étions autorisés à vivre dans le camp. Ceux qui ont grandi dans un camp militaire ou qui connaissent ceux qui y vivaient savent à quel point certains de ces environnements sont moralement dégradants. D'après mon expérience et mon point de vue, tout ce qui était moralement et socialement mauvais était accepté et considéré comme quelque chose de bon et d'acceptable, comme s'il s'agissait d'une bonne norme morale. Par exemple, les hommes étaient généralement considérés comme des "hommes", SEULEMENT ils ont été dépeints comme une personne grossière et dure.

Mon père était toujours envoyé travailler au village, et il était absent pendant des mois (il était au village pendant des mois). Pendant ce temps, nous restions pour l'école. Comme mon père était absent la plupart du temps, j'avais la liberté de copier n'importe quel comportement autour de moi.

Dès mon plus jeune âge, un profond désir de salut résonnait dans mon cœur, mais malheureusement, je ne comprenais pas encore ce qui se passait réellement. Ma mère priait toujours pour moi. Avant qu'un de mes amis, en première CO, ne me fasse découvrir le rap, ma mère nous emmenait toujours, mes frères et sœurs et moi, à l'église. Mais j'avais tendance à m'enfuir pour aller jouer au football. Ce n'est que les jours où j'étais malade que je les accompagnais à l'église. Un jour où j'accompagnais ma mère, un prophète d'une autre province tenait un séminaire sur l'apocalypse (le livre de Revelation). Il a prophétisé que je serai un prophète et que je prêcherai le message du temps de la fin avec des miracles, des signes et des prodiges. Étonné, j'ai été captivé par son enseignement. Pendant des années, j'ai retenu cet enseignement et je répétais à ma famille ce que j'avais entendu sur l'apocalypse. Peu de temps après, ma mère a commencé à fréquenter une nouvelle église. Dans cette église, j'ai été invité à partager le message sur l'apocalypse, mais je n'y suis pas allé. Pour des raisons oubliées, j'avais peur de partager le message.

Environ deux semaines avant mon initiation au rap, mon nouvel ami m'a offert une cassette de hip-hop américain. Pendant que je l'écoutais, j'ai été magnétiquement attiré par la musique. C'était comme une force magnétique qui m'attirait de plus en plus vers ce type de musique. C'était tellement intense que j'ai fini par devenir un rappeur. Par conséquent, tout ce que j'ai fait tournait autour de l'école et de la musique. Pourtant, peu importe ce que je faisais, un désir du salut était si intense en moi. L'école et le rap ne pouvaient pas satisfaire ce désir. Au moment où vous lisez ces lignes, il se peut que vous ressentiez exactement la même chose que moi.

Après avoir fait et poursuivi tout ce que vous désiriez, ce désir demeure. Parcourons les Saintes Écritures pour voir comment la bible exprime ce désir.

Tout au long de la Bible, nous voyons ce désir s'exprimer de diverses manières. Dans le Psaume 42.1-2, les Fils de Koré écrivent : "Comme le cerf languit après les ruisseaux, ainsi mon âme languit après toi, mon Dieu. Mon âme a soif de Dieu, du Dieu vivant". Ces images illustrent de manière frappante le désir profond et intense d'une connexion avec Dieu, une soif qui ne peut être étanchée que par une relation renouvelée avec lui, un désir qui ne peut être satisfait que par sa présence.

Le prophète Isaïe a parlé de ce désir de rédemption lorsqu'il a dit : "Oh ! si tu déchirais les cieux et si tu descendais ! (Isaïe 64:1). Ici, Isaïe a exprimé le désir désespéré d'une intervention de Dieu, reconnaissant que seule l'action divine permet d'obtenir une véritable rédemption et une délivrance.

Dans Romains 8:22-23, l'apôtre Paul décrit les gémissements de la création, qui attend avec impatience la rédemption de l'humanité. Il écrit : "Nous savons que la création tout entière a gémi, comme dans les douleurs de l'enfantement, jusqu'à l'époque actuelle. Non seulement cela, mais nous-mêmes, qui avons les prémices de l'Esprit, nous gémissons intérieurement dans l'attente de notre adoption comme fils, de la rédemption de notre corps". Ce passage souligne l'aspiration universelle à la rédemption, tant au sein de l'humanité que de la création elle-même, qui attend avec impatience la restauration et la libération ultimes.

L'aspiration à la rédemption ne se limite pas à un simple désir de salut personnel, mais s'étend à l'aspiration à un monde renouvelé, libéré de la souffrance et de l'injustice. Apocalypse 21:4 donne un aperçu de l'accomplissement futur de ce désir, où Dieu essuiera toute larme et où il n'y aura plus ni mort, ni deuil, ni cri, ni douleur. Cette vision d'un monde racheté résonne avec le désir profond que nous avons en nous d'une existence meilleure, plus juste et plus harmonieuse. Ce verset indique la rédemption et la restauration ultimes qui attendent les croyants dans le royaume éternel de Dieu.

L'accomplissement de ce désir de rédemption se trouve en Jésus-Christ. Par sa vie, sa mort et sa résurrection, il offre le salut et la restauration à tous ceux qui croient en lui. Romains 6:23 déclare : "Car le salaire du péché, c'est la mort ; mais le don de Dieu, c'est la vie éternelle dans le Christ Jésus notre Seigneur". Ce verset souligne que la véritable rédemption passe par la foi en Jésus, qui a payé le prix de nos péchés et nous offre le don de la vie éternelle. Ephésiens 1:7 déclare : "En lui, nous avons la rédemption par son sang, la rémission des péchés, selon la richesse de la grâce de Dieu". Par sa mort sacrificielle sur la croix, Jésus offre la rédemption et le pardon auxquels nos âmes aspirent.

L'aspiration à la rédemption est un rappel profond de notre besoin inhérent d'un Sauveur et de notre désir inné de plénitude et de restauration. C'est une boussole qui nous guide vers Dieu, qui offre la rédemption par l'intermédiaire de son Fils, Jésus-Christ, où nous pouvons recevoir le pardon et embrasser le pouvoir transformateur de son amour et de sa grâce. Chers lecteurs, alors que nous aspirons à la rédemption, nous ne pouvons trouver l'espoir et l'accomplissement qu'en Jésus-Christ. Il nous offre le salut ultime.

- Le Désir de Restauration et de Réconciliation avec Dieu.

Il faut savoir que la reconnaissance du désir universel de restauration et de réconciliation avec Dieu est un aspect crucial et profond de notre expérience humaine, comme le révèlent les Écritures.

Dans l'Ecclésiaste 3:11, il est écrit : "Il a fait toute chose belle en son temps. Il a mis l'éternité dans le cœur de l'homme, mais personne ne peut comprendre ce que Dieu a fait du début à la fin". Ce verset reconnaît qu'au plus profond de chaque cœur humain, il y a une aspiration à quelque chose d'au-delà du temporel et une aspiration à un lien plus profond avec Dieu.

Le désir universel de restauration et de réconciliation est enraciné dans la réalité du péché et de ses conséquences. Romains 3:23 déclare : "Car tous ont péché et n'atteignent pas la gloire de Dieu". Ce verset nous rappelle qu'en raison de notre nature pécheresse, nous sommes séparés de Dieu et que nous aspirons à la restauration et à la réconciliation.

Ce désir est comblé par Jésus-Christ, qui offre la réconciliation et la restauration. 2 Corinthiens 5.18-19 déclare : "Tout cela vient de Dieu, qui nous a réconciliés avec lui par le Christ, et qui nous a donné le ministère de la réconciliation : c'est que Dieu a réconcilié le monde avec lui en Christ, ne comptant pas les péchés des hommes". Par sa mort et sa résurrection sacrificielle, Jésus nous offre le moyen de nous réconcilier avec Dieu, en comblant le fossé et en satisfaisant notre désir de restauration.

Jésus lui-même aborde ce désir universel dans Matthieu 11 :28, en disant : "Venez à moi, vous tous qui êtes fatigués et chargés, et je vous donnerai du repos". Son invitation reconnaît la profonde aspiration au repos et à la paix, nous assurant que la véritable restauration et la réconciliation se trouvent en lui.

La reconnaissance de l'aspiration universelle à la restauration et à la réconciliation avec Dieu nous incite à le rechercher et à embrasser le salut et le pardon offerts par Jésus-Christ. En nous détournant du péché et en plaçant notre confiance en lui, notre désir sera comblé et nous vivrons l'expérience de la restauration et de la réconciliation profondes que notre âme désire.

- Les Passages Bibliques qui Expriment le Désir Humain d'être Délivré du Péché et de ses Effets.

La Bible est la Parole de Dieu, et elle contient de nombreux passages bibliques qui expriment le désir humain d'être délivré du péché et de ses effets, reflétant notre aspiration à la liberté, au pardon et à la transformation spirituelle. Examinons quelques-uns de ces passages :

Le Psaume 51.10-12 est un appel sincère à la délivrance et à la restauration. Le psalmiste écrit : "Crée en moi un cœur pur, ô Dieu, et renouvelle en moi un esprit ferme. Ne me rejette pas loin de toi et ne me retire pas ton Esprit Saint. Rends-moi la joie de ton salut et accorde-moi un esprit bienveillant, pour me soutenir". Cette prière résume le désir d'une transformation intérieure et d'une relation renouvelée avec Dieu.

Dans Romains 7:24-25, l'apôtre Paul exprime sa lutte contre le péché et son désir de délivrance en disant : "Malheureux que je suis ! Qui me délivrera de ce corps soumis à la mort ? Grâces soient rendues à Dieu, qui me délivre par Jésus-Christ notre Seigneur ! Ce passage reflète l'aspiration universelle de l'homme à être libéré de l'esclavage du péché et la reconnaissance que la véritable délivrance vient de Jésus-Christ.

Le prophète Ésaïe parle de la délivrance du péché dans Ésaïe 1:18, en déclarant : "Allons, réglons la question. Si vos péchés sont comme l'écarlate, ils deviendront blancs comme la neige ; s'ils sont rouges comme le cramoisi, ils deviendront comme la laine." Ces mots expriment l'espoir d'un pardon et d'une purification, symbolisant le désir de se libérer de la culpabilité et des conséquences du péché.

Dans Galates 5:1, Paul encourage les croyants avec le message de la liberté en Christ, proclamant : "C'est pour la liberté que le Christ nous a libérés. Tenez donc ferme, et ne vous laissez pas de nouveau accabler par le joug de l'esclavage". Ce verset parle de l'aspiration à la libération du pouvoir et de l'esclavage du péché, en soulignant la liberté transformatrice que l'on trouve dans une relation avec Jésus.

L'aspiration à être délivré du péché est finalement satisfaite par l'œuvre sacrificielle de Jésus-Christ. En Hébreux 9:14, il est écrit : "Combien plus le sang du Christ, qui s'est offert lui-même sans tache à Dieu par l'Esprit éternel, purifiera-t-il nos consciences des actes qui conduisent à la mort, afin que nous servions le Dieu vivant". Ce passage met en évidence le pouvoir rédempteur du sacrifice du Christ, qui nous délivre et nous purifie du péché.

Ces passages bibliques expriment le profond désir humain d'être délivré du péché et de ses effets. Ils nous invitent à reconnaître notre besoin du pardon, de la transformation et de la libération de Dieu. Par la foi en Jésus-Christ, nous trouvons l'espoir, la guérison et l'accomplissement de notre désir de délivrance, en expérimentant le pouvoir transformateur de sa grâce dans nos vies.

- Le Désir de la Nouvelle Naissance.

L'aspiration à être délivré du péché et de ses effets prend une signification particulière dans la notion de la nouvelle naissance. Naître de nouveau est une renaissance spirituelle, une expérience transformatrice qui se produit lorsqu'une personne reçoit Jésus-Christ comme son Seigneur et son Sauveur et entre dans une nouvelle relation avec Dieu.

Dans Jean 3:3, Jésus explique le concept de la nouvelle naissance à Nicodème en disant : "Je te le dis en vérité, nul ne peut voir le royaume de Dieu s'il ne naît pas de nouveau". Cela signifie une transformation spirituelle radicale, où l'ancien moi est crucifié avec le Christ et où une nouvelle vie en lui commence (Galates 2:20).

Le désir ardent d'être délivré du péché est à la base de l'expérience de la nouvelle naissance. Il s'agit de reconnaître que notre état naturel est entaché par le péché et la séparation d'avec Dieu. Comme nous l'avons mentionné, Romains 3:23 déclare : "Car tous ont péché et ne sont pas à la hauteur de la gloire de Dieu". Cette prise de conscience, cette reconnaissance de notre état de pécheur crée une profonde aspiration à la réconciliation et à la restauration, ce qui nous conduit à rechercher une nouvelle naissance en Christ, qui ne peut être accomplie que par l'œuvre régénératrice de l'Esprit Saint.

La nouvelle naissance répond à ce désir en apportant une solution à notre problème de péché. Par la foi en Jésus-Christ, sa mort et sa résurrection s'appliquent personnellement à notre vie. 1 Pierre 1.3 décrit ce processus de transformation en disant : "Dans sa grande miséricorde, il nous a fait renaître à une espérance vivante par la résurrection de Jésus-Christ d'entre les morts". L'aspiration à la délivrance trouve sa satisfaction ultime dans la nouvelle naissance qui se produit par la foi en Christ. Dans Tite 3:5-6, il est écrit : "Il nous a sauvés, non par des œuvres de justice de notre part, mais selon sa propre miséricorde, par le lavage de la régénération et le renouvellement du Saint-Esprit, qu'il a abondamment répandu sur nous par Jésus-Christ notre Sauveur." Ce passage souligne que la nouvelle naissance n'est pas le fruit de nos efforts ou de nos mérites, mais qu'elle est le résultat de la grâce de Dieu et de l'action du Saint-Esprit en nous.

La nouvelle naissance implique également que le Saint-Esprit habite dans les croyants. Cette présence divine nous permet de vivre une vie caractérisée par la justice et la sainteté, en surmontant les limites de notre condition humaine. Galates 5:16 dit : "Je dis donc : marchez par l'Esprit, et vous ne satisferez pas les désirs de la chair".

L'importance de ce désir est qu'il nous fait prendre conscience de notre besoin d'un Sauveur et nous oblige à placer notre foi en Jésus-Christ. Et nous conduit à abandonner notre ancienne vie, à recevoir son pardon et son salut, et à entrer dans une relation personnelle avec lui. Le désir de délivrance, dans le cadre de la nouvelle naissance, nous propulse vers une vie de disciple, de transformation et de recherche de la sainteté, au fur et à mesure que nous grandissons dans notre marche avec le Seigneur.

Lorsque nous sommes nés de nouveau, le désir de délivrance devient un catalyseur pour la croissance spirituelle et une relation plus profonde avec Dieu. Il alimente notre recherche de la justice, notre faim de Sa Parole et notre désir de vivre une vie qui Lui soit agréable. La puissance transformatrice de la nouvelle naissance répond à notre désir de délivrance, nous offrant une nouvelle identité, une relation restaurée avec Dieu et l'espoir d'une vie éternelle dans sa présence.

1.4 Notre Besoin de Transformation.

Le besoin de transformation de l'humanité est un élément fondamental et profond de notre cheminement spirituel. La Bible révèle constamment que notre fragilité inhérente et notre nature pécheresse exigent une transformation profonde. Examinons la signification de notre besoin de transformation à la lumière des enseignements bibliques.

Comme nous l'avons mentionné, Romains 3:23 déclare "car tous ont péché et n'atteignent pas la gloire de Dieu". Ce verset souligne que chaque personne est affectée par le péché, ce qui entraîne une séparation d'avec Dieu et une image déformée de sa gloire. Notre nature pécheresse se manifeste de diverses manières, telles que l'égoïsme, la luxure, l'orgueil, le crime, l'envie et la désobéissance. Il est essentiel de reconnaître cette vérité pour comprendre notre besoin de transformation.

Ezéchiel 36:26 révèle la promesse de transformation de Dieu : "Je vous donnerai un cœur nouveau et je mettrai en vous un esprit nouveau ; j'ôterai de vous votre cœur de pierre et je vous donnerai un cœur de chair. Ce verset évoque la nécessité d'une transformation intérieure complète, dans laquelle Dieu remplace nos cœurs endurcis par des cœurs réceptifs à son amour, à sa vérité et à sa justice.

L'action transformatrice du Saint-Esprit est essentielle dans ce processus. 2 Corinthiens 3:18 dit : "Et nous tous, qui contemplons la gloire du Seigneur sur un visage non voilé, nous sommes transformés à son image, avec une gloire toujours croissante, qui vient du Seigneur, qui est l'Esprit". Par la présence et la puissance de l'Esprit Saint, nous sommes progressivement transformés pour refléter le caractère et la ressemblance du Christ.

Notre besoin de transformation s'étend à tous les aspects de notre être. Il implique le renouvellement de nos cœurs, de nos esprits, de nos attitudes et de nos comportements. Ephésiens 4.22-24 nous dit : "Il vous a été enseigné, en ce qui concerne votre ancien mode de vie, à vous dépouiller du vieux moi, qui se corrompt par ses désirs trompeurs, à changer l'attitude de votre esprit, et à revêtir le nouveau moi, créé pour ressembler à Dieu dans la vraie justice et la sainteté". Pour cela, il faut s'abandonner à la puissance transformatrice de Dieu et lui permettre de nous remodeler selon son plan divin. Cette transformation n'est pas un événement ponctuel, mais un voyage de croissance et de perfectionnement qui dure toute la vie.

Notre besoin de transformation renvoie à l'œuvre rédemptrice de Jésus-Christ. Par son sacrifice sur la croix, il nous offre le pardon, la réconciliation et le pouvoir de nous transformer. Galates 2:20 résume parfaitement cette vérité : "J'ai été crucifié avec le Christ, et je ne vis plus, mais le Christ vit en moi. La vie que je mène maintenant dans mon corps, je la mène par la foi au Fils de Dieu, qui m'a aimé et qui s'est donné lui-même pour moi".

En fin de compte, notre besoin de transformation fait partie intégrante de notre cheminement spirituel. Reconnaître notre brisure et nous abandonner à l'œuvre transformatrice de Dieu nous permet d'expérimenter la plénitude de son amour, de sa grâce et du but de notre vie. Grâce à la puissance du Saint-Esprit et à l'œuvre rédemptrice de Jésus-Christ, nous sommes continuellement transformés en individus qui reflètent le caractère de Dieu et marchent en accord avec sa volonté.

- Reconnaître nos Limites et nos Tendances au Péché.

La Bible nous rappelle constamment notre fragilité humaine et notre propension à tomber dans le péché. Explorons l'importance de reconnaître ces aspects de notre nature.

Le Psaume 103 :14 déclare : "Car il sait comment nous sommes formés, il se souvient que nous sommes poussière". Ce verset souligne le fait que nous sommes des êtres créés avec des limites inhérentes. Nos capacités physiques, émotionnelles et intellectuelles sont limitées. Reconnaître nos limites nous aide à rester humbles devant Dieu et devant les autres, en reconnaissant que nous avons besoin de ses conseils et de sa force.

Romains 7:15 reflète la lutte contre le péché : "Je ne comprends pas ce que je fais. Car ce que je veux faire, je ne le fais pas, et ce que je hais, je le fais. Ce verset décrit la bataille interne entre nos désirs de faire ce qui est juste et notre penchant pour un comportement pécheur. Il nous rappelle que nous sommes enclins à commettre des erreurs et à tomber dans des schémas de péché.

Reconnaître nos limites et nos penchants pour le péché renforce notre humilité et notre dépendance à l'égard de Dieu. Proverbes 3.5-6 nous encourage : "Confie-toi de tout ton cœur au Seigneur, et ne t'appuie pas sur ton intelligence ; soumets-toi à lui dans toutes tes voies, et il aplanira tes sentiers." Lorsque nous reconnaissons notre fragilité humaine, nous sommes incités à nous appuyer sur la sagesse, les conseils et la force de Dieu plutôt que de nous fier uniquement à notre propre compréhension et à nos capacités imparfaites.

En outre, 1 Jean 1.8 déclare : "Si nous prétendons être sans péché, nous nous séduisons nous-mêmes et la vérité n'est pas en nous." Ce verset nous rappelle que personne n'est à l'abri de la lutte contre le péché. Reconnaître notre penchant pour le péché nous rend humbles et conscients de notre besoin de la grâce et du pardon de Dieu.

En reconnaissant nos limites et nos penchants pour le péché, nous cultiverons un sens plus profond de la conscience que nous portons la nature du péché et nous devons faire confiance dans la puissance transformatrice de Dieu en JESUS. Cela nous amène à rechercher son pardon, sa grâce et sa direction dans notre vie quotidienne. Le Psaume 139 :23-24 exprime ce sentiment : "Sonde-moi, Dieu, et connais mon cœur ; éprouve-moi et connais mes pensées inquiètes. Vois s'il n'y a pas en moi de mauvaise voie, et conduis-moi sur le chemin de l'éternité".

En outre, le fait de reconnaître nos limites et nos penchants pour le péché nous permet de faire preuve de grâce et de compréhension à l'égard des autres. Cela favorise la compassion, l'empathie et la volonté de pardonner, en reconnaissant que nous avons tous besoin de la miséricorde de Dieu.

En conclusion, la reconnaissance de nos limites et de nos penchants pour le péché est un élément essentiel de notre cheminement spirituel. Elle nous rend humbles, nous incite à nous fier à la force et à la direction de Dieu et nous pousse à rechercher son pardon et sa transformation. Reconnaître notre besoin de la grâce de Dieu nous permet de grandir en humilité, en compassion et en maturité spirituelle, à la fois dans notre relation avec Lui et dans nos interactions avec les autres.

- La Nature Déchue et le Besoin de Rédemption.

La nature déchue de l'humanité est un aspect essentiel et clé à comprendre dans notre quête de rédemption et de restauration. Elle souligne notre brisure inhérente et la nécessité de l'œuvre rédemptrice de Dieu dans nos vies. Examinons l'importance de l'étude de notre nature déchue et le besoin profond de rédemption.

La Bible indique clairement que l'humanité a été affectée par les conséquences de la chute. Dans Romains 3:23, il est dit : "Car tous ont péché et ne sont pas à la hauteur de la gloire de Dieu". Ce verset souligne l'universalité du péché et son impact sur chaque individu. Il nous rappelle que nous partageons tous la nature déchue et que nous sommes séparés de la norme parfaite et sainte de la gloire de Dieu.

L'histoire de la désobéissance d'Adam et Ève dans Genèse 3 illustre de manière frappante l'entrée du péché dans le monde et ses conséquences considérables.

Les effets de cet état déchu sont visibles dans nos relations brisées, dans la présence du mal et de la souffrance, et dans notre propre penchant pour le péché.

L'étude de notre nature déchue nous conduit à l'humilité et à la reconnaissance de notre besoin de rédemption. Romains 5:12 affirme : "C'est pourquoi, comme le péché est entré dans le monde par un seul homme, et la mort par le péché, ainsi la mort est venue pour tous les hommes, parce que tous ont péché". Ce verset souligne la gravité de la condition humaine et le besoin urgent d'être sauvé des conséquences du péché et de la mort.

La nature déchue de l'humanité souligne l'importance du plan de rédemption de Dieu en Jésus-Christ. Ephésiens 2 :4-5 rend magnifiquement compte de cette vérité : "Mais à cause de son grand amour pour nous, Dieu, qui est riche en miséricorde, nous a rendus vivants avec le Christ, alors que nous étions morts par nos transgressions c'est par la grâce que vous avez été sauvés. Malgré notre état de déchéance, l'amour et la miséricorde de Dieu ont ouvert la voie à notre rédemption par la mort sacrificielle et la résurrection de Jésus.

Reconnaître notre nature déchue renforce également notre gratitude pour la grâce et le pardon de Dieu. Le Psaume 103 :10-12 nous assure : "Il ne nous traite pas comme nos péchés le méritent, il ne nous rend pas selon nos fautes. Autant les cieux sont élevés au-dessus de la terre, autant son amour est grand pour ceux qui le craignent ; autant l'orient est éloigné de l'occident, autant il a éloigné de nous nos transgressions". La grâce de Dieu va au-delà de notre état de déchéance, offrant le pardon et la possibilité de se transformer.

Réfléchir à notre nature déchue sert de catalyseur à la croissance et à la transformation personnelle. Elle nous rappelle de rechercher l'aide de Dieu pour surmonter nos tendances au péché et de poursuivre la justice et la sainteté. Elle instille en nous la faim d'une relation restaurée avec Dieu, où nous pourrons faire l'expérience de son amour, de sa joie et de sa paix.

En conclusion, la réflexion sur la nature déchue de l'humanité est essentielle pour comprendre le besoin de rédemption. Elle nous rend humbles, approfondit notre appréciation de la grâce de Dieu et alimente notre désir de transformation spirituelle. Grâce à Jésus-Christ, nous pouvons trouver la rédemption des conséquences du péché et la restauration de notre relation avec Dieu. Nous devons réfléchir continuellement à notre nature déchue et embrasser l'œuvre rédemptrice de Dieu dans nos vies.

- Les Passages Bibliques qui Mettent en évidence la Séparation d'avec Dieu à cause du Péché.

La Bible contient de nombreux passages qui mettent en évidence la réalité de la séparation d'avec Dieu à cause du péché. Ces passages soulignent l'importance du péché en tant que barrière entre l'humanité et Dieu, et mettent en évidence le besoin de réconciliation et de restauration. Examinons quelques-uns de ces passages :

1. Isaïe 59:2 déclare : "Mais tes iniquités t'ont séparé de ton Dieu ; tes péchés t'ont caché sa face, et il ne t'a pas écouté." Ce verset révèle de manière poignante les conséquences du péché, illustrant comment il crée une séparation entre l'humanité et Dieu. Le péché entrave notre communion avec lui et obscurcit sa présence dans nos vies.

2. Romains 6:23 déclare : "Car le salaire du péché, c'est la mort ; mais le don de Dieu, c'est la vie éternelle dans le Christ Jésus notre Seigneur." Ce verset souligne la conséquence ultime du péché, à savoir la mort spirituelle et la séparation éternelle d'avec Dieu. Il souligne la gravité de l'impact du péché et le besoin désespéré du salut par Jésus-Christ.

3. Colossiens 1:21 parle de notre condition antérieure à la réconciliation avec Dieu : "Autrefois, vous étiez étrangers à Dieu et ennemis dans votre esprit à cause de votre mauvaise conduite. Ce verset décrit de manière frappante l'état de séparation d'avec Dieu qui résulte du péché. Il dépeint notre aliénation et notre inimitié à l'égard de Dieu, soulignant le besoin profond de réconciliation.

4. Ephésiens 2:12 décrit l'état des païens avant qu'ils ne viennent à la foi en Christ : "Souvenez-vous qu'en ce temps-là vous étiez séparés du Christ, exclus de la citoyenneté d'Israël, étrangers aux alliances de la promesse, sans espérance et sans Dieu dans le monde". Ce passage met l'accent sur la condition spirituelle de ceux qui sont séparés du Christ et privés de Dieu. Il souligne l'état désastreux de séparation et de désespoir qu'entraîne le péché.

5. Le Psaume 66:18 révèle un aspect crucial de l'impact du péché sur notre relation avec Dieu : "Si j'avais gardé le péché dans mon cœur, l'Éternel ne m'aurait pas écouté. Ce verset souligne à quel point le péché non confessé peut entraver notre communion avec Dieu. Il souligne l'importance de la repentance et de la recherche du pardon pour rétablir notre lien avec lui.

Ces passages et bien d'autres dans la Bible soulignent la réalité de la séparation d'avec Dieu à cause du péché. Ils nous rappellent la rupture causée par le péché et le besoin urgent de réconciliation. Grâce à Jésus-Christ et à son sacrifice, nous pouvons trouver le pardon, la restauration et une relation renouvelée avec Dieu. Il est essentiel de se rappeler que le désir de Dieu est la réconciliation et la restauration. Malgré la séparation causée par le péché, il offre l'opportunité du pardon et de la communion en Jésus-Christ. Par la foi en lui, nous pouvons expérimenter la joie d'être réconciliés avec Dieu et jouir à nouveau d'une relation intime avec lui.

En définitive, les passages bibliques mettent en évidence la séparation d'avec Dieu causée par le péché, soulignant le besoin de réconciliation et de restauration. Ces passages soulignent les conséquences du péché, la barrière qu'il crée et le besoin désespéré de salut par Jésus-Christ. Nous devons reconnaître la réalité de la séparation causée par le péché et embrasser l'œuvre rédemptrice de Dieu, en recherchant la réconciliation et la restauration par sa grâce et son amour.

- Comprendre la Puissance Transformatrice de la Nouvelle Naissance.

Pour saisir la puissance transformatrice de la nouvelle naissance, il est essentiel d'établir une base solide enracinée dans les enseignements bibliques. En examinant des passages clés, nous pouvons recevoir une révélation sur la nature de cette expérience transformatrice et sa signification dans notre cheminement spirituel. Examinons ces éléments fondamentaux :

1. Jean 3:3 ouvre la voie à la compréhension du concept de la nouvelle naissance : Jésus répondit : "En vérité, je te le dis, nul ne peut voir le royaume de Dieu s'il ne naît de nouveau". Ce verset, prononcé par Jésus lui-même, souligne la nécessité de naître de nouveau pour entrer dans le royaume de Dieu. Il s'agit d'une renaissance spirituelle, d'une transformation radicale qui s'opère à l'intérieur de l'individu.

2. 2 Corinthiens 5:17 donne un aperçu supplémentaire de puissance transformatrice de la nouvelle naissance : "Si quelqu'un est en Christ, c'est que la nouvelle création est arrivée : L'ancien a disparu, le nouveau est là !". Ce verset souligne le changement profond qui se produit lorsque nous naissons de nouveau en Christ. Cela signifie une transformation complète de notre état spirituel, où notre ancien moi caractérisé par le péché et la séparation d'avec Dieu est remplacé par une nouvelle vie en Christ.

3. Romains 6:4 met en lumière la représentation symbolique de la nouvelle naissance : "Nous avons donc été ensevelis avec lui par le baptême dans la mort, afin que, comme le Christ est ressuscité des morts par la gloire du Père, nous vivions nous aussi dans une vie nouvelle". Ce passage établit un lien entre la nouvelle naissance et le baptême, qui symbolise notre identification avec la mort, l'ensevelissement et la résurrection du Christ. Il signifie notre participation à son œuvre de transformation, conduisant à une vie nouvelle en lui.

4. Tite 3:5 souligne le rôle du Saint-Esprit dans le processus de la nouvelle naissance : "Il nous a sauvés, non pas à cause de ce que nous avions fait de juste, mais à cause de sa miséricorde. Il nous a sauvés par le lavage de la renaissance et du renouvellement par le Saint-Esprit". Ce verset souligne que la nouvelle naissance n'est pas le résultat de nos propres efforts ou mérites, mais qu'elle est l'œuvre de la miséricorde et de la grâce de Dieu. Le Saint-Esprit joue un rôle essentiel dans la réalisation de cette renaissance et de ce renouvellement, en nous transformant de l'intérieur.

L'établissement de ce fondement nous aide à comprendre que naître de nouveau n'est pas simplement une expression métaphorique, mais une puissante réalité spirituelle. Il s'agit d'une transformation profonde qui a lieu lorsque nous abandonnons notre vie à Jésus-Christ et faisons l'expérience de l'œuvre salvatrice de sa grâce. Cela implique de mourir à notre ancien moi, d'être lavé de nos péchés et de recevoir une nouvelle vie en Christ par la puissance du Saint-Esprit.

La puissance transformatrice de la nouvelle naissance s'étend à tous les aspects de notre vie. Elle affecte nos pensées, nos attitudes, nos désirs et nos actions, nous permettant de vivre en accord avec la volonté et le dessein de Dieu. Elle apporte le pardon, la réconciliation et une relation restaurée avec Dieu, nous permettant d'expérimenter son amour, sa joie et sa paix en abondance.

En conclusion, en établissant une base enracinée dans les enseignements bibliques, nous pouvons saisir la puissance transformatrice de la nouvelle naissance. Cela implique une renaissance spirituelle, une transformation radicale de notre vie et une relation renouvelée avec Dieu par l'intermédiaire de Jésus-Christ. Nous devons embrasser la puissance de transformation de la nouvelle naissance et laisser le Saint Esprit façonner tous les aspects de notre vie, pour marcher dans la plénitude du dessein de Dieu pour nous.

En explorant la nature de l'humanité, nous comprenons mieux l'expérience humaine que nous partageons et le besoin universel de transformation spirituelle. En reconnaissant notre image divine, en reconnaissant l'impact de la chute et en embrassant le désir de rédemption, nous a permi de posé les fondations du voyage vers la nouvelle naissance.

CHAPITRE 2 :

LE DON DE LA GRÂCE

Il est évident que tout le monde a entendu parler de la grâce, mais la plupart des gens n'ont pas de connaissances précises sur ce sujet. Dans ce chapitre, nous nous pencherons sur la notion profonde de la grâce, un don que Dieu nous accorde librement. Nous explorerons sa signification, sa puissance de transformation et la manière dont elle est intimement liée à notre expérience de la nouvelle naissance. Rejoignez-moi pour un voyage dans les profondeurs de l'étonnante grâce de Dieu.

- La Première Mention de la Grâce.
La Bible nous montre qu'avant la chute, alors que la vie dans le jardin d'Éden était parfaitement bonne et harmonieuse, Dieu venait rendre visite à Adam et Eve. Un jour, le péché est entré dans la création, et avec le péché, il y a la mort. Malheureusement, la belle création de Dieu est rapidement devenue incontrôlable, jusqu'à ce que Dieu dise : "Mon Esprit ne restera pas toujours avec les hommes, parce qu'ils se sont corrompus" (Genèse 6:3). Le péché, tel un cancer cruel et agressif, s'est répandu dans la descendance d'Adam. Personne n'était à l'abri des ravages du péché et de la honte.

Dieu a donc décrété son jugement (Genèse 6:5-7). Au verset suivant, nous lisons que "Noé trouva grâce aux yeux de l'Éternel" (Genèse 6:8). C'est la première mention de la grâce. Jusqu'à ce point du récit biblique, nous ne voyons rien de spécial dans la vie de Noé. Il y a du péché partout et chez tout le monde, mais Dieu comble Noé de grâce. Remarquez qu'il est dit : "Noé trouva grâce". C'est dit ainsi pour que nous puissions comprendre qu'il ne l'a pas méritée par sa conduite ; elle lui a été donnée comme un cadeau. Le verset suivant dit : "Noé était un homme juste, irréprochable parmi ses contemporains ; Noé marchait avec Dieu" (Genèse 6:9). D'abord vient la grâce, puis vient la justice. Ce n'est pas l'inverse. Noé n'était pas assez juste pour gagner la grâce de Dieu, mais à cause de la grâce de Dieu, Dieu a justifié Noé et l'a déclaré juste. Puis, d'un cœur plein de gratitude, Noé obéit respectueusement à Dieu.

La première mention de la grâce dans Genèse 6 n'est pas la première fois que Dieu a commencé à faire preuve de grâce. Selon la Bible, la grâce de Dieu envers l'humanité remonte au début de l'histoire humaine. La première démonstration de la grâce de Dieu se trouve dans le récit d'Adam et Ève. Après avoir désobéi à Dieu en mangeant le fruit défendu, ils ont subi les conséquences de leurs actes, notamment la séparation d'avec Dieu et l'entrée du péché dans le monde. Il aurait pu les effacer sur place pour leur déloyauté en se soumettant à Satan, même s'ils étaient spirituellement morts (Romains 6:23). Cependant, même au milieu de leur désobéissance et du jugement qui en a résulté, Dieu a fait preuve de grâce en leur fournissant des vêtements et en leur promettant une délivrance future du péché (Genèse 3:21, 3:15).

Tout au long de l'Ancien Testament, Dieu a continué à accroître sa grâce envers l'humanité de nombreuses manières. Il a établi des alliances avec des personnes comme Noé, Abraham et Moïse, leur accordant sa faveur et sa protection. Dieu a confirmé sa grâce par des actes de délivrance, de provision et de pardon, même lorsque son peuple s'est détourné de lui et s'est engagé dans l'idolâtrie et la désobéissance.

La plus grande démonstration de la grâce de Dieu s'est produite lors de la venue de Jésus-Christ, comme l'indique le Nouveau Testament. La vie, la mort et la résurrection de Jésus ont ouvert la voie au salut et à la réconciliation entre Dieu et l'humanité. C'est par la foi en Jésus que les croyants reçoivent la grâce de Dieu et se voient offrir le don de la vie éternelle.

En bref, la grâce de Dieu est évidente depuis les premiers chapitres de la Bible. Elle est une manifestation de son amour et de sa miséricorde indéfectibles envers l'humanité, offrant le pardon, la rédemption et le salut malgré les faiblesses et péché.

Nous pouvons même remonter loin dans "l'éternité passée" pour voir la manifestation de la grâce de Dieu. Le sacrifice de Jésus, souvent appelé l'Agneau de Dieu dans Apocalypse 13:8, qui déclare que l'Agneau a été immolé dès la création du monde. Il faisait partie du plan de Dieu dès avant la fondation du monde.

Dans cette compréhension, la grâce de Dieu est considérée comme la motivation derrière ce sacrifice préétabli. Dieu, dans son immense amour, a donné naissance à la grâce et a choisi de fournir un moyen pour la rédemption et la réconciliation de l'humanité avant même que le monde n'existe. Ce concept met en évidence la profondeur et l'étendue de l'amour de Dieu, démontrant son désir de sauver et de restaurer l'humanité malgré notre nature pécheresse. Le diable ignorait ce que Dieu avait fait avant la fondation du monde, et il a corrompu le genre humain dans l'intention qu'ils soient comme lui et les anges déchus, et que Dieu ne pardonne pas aux êtres qui ont son image, mais il a été surpris lorsque Dieu lui a dit : "Je mettrai une hostilité entre toi et la femme, entre ta postérité et sa postérité ; il t'écrasera la tête, et tu lui écraseras le talon". En d'autres termes, Dieu lui disait que l'offrande pour le salut de mes êtres préféré était déjà donnée, afin que je puisse le sauver. Dieu préparait maintenant un moyen de la mettre en œuvre dans le monde physique. C'est un témoignage de la faveur et de la compassion non méritées de Dieu envers l'humanité, qui nous permet de nous réconcilier avec Lui par la foi en Jésus-Christ.

Le concept de la grâce de Dieu avant la chute de l'humanité peut être comprise de deux façons dans la Bible :

1. La prescience de Dieu : Dieu, omniscient, connaissait à l'avance la chute de l'humanité et le besoin de salut qui en résulterait. Dans sa sagesse et son amour divins, Dieu a choisi d'accorder sa grâce avant même la chute, sachant que l'humanité aurait besoin de sa rédemption. Cette compréhension souligne la souveraineté de Dieu et son plan proactif d'offrir la grâce à l'humanité dès le début.

2. Le caractère et la nature de Dieu : Une autre perspective met en évidence la nature d'amour inhérente à Dieu qui produit la grâce. L'essence de Dieu est considérée comme remplie de bonté, de miséricorde et de gentillesse. La Bible dit dans 1 Jean 4:8 et 16 : "Celui qui n'aime pas ne connaît pas Dieu, car DIEU EST AMOUR. Nous avons donc appris à connaître et à croire l'amour que Dieu a pour nous. DIEU EST AMOUR, et celui qui demeure dans l'amour demeure en Dieu, et Dieu demeure en lui". Ainsi, la grâce de Dieu n'est pas seulement une réponse à la chute de l'humanité, mais une manifestation naturelle de son caractère. Dans cette optique, la grâce est un produit et une partie intégrante de son amour, et il l'étend librement et généreusement à toute sa création.

Pour beaucoup, les raisons pour lesquelles Dieu a fait preuve de grâce avant la chute restent mystérieuses, mais elles reflètent la profondeur de l'amour de Dieu pour l'humanité et son désir de relation et de restauration, même face à notre brisure et à notre péché. La grâce de Dieu avant la chute témoigne de sa nature immuable et de sa poursuite permanente de l'humanité, cherchant à nous ramener dans une relation juste avec lui.

Pourquoi la Loi est-elle Venue avant la Grâce

La Bible nous dit que la loi a été donnée par Dieu aux Israélites avant la pleine manifestation de la grâce par Jésus-Christ. La loi, souvent appelée loi mosaïque ou loi de Moïse, a été donnée par Moïse sur le mont Sinaï (Exode 19-20). Elle consiste en un ensemble de commandements, de statuts et de règlements qui régissent divers aspects de la vie religieuse, morale et sociale des Israélites.

L'objectif de la loi était multiple :

1. Révéler les normes de Dieu : La loi fournissait une norme claire de justice et de sainteté, révélant les attentes de Dieu à l'égard de son peuple. Elle énonçait des principes moraux, éthiques et religieux qui guidaient leur conduite et démontraient le caractère de Dieu.

2. Mettre en évidence le péché et le besoin de rédemption : La loi a également mis en évidence le péché humain et l'incapacité d'obéir parfaitement à ses exigences. Elle a démontré que tous les hommes ne répondent pas à la norme parfaite de Dieu et qu'ils ont besoin de pardon et de rédemption.

3. Fournir une expiation temporaire : La loi comprenait des instructions pour divers sacrifices et rituels qui expiaient temporairement les péchés. Ces rituels étaient symboliques et préfiguraient le sacrifice ultime de Jésus-Christ, qui fournirait une expiation permanente pour les péchés de l'humanité.

Cependant, la loi elle-même ne pouvait pas apporter le salut ou la vie éternelle. La loi révélait les limites humaines et l'impossibilité de parvenir à la justice par le seul effort humain. La loi servait de gardien ou de tuteur, soulignant la nécessité d'un Sauveur qui remplirait parfaitement ses exigences et fournirait un chemin de grâce et de salut (Galates 3:24-25).

C'est avec la venue de Jésus-Christ que la plénitude de la grâce de Dieu a été révélée. Par sa vie, sa mort et sa résurrection, Jésus a accompli la loi, payé la peine pour le péché et offert le salut par la grâce de Dieu.

La loi a préparé le terrain pour que la grâce de Dieu se manifeste pleinement en Jésus-Christ, offrant le pardon, la réconciliation et la vie éternelle à tous ceux qui croient en Lui.

2.1 Comprendre la Grâce :

Le concept de grâce dans la Bible peut être résumé comme une faveur non méritée ou une bonté imméritée manifestée par Dieu à l'égard de l'humanité. Il s'agit d'un aspect fondamental des enseignements des apôtres. La grâce est souvent opposée aux œuvres ou aux efforts humains, soulignant que le salut et le pardon des péchés viennent de la seule grâce de Dieu, et non de réalisations personnelles ou de bonnes actions.

La grâce est un changement de jeu spirituel retentissant, expansif, puissant et ultime. C'est la seule chose qui a le pouvoir de vous changer et de changer tout ce qui vous concerne.

Dans de nombreuses traductions de l'Ancien Testament, le nom "grâce" est rare, mais l'adjectif "gracieux" est plus courant. Cela s'explique par le fait que la grâce de Dieu n'est pas un attribut de la nature de Dieu, comme le sont l'omnipotence, l'amour ou l'omniscience. La grâce est étroitement liée au fait que les hommes sont tombés et méritent donc la colère et le jugement de Dieu. On pourrait dire que la grâce est une réponse, une application du caractère et des attributs de Dieu à la rébellion de l'homme. Dans l'Ancien Testament, la grâce de Dieu est démontrée par sa relation d'alliance avec les Israélites, malgré leur désobéissance et leurs défauts. Dieu fait preuve de miséricorde et de pardon, offrant des possibilités de repentir et de restauration.

Dans le Nouveau Testament, l'expression ultime de la grâce de Dieu se manifeste en la personne de Jésus-Christ. Par sa vie, sa mort et sa résurrection, Jésus offre le salut et la vie éternelle à tous ceux qui croient en lui. Ce salut est un don gratuit de la grâce de Dieu, reçu par la foi, en dehors de tout effort humain.

L'enseignement de l'apôtre Paul joue un rôle important dans la compréhension de la grâce dans le Nouveau Testament. Il enseigne que le salut est dû à la grâce seule et qu'il ne se mérite pas par les œuvres ou l'adhésion à la loi. Au contraire, les croyants sont justifiés, ou rétablis dans leur droit avec Dieu, par la foi en Jésus-Christ.

La grâce ne concerne pas seulement le salut, mais aussi l'œuvre permanente de Dieu dans la vie des croyants. Elle permet aux chrétiens de grandir dans leur relation avec Dieu, de faire l'expérience de sa puissance et de sa transformation, et de recevoir sa direction et sa provision.

Comprendre la grâce, c'est reconnaître que nous avons besoin de la miséricorde de Dieu, que nous ne pouvons pas gagner le salut par nous-mêmes et que nous acceptons le don gratuit du pardon et de la vie éternelle offert par Jésus-Christ. Cela implique également de vivre dans la gratitude pour la grâce de Dieu et d'étendre la grâce aux autres par nos paroles et nos actions.

Commençons par comprendre ce qu'est la grâce.

1. Ephésiens 2.8-9 nous éclaire : "Car c'est par la grâce que vous êtes sauvés, par le moyen de la foi, et cela ne vient pas de vous, c'est le don de Dieu, non par des œuvres, afin que personne ne puisse se glorifier." Ce verset précise que la grâce n'est pas quelque chose que nous gagnons ou obtenons par nos propres efforts, mais un don librement consenti par Dieu. C'est sa faveur non méritée qui se déverse sur nous.

2. Romains 3.23-24 affirme : "Tous, en effet, ont péché et n'ont pas atteint la gloire de Dieu ; tous sont justifiés gratuitement par sa grâce, grâce à la rédemption opérée par le Christ Jésus." Ce passage souligne l'universalité du péché et le besoin de la grâce de Dieu. C'est par sa grâce que nous sommes justifiés et rachetés, malgré nos défauts.

3. Tite 3.4-5 révèle : "Mais lorsque la bonté et l'amour de Dieu, notre Sauveur, se sont manifestés, il nous a sauvés, non pas à cause de ce que nous avions fait de juste, mais à cause de sa miséricorde. Il nous a sauvés par le lavage de la renaissance et du renouvellement par le Saint-Esprit". Nous voyons ici que la grâce de Dieu n'est pas basée sur notre propre justice ou nos propres actions. Elle est le résultat de sa miséricorde et se manifeste par l'action du Saint-Esprit, qui apporte une renaissance et un renouveau transformateurs dans nos vies.

4. 2 Corinthiens 12:9 donne un aperçu de la suffisance de la grâce de Dieu : "Mais il m'a dit : Ma grâce te suffit, car ma puissance s'accomplit dans la faiblesse. Ce verset nous rappelle que dans nos faiblesses, la grâce de Dieu est plus que suffisante pour nous soutenir et nous rendre plus forts. C'est par sa grâce que sa puissance se manifeste dans nos vies.

5. Hébreux 4:16 nous encourage à nous approcher avec confiance du trône de la grâce de Dieu : "Approchons-nous donc avec confiance du trône de la grâce de Dieu, afin d'obtenir miséricorde et de trouver grâce pour nous aider au moment de la détresse." Ce verset souligne que nous pouvons nous présenter à Dieu avec assurance, sachant que sa grâce est à notre disposition dans toutes les situations. C'est par sa grâce que nous trouvons la miséricorde, l'aide et la force dans les moments difficiles.

En conclusion, la grâce est un thème central de l'Évangile, représentant la faveur et l'amour non mérités de Dieu envers l'humanité. C'est par sa grâce que nous sommes sauvés, justifiés et transformés. En reconnaissant notre besoin de grâce et en la recevant par la foi, nous pouvons expérimenter la puissance transformatrice de l'amour de Dieu dans nos vies.

2.2 Découvrir l'Amour Inconditionnel de Dieu :

Pour saisir l'ampleur de la grâce de Dieu, nous devons d'abord comprendre son amour inconditionnel. Romains 5:8 capture magnifiquement cette vérité : "Mais Dieu nous prouve son amour en ceci :

alors que nous étions encore pécheurs, le Christ est mort pour nous : Alors que nous étions encore pécheurs, le Christ est mort pour nous". La grâce de Dieu découle de son amour sans limite, qui dépasse notre entendement. C'est par cet amour qu'il nous offre le salut et la possibilité de naître de nouveau.

L'amour inconditionnel de Dieu est un concept fondamental de l'Évangile. Il s'agit de l'amour de Dieu pour l'humanité, qui ne repose sur aucune condition ou exigence.

Voici quelques aspects clés pour comprendre l'amour inconditionnel de Dieu :

1. L'acceptation inconditionnelle : Dieu aime chaque individu, quel que soient ses actions passées et présent. C'est un amour qui nous accepte tels que nous sommes, sans exiger la perfection ou la bonté morale.

2. Le pardon et la miséricorde : L'amour inconditionnel de Dieu se manifeste par son pardon et sa miséricorde. Malgré notre fragilité et nos péchés, Dieu étend son amour et offre le pardon à ceux qui se repentent et se tournent vers lui par l'intermédiaire de Jésus-Christ.

3. L'amour sacrificiel : L'apogée de l'amour inconditionnel de Dieu se manifeste dans la mort sacrificielle de Jésus-Christ. Dieu a envoyé son Fils mourir pour les péchés de l'humanité, montrant ainsi la profondeur de son amour et sa volonté de faire le sacrifice ultime pour nous. Jean 3:16-18 "Car Dieu a tant aimé le monde qu'il a donné son Fils unique, afin que quiconque croit en lui ne périsse pas, mais ait la vie éternelle. Car Dieu n'a pas envoyé son Fils dans le monde pour condamner le monde, mais pour que le monde soit sauvé par lui. Celui qui croit en lui n'est pas condamné, mais celui qui ne croit pas est déjà condamné, parce qu'il n'a pas cru au nom du Fils unique de Dieu."

4. L'amour persistant et éternel : L'amour de Dieu est immuable et éternel. Il reste constant, quelles que soient nos circonstances ou nos échecs. C'est un amour qui nous poursuit et qui cherche à nous rapprocher de lui.

5. La puissance de transformation : L'amour inconditionnel de Dieu a le pouvoir de transformer les vies. Lorsque nous faisons l'expérience de son amour et que nous l'acceptons, il nous change de l'intérieur, nous permettant d'aimer les autres de manière désintéressée et de vivre conformément à sa volonté.

6. Invitation à la relation : L'amour inconditionnel de Dieu est une invitation à avoir une relation personnelle avec lui. C'est une invitation à faire l'expérience de son amour, de sa grâce et de sa direction, et à marcher en communion avec lui.

Comprendre l'amour inconditionnel de Dieu implique d'accepter la vérité selon laquelle nous sommes appréciés et chéris par Dieu, malgré nos péchés, défauts et nos erreurs. Cela nous appelle à répondre à son amour par la gratitude, l'obéissance et l'amour des autres. C'est un amour qui dépasse l'entendement humain et qui sert de fondement à notre foi et à notre relation avec Dieu.

La compréhension de l'amour inconditionnel de Dieu pour l'humanité est au cœur du concept de grâce.

Approfondissons cet amour profond à travers des passages bibliques :

1. Jean 3:16 résume la profondeur de l'amour de Dieu : "Car Dieu a tant aimé le monde qu'il a donné son Fils unique, afin que quiconque croit en lui ne se perde pas, mais ait la vie éternelle. Ce verset révèle que l'amour de Dieu pour le monde est si grand qu'il a sacrifié son Fils, Jésus-Christ, pour apporter le salut et la vie éternelle à ceux qui croient en lui.

2. Romains 5:8 affirme la nature inconditionnelle de l'amour de Dieu : "Mais Dieu nous prouve son amour en ceci : alors que nous étions encore pécheurs, le Christ nous a donné la vie : Alors que nous étions encore pécheurs, le Christ est mort pour nous". Ce passage souligne que l'amour de Dieu ne dépend pas de notre bonté ou de notre valeur. En fait, il nous a aimés même dans notre état de péché, et la mort de Jésus sur la croix est la démonstration ultime de son amour inconditionnel.

3. 1 Jean 4.9-10 révèle l'essence de l'amour de Dieu : "Voici comment Dieu a manifesté son amour parmi nous : Il a envoyé son Fils unique dans le monde, afin que nous vivions par lui. C'est cela l'amour : ce n'est pas nous qui avons aimé Dieu, mais c'est lui qui nous a aimés et qui a envoyé son Fils en sacrifice expiatoire pour nos péchés". Nous voyons ici que l'amour de Dieu est proactif et désintéressé. Il a initié l'acte d'amour en envoyant Jésus pour nous réconcilier avec lui-même.

4. Romains 8:38-39 nous assure de la nature inébranlable de l'amour de Dieu : "Car j'ai l'intime conviction que ni la mort ni la vie, ni les anges ni les démons, ni le présent ni l'avenir, ni aucune puissance, ni la hauteur ni la profondeur, ni rien de ce qui existe dans toute la création, ne pourra nous séparer de l'amour de Dieu qui est dans le Christ Jésus notre Seigneur." Ce passage affirme que rien ne peut nous séparer de l'amour de Dieu. Il s'agit d'un amour durable et immuable qui transcende toutes les circonstances.

5. Ephésiens 3:17-19 décrit la nature incommensurable de l'amour de Dieu : "Je prie pour que, enracinés et affermis dans l'amour, vous ayez la force, avec tout le peuple saint du Seigneur, de saisir l'étendue, la longueur,

la hauteur et la profondeur de l'amour du Christ, et de connaître cet amour qui surpasse toute connaissance, afin d'être remplis à la mesure de toute la plénitude de Dieu". Ce passage souligne que l'amour de Dieu est illimité et dépasse l'entendement humain. C'est un amour qui nous remplit de la plénitude de Dieu.

En conclusion, l'amour inconditionnel de Dieu est le fondement de sa grâce. C'est un amour qui dépasse l'entendement humain et qui s'étend à tous les hommes, quels que soient leurs péchés. L'amour de Dieu est démontré par le sacrifice de Jésus-Christ et reste inébranlable et incommensurable. En saisissant la profondeur de l'amour de Dieu, nous sommes transformés par lui et habilités à étendre l'amour aux autres.

2.3 Le rôle de la grâce dans le salut :

La grâce de Dieu joue un rôle essentiel dans notre salut et notre nouvelle naissance. Tite 2:11 déclare : "Car c'est la grâce de Dieu qui est apparue pour offrir le salut à tous les hommes". La grâce de Dieu est le catalyseur de notre salut, nous permettant d'expérimenter la nouvelle naissance et la transformation spirituelles. Par sa grâce, Dieu ouvre la porte à une relation restaurée avec lui et à la vie éternelle en sa présence.

Voici quelques aspects clés à comprendre sur le rôle de la grâce dans le salut :

1. Une faveur non méritée : La grâce est une faveur non méritée de la part de Dieu. Le salut ne se mérite pas et ne s'obtient pas par des efforts humains ou de bonnes actions. Il s'agit plutôt d'un don gratuit de la grâce de Dieu, accordé par amour et par miséricorde.

2. La justification par la grâce : La Bible enseigne que nous sommes justifiés, ou rétablis dans nos droits avec Dieu, par la grâce, par le moyen de la foi. Cela signifie que nos péchés sont pardonnés et que nous sommes déclarés justes devant Dieu, non pas en raison de notre propre justice, mais en raison de la grâce que Dieu nous a accordée.

3. La rédemption par la grâce : La grâce est également liée au concept de rédemption. En Jésus-Christ, la grâce de Dieu permet de se libérer du péché et de ses conséquences. La mort sacrificielle de Jésus sur la croix a payé le prix de nos péchés et, en acceptant sa grâce, nous sommes libérés de l'esclavage du péché.

4. L'initiative de Dieu : Le salut est initié par la grâce de Dieu. C'est Dieu qui fait le premier pas vers nous, nous attirant à lui et nous offrant le don gratuit du salut. Notre réponse est de recevoir et d'accepter sa grâce par la foi en recevant Jésus-Christ dans notre cœur comme notre Seigneur et

Sauveur.

5. La grâce durable : La grâce n'est pas seulement impliquée dans l'acte initial du salut, mais aussi dans le soutien et l'autonomisation des croyants dans leur cheminement chrétien. La grâce de Dieu fournit la force, l'orientation et la transformation nécessaires pour vivre une vie qui lui plaît.

6. La souveraineté et la grâce de Dieu : Le rôle de la grâce met en évidence la souveraineté de Dieu dans le salut. Il souligne que le salut est en fin de compte une œuvre de Dieu, et que c'est sa grâce qui nous permet de répondre et d'avoir une relation avec lui.

Comprendre le rôle de la grâce dans le salut conduit à l'humilité et à la gratitude, en reconnaissant que notre salut dépend uniquement de la grâce de Dieu et non de nos propres efforts. Cela nous incite également à étendre la grâce et le pardon aux autres, comme nous l'avons reçu de Dieu.
Explorons la signification de la grâce dans le salut à travers des passages bibliques :
1. Ephésiens 2:8-9 déclare : "Car c'est par la grâce que vous êtes sauvés, par le moyen de la foi, et cela ne vient pas de vous, c'est le don de Dieu, non par les œuvres, afin que personne ne puisse se glorifier". Ce verset souligne que notre salut est le résultat de la grâce de Dieu, et non de nos propres efforts ou réalisations. C'est un don de Dieu que nous recevons par la foi, et non quelque chose que nous pouvons gagner ou dont nous pouvons nous vanter.
2. Tite 3:4-7 souligne encore le rôle de la grâce dans le salut : "Lorsque la bonté et l'amour de Dieu, notre Sauveur, se sont manifestés, il nous a sauvés, non pas à cause de ce que nous avions fait de juste, mais à cause de sa miséricorde. Il nous a sauvés en nous faisant renaître et en nous renouvelant par le Saint-Esprit, qu'il a répandu généreusement sur nous par Jésus-Christ notre Sauveur, afin que, justifiés par sa grâce, nous devenions héritiers avec l'espérance de la vie éternelle". Ce passage souligne que notre salut est le résultat de la miséricorde et de la grâce de Dieu. C'est par sa grâce que nous sommes renouvelés et transformés par le Saint-Esprit, et c'est par sa grâce que nous sommes justifiés et héritiers de la vie éternelle.
3. Romains 3:24 affirme : "Tous sont justifiés gratuitement par sa grâce, par le moyen de la rédemption opérée par le Christ Jésus". Ce verset souligne que notre justification, c'est-à-dire le fait d'être en règle avec Dieu, nous est donnée gratuitement par sa grâce. C'est par la rédemption accomplie par Jésus-Christ que nous sommes justifiés, et non par nos propres efforts ou mérites.
4. Actes 15:11 renforce le rôle de la grâce dans le salut : "Nous croyons que c'est par la grâce de notre Seigneur Jésus que nous sommes sauvés, tout

comme eux. Ce verset souligne que le salut vient par la grâce de notre Seigneur Jésus. Il ne dépend d'aucun facteur extérieur, mais uniquement de sa grâce.

5. 2 Timothée 1:9 révèle la nature prédestinée de la grâce de Dieu dans le salut : "Il nous a sauvés et appelés à une vie sainte, non pas en raison de ce que nous avons fait, mais en vertu de son dessein et de sa grâce. Cette grâce nous a été donnée dans le Christ Jésus avant le commencement des temps". Ce verset souligne que notre salut ne repose pas sur nos propres actions ou mérites, mais sur le dessein et la grâce de Dieu. Sa grâce nous a été donnée dans le Christ Jésus avant même le commencement des temps.

La grâce de Dieu joue un rôle central dans le salut. C'est par sa grâce que nous sommes sauvés (en recevant Jésus dans notre cœur), justifiés et réconciliés avec lui. Notre salut est un don gratuit de Dieu, et non quelque chose que nous pouvons gagner par nos propres efforts. En reconnaissant et en acceptant la grâce de Dieu, nous entrons dans une relation transformatrice avec lui, faisant l'expérience de son amour, de son pardon et de la vie éternelle.

2.4 Le Pouvoir de Transformation de la Grâce de Dieu :

La grâce de Dieu est un produit de l'amour de Dieu. Elle est une expression profonde de son amour et de sa miséricorde envers l'humanité. C'est une force transformatrice qui a le pouvoir de changer radicalement nos vies et d'apporter une transformation spirituelle. Examinons la signification de la grâce de Dieu et son rôle dans notre parcours de croissance et de renouveau.

Comme nous l'avons mentionné, Ephésiens 2 :8-9 capture l'essence de la grâce de Dieu : "Car c'est par la grâce que vous êtes sauvés, par le moyen de la foi, et cela ne vient pas de vous, c'est le don de Dieu, ce n'est pas par les œuvres, afin que personne ne puisse s'enorgueillir. Ce verset nous rappelle que notre salut et notre transformation spirituelle ne sont pas le fruit de nos efforts ou de nos mérites, mais qu'ils sont des dons gratuits de Dieu. Sa grâce est la faveur non méritée qui nous permet de faire l'expérience du pardon, de la réconciliation et d'une relation restaurée avec lui.

La grâce de Dieu est illimitée et s'étend à tous les aspects de notre vie. 2 Corinthiens 12:9 nous assure : "Ma grâce te suffit, car ma puissance s'accomplit dans la faiblesse". Dans nos moments de faiblesse, d'échec et de rupture, la grâce de Dieu brille, offrant force, guérison et restauration. C'est en reconnaissant que nous avons besoin de sa grâce que nous nous ouvrons à son œuvre transformatrice dans nos vies.

Par la grâce de Dieu, nous sommes non seulement pardonnés, mais aussi habilités à vivre une vie transformée. Tite 2.11-12 déclare : "Car la grâce de Dieu est apparue, qui offre le salut à tous les hommes. Elle nous apprend à dire non à l'impiété et aux passions mondaines, et à mener, dans le siècle présent, une vie maîtrisée, droite et pieuse". La grâce de Dieu ne pardonne pas seulement nos péchés passés, mais elle nous donne aussi les moyens de vivre d'une manière qui lui soit agréable. Elle modèle notre caractère, renouvelle notre esprit et transforme nos désirs, nous permettant ainsi d'aligner notre vie sur sa volonté.

La grâce de Dieu ne dépend pas de nos performances ou de notre valeur. Romains 5:8 illustre magnifiquement cette vérité : "Mais Dieu nous prouve son amour en ceci : Alors que nous étions encore pécheurs, le Christ est mort pour nous". La grâce de Dieu nous est accordée même dans notre état de péché, ce qui souligne son amour inconditionnel et son désir de rédemption. C'est sa grâce qui nous invite à entrer en relation avec lui et qui nous permet de grandir dans la sainteté.

En outre, la grâce de Dieu est suffisante pour surmonter nos péchés, nos erreurs et nos fragilités passées. 2 Corinthiens 5:17 proclame : "Si donc quelqu'un est en Christ, c'est que la nouvelle création est arrivée : L'ancien a disparu, le nouveau est là !". Par sa grâce, Dieu nous transforme de l'intérieur, brisant les chaînes du péché et nous permettant de marcher en nouveauté de vie. Sa grâce ne se contente pas d'effacer nos péchés, elle nous permet d'aller de l'avant avec espoir, sachant que nous sommes devenus nouveaux en Christ.

La puissance transformatrice de la grâce de Dieu est la pierre angulaire de notre voyage spirituel. C'est sa faveur non méritée qui nous permet de faire l'expérience du pardon, de la réconciliation et de la transformation spirituelle. Par sa grâce, nous sommes habilités à vivre en accord avec sa volonté, en grandissant dans la sainteté et en devenant de plus en plus semblables au Christ. Puissions-nous continuellement embrasser et compter sur la puissance de transformation de la grâce de Dieu alors que nous cheminons vers la maturité spirituelle et une relation plus profonde avec Lui.

2.5 Embrasser la Grâce Transformatrice de Dieu :

La grâce de Dieu n'est pas simplement un événement qui se fait qu'une fois ; elle est une source continue de transformation dans nos vies. 2 Corinthiens 12:9 nous rappelle : "Mais il m'a dit : Ma grâce te suffit, car ma puissance s'accomplit dans la faiblesse". La grâce de Dieu nous permet de surmonter nos faiblesses, de grandir dans la foi et de devenir plus semblables au Christ. C'est sa présence habilitante qui nous permet de vivre une vie digne de notre vocation.

Embrasser la grâce transformatrice de Dieu implique de reconnaître le pouvoir de la grâce de Dieu d'apporter le changement et la transformation dans nos vies.

Voici quelques aspects clés de l'acceptation de la grâce transformatrice de Dieu :

1. Reconnaître notre besoin : Accueillir la grâce transformatrice de Dieu commence par la reconnaissance de notre besoin. Nous reconnaissons notre brisure, notre péché et notre incapacité à nous changer nous-mêmes. C'est admettre que nous ne pouvons pas gagner le salut ou la transformation par nos propres efforts.

2. S'abandonner à Dieu : Accepter la grâce transformatrice de Dieu exige de lui abandonner notre vie. Cela implique de céder le contrôle à Dieu et de l'inviter à travailler en nous et à travers nous. Nous abandonnons nos propres plans et désirs et nous nous soumettons à sa volonté et à sa direction.

3. Recevoir le pardon : La grâce transformatrice de Dieu offre le pardon de nos péchés. Nous recevons son pardon en confessant nos péchés, en nous repentant et en nous détournant d'eux. Cela permet à sa grâce de nous purifier et de nous libérer de la culpabilité et de la honte.

4. Grandir dans la relation : Embrasser la grâce transformatrice de Dieu implique de cultiver une relation plus profonde avec lui. Nous passons du temps à prier, à étudier sa Parole et à rechercher sa présence. Lorsque nous nous approchons de Dieu, sa grâce nous permet de grandir dans la foi, l'amour et l'obéissance.

5. Permettre à la grâce de nous changer : La grâce transformatrice de Dieu ne se limite pas au pardon ; elle apporte également un changement intérieur. Lorsque nous coopérons avec sa grâce, elle agit en nous pour renouveler notre esprit, transformer nos attitudes et modeler notre caractère pour qu'il ressemble davantage au Christ.

6. Étendre la grâce aux autres : Embrasser la grâce transformatrice de Dieu nous conduit à faire grâce aux autres. Tout comme Dieu a fait preuve de miséricorde et de pardon à notre égard, nous sommes appelés à faire de même avec ceux qui nous entourent. Nous pardonnons aux autres, faisons preuve de compassion et recherchons la réconciliation, reflétant ainsi la grâce de Dieu dans nos relations.

7. Persévérer dans la grâce : Embrasser la grâce transformatrice de Dieu est un processus continu. Il faut persévérer et s'en remettre à sa grâce chaque jour. Même lorsque nous trébuchons ou faisons face à des défis, nous faisons confiance à sa grâce pour continuer à travailler en nous et à

travers nous.

Embrasser la grâce transformatrice de Dieu est un voyage de foi et d'abandon. Il s'agit de faire confiance à sa puissance de nous changer, de s'appuyer sur sa grâce et de participer activement au processus de transformation. Il s'agit de s'appuyer continuellement sur son amour et sa miséricorde, en lui permettant d'œuvrer en nous pour sa gloire.

Mes frères et sœurs, la grâce transformatrice de Dieu est une force puissante qui peut apporter un changement profond dans nos vies. C'est par sa grâce que nous sommes non seulement sauvés, mais aussi habilités à vivre une vie transformée.

Explorons comment nous pouvons embrasser et expérimenter cette grâce transformatrice à travers des passages bibliques :

1. 2 Corinthiens 5:17 déclare : "Si quelqu'un est en Christ, c'est que la nouvelle création est arrivée : L'ancien a disparu, le nouveau est là !". Ce verset souligne que lorsque nous sommes en Christ, nous devenons de nouvelles créations. Par sa grâce, nous sommes transformés de notre ancien moi, avec ses tendances au péché, en de nouveaux êtres capables de vivre selon la volonté de Dieu.

2. Tite 2:11-12 souligne la nature transformatrice de la grâce de Dieu : "En effet, la grâce de Dieu est apparue pour offrir le salut à tous les hommes. Elle nous apprend à dire non à l'impiété et aux passions mondaines, et à mener, dans le siècle présent, une vie maîtrisée, droite et pieuse". Ce passage révèle que la grâce de Dieu ne se contente pas de nous sauver, mais qu'elle nous enseigne et nous rend capables de vivre une vie qui lui soit agréable. Sa grâce nous permet de résister au péché et de vivre en accord avec sa volonté.

3. Romains 12:2 nous encourage à être transformés par le renouvellement de notre esprit : "Ne vous conformez pas au modèle de ce monde, mais soyez transformés par le renouvellement de votre esprit. Alors vous serez capables d'éprouver et d'approuver la volonté de Dieu, sa volonté bonne, agréable et parfaite". Ce verset souligne que l'acceptation de la grâce transformatrice de Dieu implique un renouvellement de notre esprit. Lorsque nous alignons nos pensées et nos croyances sur la vérité de Dieu, sa grâce transforme nos perspectives, nos désirs et nos actions.

4. Philippiens 2.13 nous rappelle que c'est Dieu qui agit en nous pour que nous voulions et agissions selon son bon dessein : "Car c'est Dieu qui agit en vous pour que vous vouliez et agissiez en vue de l'accomplissement de son bon dessein." Ce verset souligne que notre transformation ne dépend pas uniquement de nos efforts, mais qu'elle est le résultat de l'œuvre de Dieu en nous. C'est sa grâce qui nous permet de vouloir et d'agir conformément à ses bons desseins.

5. Ephésiens 4.22-24 nous exhorte à nous défaire de notre ancien moi et à nous revêtir du nouveau moi créé pour ressembler à Dieu : "Il vous a été enseigné, en ce qui concerne votre ancien mode de vie, à vous dépouiller de votre vieux moi, qui se corrompt par ses désirs trompeurs, à changer l'attitude de votre esprit et à revêtir le nouveau moi, créé pour ressembler à Dieu dans la vraie justice et la vraie sainteté". Ce passage souligne que l'acceptation de la grâce transformatrice de Dieu implique une décision consciente de laisser tomber nos anciennes habitudes et d'adopter un nouvel état d'esprit et un nouveau style de vie qui reflètent le caractère de Dieu.

Embrasser la grâce transformatrice de Dieu implique de lui abandonner nos vies et de permettre à sa grâce d'apporter un changement en nous. C'est par sa grâce que nous devenons nouveaux, que nous sommes habilités à vivre selon sa volonté et que nous sommes transformés à la ressemblance du Christ. En acceptant sa grâce et en coopérant à son œuvre en nous, nous faisons l'expérience de la vie abondante et du but qu'il a conçu pour nous.

2.6 Vivre dans la Plénitude de la Grâce :

Enfin, nous explorons ce que signifie vivre dans la plénitude de la grâce de Dieu. 2 Pierre 3.18 nous encourage : "Croissez dans la grâce et dans la connaissance de notre Seigneur et Sauveur Jésus-Christ". En approfondissant notre compréhension de la grâce de Dieu et en puisant continuellement à sa source, nous grandissons dans notre relation avec lui et sommes habilités à marcher dans la justice et la maturité spirituelle.

Vivre dans la plénitude de la grâce n'est possible que pour ceux qui reçoivent sa grâce en Jésus, afin qu'ils puissent embrasser et expérimenter la puissance abondante et transformatrice de la grâce de Dieu dans tous les aspects de leur vie.

Voici les principaux aspects d'une vie dans la plénitude de la grâce :

1. Embrasser notre identité en Christ : après avoir été sauvés par Jésus, si nous voulons vivre dans la plénitude de la grâce de Dieu, nous devons comprendre et embrasser notre identité d'enfants bien-aimés de Dieu et reconnaître que nous sommes profondément aimés, acceptés et appréciés par Dieu, non pas en fonction de nos performances ou de notre valeur, mais uniquement grâce à sa grâce.

2. Recevoir et marcher dans le pardon : Vivre dans la plénitude de la grâce implique de recevoir et de marcher dans le pardon que Dieu nous offre. Nous devons laisser tomber la culpabilité, la honte et l'auto-condamnation, sachant que la grâce de Dieu a couvert tous nos péchés par le sacrifice de Jésus-Christ.

3. Grandir dans la relation avec Dieu : Vivre dans la plénitude de la grâce se nourrit d'une relation intime avec Dieu. Nous devons passer du temps en sa présence, le rechercher dans la prière, l'adoration et l'étude de sa Parole. Lorsque nous nous approchons de lui, sa grâce nous permet de faire l'expérience de son amour, de ses conseils et de son pouvoir de transformation.

4. Faire confiance à la provision de Dieu : C'est un élément que tous les chrétiens nés de nouveau doivent connaître. Vivre dans la plénitude de la grâce implique de faire confiance à Dieu pour tous les aspects de notre vie. Nous croyons qu'il est notre pourvoyeur, notre soutien et la source de tout ce dont nous avons besoin. Nous devons compter sur sa grâce pour répondre à nos besoins physiques, émotionnels et spirituels.

5. Marcher dans la liberté par rapport au légalisme : En cette fin des temps, il existe de nombreuses formes de religiosité parmi ceux qui appellent Jésus Seigneur. Il faut savoir que vivre dans la plénitude de la grâce nous libère du fardeau du légalisme et de l'autosatisfaction. Nous sommes sauvés par la grâce seule, et non par nos propres œuvres ou efforts. Nous devons vivre dans la liberté, en sachant que notre relation avec Dieu est basée sur sa grâce et non sur nos performances.

6. Étendre la grâce aux autres : Vivre dans la plénitude de la grâce nous oblige à faire grâce aux autres. Nous faisons preuve de bonté, de pardon, de compassion et d'amour envers ceux qui nous entourent, reflétant ainsi la grâce que nous avons reçue de Dieu.

7. Marcher dans l'obéissance et la transformation : Vivre dans la plénitude de la grâce n'est pas une licence pour le péché, mais un catalyseur pour une vie sainte. Nous marchons dans l'obéissance à la Parole de Dieu, avec la force de sa grâce, et nous permettons à son Esprit de nous transformer à l'image du Christ. La Bible est très claire à ce sujet, mais malheureusement il y a des gens qui déforment la parole de Dieu et diffusent de faux enseignements dans des livres et des vidéos disant que la grâce vous permet de vivre ou de continuer à vivre dans le péché, parce que vos futurs péchés sont déjà pardonnés. En Romains 6:12-14, il est dit : "Que le péché ne règne donc pas dans votre corps mortel, pour vous faire obéir à ses passions. Ne présentez pas vos membres au péché comme des instruments d'injustice, mais présentez-vous à Dieu comme ramenés de la mort à la vie, et vos membres à Dieu comme des instruments de justice. Car le péché ne dominera pas sur vous, puisque vous n'êtes pas sous la loi, mais

sous la grâce". Au verset 14, il est clairement dit que le péché n'aura pas d'emprise sur vous, parce que vous n'êtes plus sous la loi mais sous la grâce. Mes frères et sœurs, vous ne pouvez pas être sous la grâce et ne pas vivre dans la sainteté, parce que la grâce a le pouvoir de nous apprendre à dire non au péché.

8. Célébrer et partager la grâce de Dieu : Il y a beaucoup de gens qui sont sous l'emprise de Satan et qui ont besoin de l'Évangile. Vivre dans la plénitude de la grâce implique de célébrer et de partager la bonne nouvelle de la grâce de Dieu avec les autres. Nous devons témoigner de la puissance transformatrice de sa grâce dans nos vies, en invitant les autres à en faire l'expérience.

Vivre dans la plénitude de la grâce est un voyage continu d'abandon, de foi et de dépendance à l'égard de Dieu. C'est un processus continu de transformation par sa grâce, de vie dans la liberté et de partage de son amour avec les autres.

Explorons comment nous pouvons vivre dans la plénitude de la grâce de Dieu à travers des passages bibliques :

1. Jean 1:16 révèle la nature débordante de la grâce de Dieu : "C'est de sa plénitude que nous avons tous reçu la grâce, à la place de la grâce déjà donnée. Ce verset souligne que la grâce de Dieu est abondante et inépuisable. Elle n'est pas une ressource limitée, mais elle est continuellement déversée sur nous. Vivre dans la plénitude de la grâce signifie reconnaître et recevoir la grâce abondante que Dieu nous offre chaque jour.

2. 2 Corinthiens 9:8 nous assure que la grâce de Dieu est suffisante pour nous dans toutes les situations : "Dieu peut vous bénir abondamment, afin qu'en toutes choses et en tout temps, ayant tout ce qu'il vous faut, vous abondiez en toute bonne oeuvre. Ce passage nous rappelle que la grâce de Dieu est plus que suffisante pour répondre à nos besoins et nous permettre de vivre selon ses desseins. Vivre dans la plénitude de la grâce signifie compter sur sa provision et avancer dans la foi pour accomplir les bonnes œuvres qu'il a préparées pour nous.

3. Hébreux 4:16 nous encourage à nous approcher du trône de la grâce de Dieu avec confiance, sachant que nous trouverons la miséricorde et la grâce pour nous aider dans les moments difficiles : "Approchons-nous donc avec confiance du trône de la grâce de Dieu, afin de recevoir miséricorde et de trouver grâce pour nous aider dans le besoin." Ce verset nous rappelle que la grâce de Dieu est facilement accessible lorsque nous nous adressons à lui dans la prière.

4. Ephésiens 3.20-21 déclare que Dieu peut faire infiniment plus que tout ce que nous demandons ou imaginons, selon sa puissance qui est à

l'œuvre en nous : "Or, à celui qui peut faire infiniment plus que tout ce que nous demandons ou imaginons, selon sa puissance qui est à l'œuvre en nous, à lui soit la gloire dans l'Église et dans le Christ Jésus, de génération en génération, aux siècles des siècles ! Amen". Ce passage nous rappelle la puissance et la grâce illimitées de Dieu. Vivre dans la plénitude de la grâce signifie adopter un état d'esprit de foi et d'attente, sachant que Dieu peut accomplir bien plus que ce que nous pouvons imaginer ou demander.

5. 1 Pierre 5:10 nous assure qu'après avoir souffert un peu, Dieu lui-même nous rétablira, nous confirmera, nous fortifiera et nous affermira : "Le Dieu de toute grâce, qui vous a appelés à sa gloire éternelle en Christ, après que vous aurez souffert un peu, vous rétablira lui-même et vous affermira, vous rendra fermes et inébranlables." Ce verset nous rappelle que la grâce de Dieu n'est pas seulement présente dans les temps de bénédiction, mais aussi dans les temps d'épreuve et de souffrance. Vivre dans la plénitude de la grâce signifie faire confiance à la fidélité de Dieu et permettre à sa grâce de nous restaurer, de nous fortifier et de nous établir, même dans les périodes difficiles.

Vivre dans la plénitude de la grâce de Dieu est un voyage transformateur. Cela implique de reconnaître l'abondance de sa grâce, de compter sur sa provision, de rechercher sa présence et d'adopter un état d'esprit de foi et d'attente. Lorsque nous vivons dans la plénitude de la grâce, nous expérimentons la puissance transformatrice de Dieu dans tous les aspects de notre vie et nous devenons des vases de sa grâce pour les autres.

Conclusion :

Dans ce chapitre, nous avons entrepris un voyage pour comprendre le don de la grâce, une faveur divine accordée librement par Dieu. Nous avons vu que la grâce ne se mérite pas, mais qu'elle se reçoit par la foi en Jésus-Christ. Elle est le fondement de notre salut et le pouvoir de transformation qui nous permet de naître de nouveau.

CHAPITRE 3

REPENTANCE ET PARDON

Au cours de notre voyage sur comment naître de nouveau, nous avons vu la condition de l'humanité et l'existence de la grâce de Dieu, née de son amour, qui a fourni un moyen pour le genre humain d'être racheté. Dans ce chapitre, nous allons approfondir la nature profonde de la repentence et le pouvoir libérateur du pardon, ainsi que leur rôle intégral dans notre transformation spirituelle.

Comme je l'ai dit dans l'introduction de ce livre, nous vivons à une époque où de nombreuses personnes sont dans une simulation du salut, orchestrée par des prédicateurs sincères qui eux-mêmes ne sont pas nés de nouveau, parce qu'ils n'ont pas la vie en eux. Pour ceux qui me connaissent ou qui ont entendu mes prédications, ils se souviendront que je dis toujours : Jésus est la vie qui se donne, seul celui qui a Jésus-Christ peut donner JÉSUS, et le contraire n'est pas vrai. Et aussi comme l'a dit l'apôtre Paul dans 2 Corinthiens 11 : 4 "Car si quelqu'un vient annoncer un autre Jésus que celui que nous avons annoncé, ou si vous recevez un autre esprit que celui que vous avez reçu, ou si vous acceptez un autre évangile que celui que vous avez accepté, vous le supportez assez volontiers."

En cette fin des temps, il y a aussi d'autres prédicateurs sortant de l'enfer qui prêchent un autre Jésus, qui mettent l'accent sur un autre esprit et qui prêchent un autre évangile, qui attirent la foule, mais aucun d'entre eux n'est véritablement sauvé. Ils parlent de repentance, mais aucun d'entre eux n'est revenu à Dieu.

Tout le monde a besoin d'être sauvé, mais l'ennemi de notre âme est dans le monde avec ses stratagèmes pour séduire beaucoup de gens ; la clé essentielle est d'être sauvée de la bonne manière. Beaucoup de gens se réfèrent à la repentance comme « faire demi-tour ». Ce n'est pas faux, puisque dans l'Ancien Testament, le mot hébreu pour repentir est "teshuvah", ce qui signifie se retourner ou revenir, mais ce n'est pas une complète vérité sur ce qu'est la repentance et comment elle commence. Dans le Nouveau Testament, le mot grec pour repentance est "metanoia", qui signifie un changement d'esprit ou une transformation du moi intérieur. Tout d'abord, il est important de savoir que c'est le Saint-Esprit qui convainc une personne du péché, et que la repentance est notre réponse à la conviction du Saint-Esprit.

Lorsque la Bible parle de repentance, elle dit souvent : "Repentez-vous et revenez sur vos pas (faire demi-tour)". Cela signifie qu'avant de faire demi-tour, il faut se repentir. Faire demi-tour n'est pas la repentance elle-même ; faire demi-tour se produit après la repentance. C'est parce que vous vous êtes repenti que vous revenez à Dieu. Beaucoup pourraient dire : "Attends un peu, prophète, es-tu en train de dire qu'il faut d'abord se repentir avant de se tourner vers Dieu ? Ma réponse est oui, parce que la repentance est typiquement l'étape initiale ou la condition préalable pour revenir à Dieu. La repentance est un point de départ crucial, car il implique de reconnaître le besoin de pardon et de restauration. Il s'agit de reconnaître que nos actions ou nos attitudes ont été contraires à la volonté de Dieu et que le changement est nécessaire. La repentance ouvre la voie au retour à Dieu. Ce retour signifie une réorientation de notre vie, en l'alignant sur les objectifs de Dieu et en établissant une relation authentique avec lui. Il implique un engagement à suivre les commandements de Dieu, à embrasser sa vérité et à vivre en accord avec sa volonté.

Par conséquent, la repentance et le retour à Dieu sont étroitement liés et interconnectés. La repentance prépare le cœur à revenir à Dieu, et le retour à Dieu est le résultat d'uneauthentique repentance. C'est par la repentance que les individus peuvent faire l'expérience du pardon de Dieu, recevoir sa grâce et s'engager sur un chemin renouvelé de foi et d'obéissance.

-La Repentance Prépare le Cœur à faire Demi-tour (se convertir).

L'information la plus importante à connaître est la suivante : La repentance n'est pas simplement une action extérieure ou un changement de comportement superifiel ; elle commence par une transformation du cœur. Lorsque quelqu'un reconnaît ses péchés, éprouve un véritable remords et le désire changer, cela indique que son cœur est préparé pour un retour à Dieu. La repentance implique une profonde réflexion intérieure et une conviction qui conduit à un véritable changement d'esprit et d'attitude à l'égard du péché.

La repentance prépare le cœur en :

1. En éveillant la conscience : La repentance aide les individus à prendre conscience de la gravité de leurs péchés et du besoin de pardon. Elle les incite à évaluer leurs actions, leurs attitudes et leurs motivations à la lumière des normes de Dieu.

2. Susciter une tristesse pieuse : La repentance authentique suscite une tristesse pieuse ou un remords dans le cœur. Cette tristesse naît d'une profonde compréhension du mal causé par le péché, tant à soi-même qu'aux autres, et de la reconnaissance du fait qu'il va à l'encontre de la nature parfaite de Dieu.

3. Ouvrir la réceptivité : La repentance adoucit le cœur et le rend réceptif à la grâce et à la transformation de Dieu. Elle crée un espace dans le cœur pour recevoir le pardon et la restauration.

Faire demi-tour est le résultat d'une véritable repentance.

Faire demi-tour (se convertir) désigne l'action de revenir à Dieu et d'adopter une vie conforme à sa volonté. Il est l'expression pratique d'une repentance authentique et signifie un changement de comportement, de priorités et de valeurs.

Faire demi-tour, qui est le résultat d'une repentance authentique, se caractérise par :

1. La recherche de la réconciliation : Ceux qui se repentent sincèrement désirent se réconcilier avec Dieu et restaurer leur relation avec lui. Ils reconnaissent qu'ils se sont égarés et veulent maintenant retourner dans les bras aimants de leur Père céleste.

2. Adopter l'obéissance : La repentance authentique conduit à l'engagement de suivre les commandements de Dieu et de vivre en accord avec ses principes. Cela implique la volonté de se soumettre à son autorité et de renoncer à nos propres désirs et préférences.

3. Poursuivre la transformation : Faire demi-tour (se convertir) signifie la poursuite d'une transformation et d'une croissance personnelles. Cela implique de chercher activement à ressembler davantage a Christ, de permettre à son Esprit d'agir en nous et de coopérer à son œuvre de sanctification dans notre vie.

4. Vivre dans la justice : À la suite d'une repentance authentique, les individus s'efforcent de mener une vie juste et sainte. Ils adoptent un

nouveau comportement qui reflète les valeurs et le caractère de Dieu.

En résumé, la repentance prépare le cœur en éveillant la conscience, en suscitant une tristesse pieuse et en ouvrant la réceptivité à la grâce de Dieu. Faire demi-tour est le résultat pratique d'une repentance authentique et implique la recherche de la réconciliation, l'acceptation de l'obéissance, la poursuite de la transformation et la vie dans la justice. Ensemble, ils forment un cycle de changement et de restauration, où la repentance prépare le cœur à se retourner, et où faire demi-tour devient la preuve visible d'une repentance authentique.

-Quel est le Rôle du Saint-Esprit dans la Repentance et le Retour a Dieu ?

Le Saint-Esprit joue un rôle actif dans le processus de conviction, de régénération et de sanctification.

1. Conviction et illumination : Le Saint-Esprit convainc les individus de leurs péchés, leur révélant la nécessité de se repentir. Grâce à l'action de l'Esprit, les cœurs et les esprits sont éclairés et les individus comprennent la profondeur et la gravité de leurs péchés. Le Saint-Esprit apporte la clarté et révèle la vérité, permettant aux individus de voir leur besoin de se repentir et le pouvoir réconciliateur de la grâce de Dieu.

2. La régénération et le renouvellement : La repentance et le retour à Dieu impliquent une transformation spirituelle rendue possible par le Saint-Esprit. Lorsque les individus se repentent sincèrement, le Saint-Esprit régénère leur cœur, apportant une vie nouvelle et renouvelant leur nature spirituelle. L'Esprit rend les croyants capables de se détourner du péché et de marcher dans la justice, ce qui leur permet de vivre conformément à la volonté de Dieu.

3. Autonomisation et orientation : Le Saint-Esprit donne aux individus les moyens de vivre leur repentance et leur retour à Dieu. L'Esprit fournit la force et les conseils nécessaires pour résister à la tentation, surmonter les schémas de péché et poursuivre une vie de sainteté. L'Esprit aide les croyants à faire des choix qui s'alignent sur les objectifs de Dieu et leur permet de porter du fruit dans leur vie.

4. Le réconfort et l'assurance : Le Saint-Esprit offre réconfort et assurance à ceux qui se sont repentis et qui sont revenus à Dieu. L'Esprit assure les croyants de leur pardon, de l'amour de Dieu et de sa fidélité à les transformer et à les soutenir. La présence de l'Esprit apporte la paix et l'assurance, rappelant aux individus leur relation restaurée avec Dieu.

5. Transformation et sanctification : Le Saint-Esprit continue d'agir dans la vie des croyants, les transformant progressivement à l'image du Christ. Par le processus de sanctification, l'Esprit aide les individus à grandir en sainteté et à se conformer au caractère de Dieu. L'Esprit rend les croyants capables de vivre dans l'obéissance à la Parole de Dieu et de porter le fruit de l'Esprit dans leur vie quotidienne.

En conclusion, le Saint-Esprit joue un rôle crucial dans la repentance et le retour à la vie de Dieu. L'Esprit convainc, régénère, habilite, guide, réconforte et transforme les individus, leur permettant de se repentir sincèrement, de revenir à Dieu et de vivre une vie de droiture. La présence et l'action du Saint-Esprit au sein des croyants jouent un rôle déterminant dans le processus permanent de repentance, de transformation et de croissance spirituelle.

3.1 L'Appel à la Repentance

Dans cette section, nous allons nous lancer dans une exploration profonde de l'appel à la repentance et de sa signification. Il s'agit d'une étape cruciale dans le parcours de la nouvelle naissance. La repentance n'est pas un simple rituel religieux ou un acte superficiel ; ce n'est pas simplement un acte de remords ou de regret ; c'est une réponse sincère à l'invitation divine à la transformation. C'est un processus de transformation qui conduit au renouveau spirituel et à la réconciliation avec Dieu.

La repentance commence par un appel divin, un appel de Dieu à se détourner de nos habitudes pécheresses et à revenir à lui. Tout au long de la Bible, les prophètes, les apôtres, les évangélistes et les paroles mêmes de Jésus ont fait écho à cet appel à la repentance, exhortant l'humanité à rechercher le pardon et à adopter un nouveau mode de vie.

L'appel à la repentance résonne tout au long des pages de la Bible, faisant écho à l'amour compatissant et inébranlable de Dieu pour l'humanité. C'est un appel à nous détourner de nos habitudes pécheresses, à reconnaître la fragilité qui nous habite et à emprunter un nouveau chemin de droiture et d'obéissance.

Nous commençons notre voyage en examinant les enseignements de Jésus, qui a lancé un appel retentissant à la repentance au cours de son ministère terrestre. Dans Matthieu 4:17, nous lisons ses paroles : "Repentez-vous, car le royaume des cieux est proche". Ces mots ont un caractère d'urgence, nous invitant à réévaluer nos vies, à nous défaire de l'emprise du péché et à embrasser de tout cœur la puissance transformatrice de la grâce de Dieu.

En parcourant ce chapitre, nous verrons également la proclamation de la repentance par les apôtres dans l'église primitive. Actes 3:19 nous rappelle l'appel puissant de l'Apotre Pierre : "Repentez-vous donc et revenez à Dieu, afin que vos péchés soient effacés et que des temps de rafraîchissement viennent de la part du Seigneur".

En outre, nous discuterons du rôle de la tristesse pieuse et du remords dans la repentance authentique, comme le souligne 2 Corinthiens 7:10 : "La tristesse pieuse amène la repentance qui conduit au salut et ne laisse pas de regret, mais la tristesse mondaine amène la mort".

À travers ces passages et d'autres, nous découvrirons l'urgence et l'importance de la repentance dans notre cheminement spirituel. Nous réfléchirons à la nécessité d'une repentance authentique, en reconnaissant nos limites et nos penchants pour le péché. Nous explorerons le processus qui consiste à reconnaître nos péchés, à les confesser devant Dieu et à cultiver un désir sincère de changement.

L'appel à la repentance est une invitation à expérimenter la puissance transformatrice de la grâce de Dieu. C'est l'occasion de se libérer de l'esclavage du péché et d'embrasser la vie abondante que Dieu nous offre. Lorsque nous répondons à cet appel avec humilité et un cœur sincère, nous ouvrons la porte à une relation renouvelée avec Dieu et à l'espoir d'un avenir transformé.

Par la repentance, nous reconnaissons notre besoin du pardon de Dieu et de son œuvre transformatrice dans nos vies. C'est un voyage d'humilité qui nous permet d'expérimenter la profondeur de sa miséricorde, de sa grâce et de sa restauration. En répondant à l'appel de la repentance, nous nous ouvrons à une relation renouvelée avec Dieu, source de joie, de paix et d'épanouissement véritables.

Rejoignez-moi pour approfondir l'appel à la repentance, en explorant ses implications profondes et son rôle dans notre cheminement vers la nouvelle naissance. Puisse ce chapitre vous inspirer et vous guider dans votre réponse à l'appel divin à vous détourner du péché, à rechercher le pardon et à embrasser une vie alignée sur la volonté de Dieu.

Nous pouvons définir la repentance et le pardon comme suit :
La repentance est le fait de se détourner sincèrement du péché et de se tourner vers Dieu. C'est la reconnaissance de nos limites et de nos penchants pour le péché, ainsi qu'un désir sincère de changement. Par le processus de la repentance, nous reconnaissons la nature perecheresse qui est en nous et nous recherchons le pardon et la restauration de Dieu.
Le pardon, quant à lui, est un don divin qui nous est accordé par Dieu.

Il s'agit d'un acte d'amour et de miséricorde inconditionnels, par lequel Dieu choisit de nous libérer de la culpabilité et des conséquences de nos péchés. Ce grâce à son pardon que nous trouvons la guérison, la libération et une relation restaurée avec lui.

La Repentance est une réponse à la conviction du Saint-Esprit.

La repentance est une réponse à la conviction du Saint-Esprit. Lorsque le Saint-Esprit agit dans le cœur d'une personne, le convainc de ses péchés et lui révèle la nécessité de se repentir et l'incite à se repentir.

La conviction du Saint-Esprit amène la personne à prendre conscience de son péché, et à reconnaître la séparation d'avec Dieu qu'entraîne le péché et à comprendre profondément le besoin du pardon et de réconciliation. C'est par la conviction du Saint-Esprit que les individus prennent conscience de la gravité de leurs péchés et de leur besoin de repentance.

En réponse à cette conviction, une personne peut choisir soit de l'ignorer ou d'y résister, soit de l'embrasser et d'y répondre par la repentance. La repentance devient alors la réponse appropriée et nécessaire à la conviction du Saint-Esprit. Il implique de reconnaître et de confesser nos péchés, d'éprouver un véritable remords et d'exprimer un désir sincère de se détourner du péché et de mener une vie conforme à la volonté de Dieu.

La repentance n'est pas une action auto-générée, mais une réponse à l'œuvre du Saint-Esprit dans le cœur d'une personne. Le Saint-Esprit convainc, éclaire et attire les individus jusqu'à ce qu'ils reconnaissent leur besoin de se repentir. C'est l'œuvre du Saint-Esprit qui adoucit les cœurs, ouvre les esprits à la vérité et conduit les individus à répondre par la repentance.

Nous pouvons donc dire que la repentance est une réponse à la conviction du Saint-Esprit. C'est une réponse volontaire et sincère à l'œuvre de conviction du Saint-Esprit, qui conduit les individus à revenir à Dieu, à rechercher son pardon et à poursuivre une vie qui s'aligne sur ses objectifs et ses commandements.

-Les Enseignements Bibliques sur l'Appel à la Repentance.

L'appel à la repentance est un thème récurrent dans la Bible, soulignant le désir de Dieu d'établir une relation avec l'humanité et la nécessité pour les individus de se détourner du péché et de se tourner vers Dieu. Examinons les passages clés qui mettent en évidence cet appel et en expliquent la signification.

1. Les enseignements de l'Ancien Testament : Dans l'Ancien Testament, la repentance impliquait souvent un changement de cœur, un abandon de la méchanceté et un retour à Dieu. Des prophètes comme Ésaïe, Jérémie et

Ézéchiel ont appelé le peuple d'Israël à se repentir, l'exhortant à abandonner ses idoles et ses mauvaises habitudes et à revenir au Seigneur (Ésaïe 55:7; Jérémie 3:12-14 ; Ézéchiel 18:30-32). L'accent était mis sur un véritable remords et une transformation du comportement.

2. Jean le Baptiste : Jean Baptiste, qui a préparé la voie à Jésus, a prêché un baptême de repentance pour le pardon des péchés (Marc 1:4). Il a appelé les gens à se repentir, à confesser leurs péchés et à démontrer leur repentance par un changement de vie (Luc 3:7-14).

3. Les enseignements de Jésus : Jésus a souligné l'importance de la repentance tout au long de son ministère. Dans Luc 5:32, Jésus a dit : "Je ne suis pas venu appeler les justes, mais les pécheurs à la repentance." Il a appelé les gens à se repentir, à reconnaître leurs péchés et à démontrer leur repentance par une vie nouvelle (Luc 3:7-14). Il a appelé les gens à se repentir, à reconnaître leur besoin de salut et à se détourner de leurs péchés (Luc 13:3; Luc 15:7).

4. Les paraboles des objets perdus et retrouvés: Jésus a raconté des paraboles comme celles du fils prodigue (Luc 15:11-32) et de la brebis perdue (Luc 15:3-7) pour illustrer la joie et la célébration au ciel lorsqu'un pécheur se repent. Ces histoires soulignent l'amour et la miséricorde de Dieu envers ceux qui reviennent à lui.

5. Les enseignements de l'apôtre Paul : L'apôtre Paul a également insisté sur l'appel à la repentance dans ses enseignements. Dans Actes 17:30, il proclame : "Dieu ordonne à tous les hommes, en tous lieux, de se repentir". Paul a souligné la nécessité de la repentance et de se tourner vers Dieu afin de recevoir le pardon et le salut par la foi en Jésus-Christ (Actes 20:21).

Dans l'ensemble, la Bible enseigne de manière cohérente que la repentance est une réponse nécessaire à l'invitation de Dieu à la grâce et au pardon. Elle implique de reconnaître nos péchés, de s'en détourner et de se tourner vers Dieu avec le désir sincère de suivre ses voies.

Comme nous l'avons mentionné, dans Matthieu 4.1, nous trouvons une proclamation puissante de Jésus : "Repentez-vous, car le royaume des cieux est tout proche." Ces mots marquent le début du ministère de Jésus et résument l'essence de son message. Jésus appelle l'humanité à reconnaître l'urgence de la repentance, car le royaume des cieux est présent et accessible à ceux qui adoptent un mode de vie transformé. Cet appel nous pousse à évaluer nos actions, nos attitudes et nos croyances, et à prendre la décision consciente de nous détourner du péché et de nous aligner sur les principes du royaume de Dieu.

Dans Actes 3:19, nous trouvons l'appel à la repentance de l'apôtre Pierre : "Repentez-vous et revenez à Dieu, afin que vos péchés soient effacés et que des temps de rafraîchissement viennent de la part du Seigneur. Pierre s'adresse à une foule après une guérison miraculeuse, l'exhortant à se repentir et à demander le pardon de Dieu. Il les assure qu'en se repentant sincèrement, leurs péchés seront pardonnés et qu'ils connaîtront un rafraîchissement et un renouvellement de leur âme. Ce passage nous rappelle que la repentance n'est pas une simple formalité, mais un processus de transformation qui conduit à la liberté, à la restauration et à un lien plus profond avec Dieu.

Ces enseignements bibliques sur l'appel à la repentance véhiculent un message puissant et la repentance est une invitation à faire l'expérience de la vraie vie et de la restauration. C'est l'occasion de reconnaître nos péchés, de demander pardon et d'adopter un nouveau mode de vie. Par la repentance, nous nous ouvrons à l'œuvre transformatrice de la grâce de Dieu dans nos vies, lui permettant de remodeler nos cœurs, nos esprits et nos actions.

En explorant l'appel à la repentance, il est essentiel de se rappeler qu'il est enraciné dans l'amour de Dieu et dans son désir de réconciliation avec sa création. C'est un appel plein de compassion qui nous invite à déposer nos fardeaux, à recevoir le pardon et à entreprendre un voyage de croissance et de renouveau spirituels.

Puissent ces enseignements bibliques sur l'appel à la repentance vous inspirer et vous guider alors que nous répondons humblement à l'invitation de Dieu, en recherchant son pardon et en embrassant une vie transformée en sa présence.

- Comprendre la Repentance comme un Retournement sincère du Péché vers Dieu.

La repentance n'est pas simplement une action superficielle ou un simple changement de comportement. Il s'agit d'une réponse profonde et sincère à la conviction de nos péchés et d'un désir authentique de s'en détourner. À la base, la repentance implique une profonde reconnaissance de nos fautes, un véritable chagrin pour nos péchés et un engagement sincère à changer de voie.

La repentance est un processus de transformation qui implique à la fois de se détourner du péché et de se tourner vers Dieu. C'est reconnaître que nos actions et attitudes pécheresses nous séparent de Dieu et entravent notre relation avec Lui. La repentance nous oblige à examiner honnêtement notre vie, à identifier nos péchés et à prendre des mesures intentionnelles pour abandonner ces habitudes.

Ce concept, qui consiste à se détourner sincèrement du péché et à se tourner vers Dieu, est magnifiquement exprimé dans de nombreux passages bibliques. Dans Isaïe 55:7, il est dit : "Que les méchants abandonnent leurs voies et les injustes leurs pensées. Qu'ils se tournent vers le Seigneur, et il aura pitié d'eux, vers notre Dieu, car il pardonnera volontiers." Ce verset capture l'essence de la repentance, l'abandon des voies et des pensées mauvaises, et le fait de se tourner vers Dieu, qui offre miséricorde et pardon.

En outre, dans Joël 2.12-13, il est dit : "Maintenant encore, déclare le Seigneur, revenez à moi de tout votre cœur, avec des jeûnes, des pleurs et des deuils". Ces versets soulignent que la repentance doit être sincère et de tout cœur. Il ne s'agit pas d'une simple manifestation extérieure, mais d'une véritable transformation intérieure qui implique de pleurer nos péchés et de chercher Dieu de tout notre être.

La repentance exige de l'humilité, de l'honnêteté et la volonté d'affronter nos péchés et de rechercher le pardon de Dieu. C'est un choix conscient de se détourner de notre nature pécheresse et d'embrasser une vie alignée sur la volonté et les objectifs de Dieu. Lorsque nous nous tournons vers Dieu en se repentant, nous faisons l'expérience de sa grâce, de son pardon et de son pouvoir de transformation qui agit en nous.

La repentance, telle qu'elle est comprise dans le contexte biblique, implique de se détourner sincèrement du péché et de se tourner vers Dieu. Il s'agit d'un véritable changement de cœur, d'esprit et de direction dans la vie d'une personne.

Approfondissons ce concept :
1. Reconnaître le péché : La repentance commence par la reconnaissance de nos péchés. Il s'agit d'une évaluation honnête de nos pensées, attitudes, actions et comportements qui sont contraires à la volonté de Dieu. Cette reconnaissance conduit à un sentiment de remords et de conviction à propos de nos méfaits.

2. Le chagrin pour le péché : La repentance implique une véritable tristesse ou une tristesse pieuse pour nos péchés. Il ne s'agit pas simplement de se sentir désolé de s'être fait prendre ou de subir les conséquences négatives de nos actions, mais d'éprouver un profond chagrin et un regret d'avoir offensé Dieu par nos transgressions.

3. Se détourner du péché : La repentance n'est pas seulement un sentiment de remords ; elle exige de se détourner résolument du péché. La repentance implique un choix délibéré de renoncer et d'abandonner les pratiques, les habitudes et les modes de vie pécheurs. Ce détournement du péché est encouragé par le Saint-Esprit et accompagné d'un désir sincère de vivre dans l'obéissance aux commandements de Dieu.

4. Se tourner vers Dieu : La repentance implique également de se tourner vers Dieu. Il s'agit de rechercher le pardon, la grâce et la miséricorde de Dieu. C'est une décision consciente de réorienter notre vie vers Dieu, en désirant le connaître, l'aimer et vivre en accord avec sa volonté. Cette orientation vers Dieu implique de s'abandonner à son autorité et de chercher à approfondir notre relation avec lui par la prière, l'étude de sa Parole et la communion avec d'autres croyants.

5. Le fruit de la repentance : La véritable repentance est démontrée par les fruits qu'elle produit dans la vie d'une personne. Elle conduit à une transformation du caractère, des attitudes et des actions. La preuve de la repentance se voit dans les paroles, les actes et les relations d'une personne. Elle implique la poursuite de la droiture, de la justice, de la compassion et de l'amour, à l'image du Christ.

Il est important de noter que la repentance est rendu possible par la grâce de Dieu et l'action du Saint-Esprit dans nos vies. Il ne s'agit pas d'un moyen de gagner le salut, mais d'une réponse à l'invitation de Dieu et à son pardon par la foi en Jésus-Christ. La repentance ouvre la porte à l'expérience de l'amour, de la miséricorde et de la transformation de Dieu lorsque nous nous tournons continuellement vers lui et cherchons à suivre ses voies.

En résumé, la repentance n'est pas un acte occasionnel, mais un détournement sincère du péché et un retour vers Dieu. Il implique de reconnaître nos péchés, d'éprouver un véritable remords et de s'engager à mener une vie transformée en accord avec la vérité et la justice de Dieu. Puissions-nous apprécier la beauté de la repentance comme un chemin vers la restauration, le renouveau et une relation plus profonde avec notre Créateur aimant.

- La conviction du Saint-Esprit pour la repentance.
1. La conviction du Saint-Esprit : Le Saint-Esprit joue un rôle crucial en convainquant les individus de leurs péchés. Par son action, l'Esprit apporte un profond sentiment de conscience et de conviction concernant le péché personnel, la rupture causée par le péché et la séparation qu'il crée d'avec Dieu. Cette conviction n'a pas pour but de condamner, mais d'apporter un changement transformateur dans la vie de l'individu.

2. L'éveil à la réalité spirituelle : La conviction du Saint-Esprit éveille les individus à la réalité de leur condition spirituelle. Elle leur ouvre les yeux sur la vérité de leur nature pécheresse et sur la nécessité de se repentir.

L'Esprit révèle le contraste entre la norme parfaite de Dieu et leur propre état déchu, ce qui les amène à reconnaître leur besoin de pardon et de restauration.

3. Remuer le cœur et l'esprit : Le Saint-Esprit agit dans le cœur et l'esprit, suscitant des émotions, des pensées et des désirs. Il suscite un profond remords et une tristesse pieuse à l'égard du péché. L'Esprit sensibilise les individus aux conséquences de leurs actes, les aidants à prendre conscience du mal causé par leurs péchés et de la nécessité de changer de cap.

4. L'impulsion d'une réponse : La conviction de l'Esprit Saint suscite une réponse de la part des individus. Elle sert d'invitation à la repentance, les incitants à reconnaître leurs péchés, à assumer la responsabilité de leurs actes et à se détourner de leurs habitudes pécheresses. L'Esprit crée un sentiment d'urgence et de conviction qui oblige les individus à répondre à l'appel de Dieu à la repentance.

5. La repentance authentique : La repentance est la réponse sincère à la conviction du Saint-Esprit. Il implique un véritable changement d'état d'esprit, un détournement du péché et un retour à Dieu. La repentance comprend la reconnaissance de nos péchés, un remords sincère, la confession de ces péchés à Dieu et la recherche de son pardon. C'est une réponse qui exprime le désir de vivre en accord avec la volonté de Dieu.

6. Transformation et renouvellement : La repentance, en tant que réponse à la conviction du Saint-Esprit, conduit à la transformation et au renouveau. L'œuvre de l'Esprit dans le cœur repentant entraîne un changement dans les désirs, les motivations et les actions. Elle place les individus sur une nouvelle trajectoire, leur donnant les moyens de vivre dans l'obéissance à Dieu et de poursuivre une vie caractérisée par la justice et la sainteté.

En conclusion, la conviction du Saint-Esprit sert de catalyseur à la repentance. Elle éveille les individus à la réalité de leur péché, remue leur cœur et leur esprit et les incite à réagir. La repentance, à son tour, est une réponse authentique et transformatrice à la conviction du Saint-Esprit, qui conduit à une vie changée et à une relation restaurée avec Dieu. Il s'agit d'un processus coopératif dans lequel le Saint-Esprit convainc et habilite les individus à répondre par la repentance, ce qui entraîne une croissance spirituelle et un approfondissement de la relation avec Dieu.

- Reconnaître la Nécessité d'une Véritable Repentance pour Vivre une Transformation Spirituelle.

La transformation spirituelle commence par une reconnaissance profonde de la nécessité d'une véritable repentance. C'est par la repentance que nous reconnaissons notre nature pécheresse, notre transgression de la volonté de Dieu et notre besoin désespéré de son pardon et de son pouvoir de transformation. Permettez-moi de partager avec vous ma propre expérience.

Comme je l'ai mentionné, j'étais un fervent adepte de la musique rap. En tant que leader de mon groupe, je m'attendais à devenir célèbre un jour, et la plupart du temps, j'écrivais mes chansons. Il m'est arrivé quelque chose d'inattendu et de terriblement énorme lorsque j'étais en 6em des humanites. J'ai reçu un appel de ma mère m'informant que mon père était décédé. Cette mauvaise nouvelle m'a brisé le cœur. Dans la douleur, je pleurais de façon incontrôlée et ma chemise était mouillée de larmes.

Nombre de mes projets d'avenir dépendaient de mon père. Je n'ai donc pas seulement pleuré la mort de mon père, mais j'ai aussi pleuré la mort de ce que je croyais être mes projets porteurs d'un immense espoir. De plus, lorsque j'ai commencé à penser au fait que je suis le premier né d'un grand nombre d'enfants, j'ai pleuré de plus en plus. J'étais désespérée. Les gens me disaient d'être forte, mais ce n'était pas difficile pour moi. Mon père aidait beaucoup de gens, et la question qui se posait était : "Maintenant, qui va nous aider, nous, ses enfants ?

Je n'avais plus d'espoir et j'étais orphelin de père. Je me souviens même de ce que je ressentais au moment où j'écris cette partie du livre. Pendant l'enterrement, je pleurais à nouveau à chaudes larmes. Ma mère est venue me voir et, en tant que chrétienne née de nouveau, elle m'a dit qu'il y avait un autre père pour moi au ciel et qu'il prendrait soin de mes frères et sœurs et de moi-même.

Après l'enterrement, nous étions seuls avec notre famille. Je me suis posé la question suivante : "Où est le père celeste dont ma mère m'a parlé ?" Sans réponse, je suis retournée à ma musique pour chercher du réconfort, mais rien. J'ai ensuite essayé de chercher ce réconfort auprès des petites amies et de mes amis, mais là encore, je n'ai pas trouvé un peu de réconfort. Pire, ceux dont mon père avait aidés nous ont tourné le dos.

Un jour, à l'école, le professeur nous a initiés à la philosophie, et il était vraiment doué pour cela. J'ai commencé à dire que Dieu n'existe pas ; je l'ai gardé pour moi jusqu'à l'université. J'ai voyagé de la province de Mbuji-Mayi à la capitale, Kinshasa. Je me suis inscrit à l'université où j'avais l'intention d'étudier. Dans cette université, j'étais très mal à l'aise à cause du grand nombre d'étudiants en médecine G1. Un jour, pendant la pause, un étudiant m'a donné au hasard un prospectus d'une autre université, où l'on peut étudier la médecine en 4 ans. Ce jour-là, je me suis sentie poussée à aller m'inscrire dans cette université "nouvellement introduite". Cependant, le service administratif de cette université m'a dit de revenir m'inscrire dans un mois, car la session était terminée. Lorsque je suis revenu pour le premier jour du deuxième trimestre, j'ai rencontré un ami spécial et très différent. Il était vraiment né de nouveau. Il a commencé à parler de Dieu et de la grâce du salut en Jésus. Je lui ai répondu que Dieu n'existait pas et qu'il s'agissait simplement d'une invention de l'esprit humain par la peur. J'ai insisté sur le fait que c'était la peur qui le poussait à croire qu'un être supérieur était responsable de l'univers. Il était si persistant, mais j'avais déjà décidé de ne pas me laisser influencer ni convaincre par lui. Étonnamment, son comportement envers moi était si différent. Ce qui était si différent, c'est qu'il m'a gardé comme ami, et nous sommes devenus comme des cousins. Nous avons tous deux étudié la médecine.

Un jour, j'ai rencontré sa famille et j'ai découvert que son père était pasteur. Pour faire court, j'ai commencé à avoir des problèmes avec la famille qui m'hébergeait, malgré tout ce que je faisais pour la plaire et la satisfaire. Par conséquent, ils m'ont demandé de partir, parce que le propriétaire de l'endroit ne m'aimait pas et ne me connaissait pas. Cette nuit-là, je me suis demandé à plusieurs reprises ce que j'avais fait de mal. Néanmoins, je me suis souvenu de mon nouvel ami et je l'ai appelé. Je lui ai expliqué ce que je vivais. Il a alors parlé à sa famille, puis m'a appelé pour que je vienne chez eux.

Ils m'ont hébergé et m'ont donné à manger. J'ai été très impressionné et touché par leur gentillesse. Ensuite, mon nouvel ami a commencé à partager l'argent de son transport avec moi. Cela signifie que nous n'avions qu'un moyen de transport pour nous rendre à l'université le matin, et que nous rentrions à pied l'après-midi. Pendant des mois, je suis restée avec cette nouvelle famille pleine d'amour, mais je n'allais pas à l'église avec eux ; j'étais toujours à la maison. Un jour, alors que j'étais de nouveau seul dans la maison, un profond désir du salut a résonné dans mon cœur. J'ai commencé à me demander ce que cette famille avait, qui la poussait à aimer un étranger, sans pour autant m'obliger à fréquenter son église. Cette nuit-là, l'accent a été mis sur le vide en moi et j'en ai pris conscience.

La véritable repentance va au-delà d'un simple regret ou d'un sentiment de tristesse à l'égard de nos actes. Il s'agit d'une prise de conscience sincère que nos péchés nous ont séparés de Dieu et que nous ne pouvons pas nous sauver par nos propres efforts. Il faut de l'humilité pour admettre nos torts, assumer la responsabilité de nos actes et se tourner vers Dieu avec un cœur contrit.

Un jour, j'ai pleinement ressenti la conviction du Saint-Esprit. J'ai réalisé de tout mon cœur que mes péchés m'avaient séparé de Dieu et que je ne pouvais pas me sauver par mes propres efforts. Je me suis humilié et j'ai admis mes fautes. J'ai assumé la responsabilité de mes actes, je me suis repenti, j'ai confessé mes péchés et je me suis tourné vers Dieu d'un cœur contrit. J'ai reçu Jésus-Christ dans mon cœur comme mon Seigneur et mon Sauveur, et ce jour-là, j'ai reçu le don gratuit du salut, par grâce.

Dieu s'est servi de mon ami pour m'amener à ma maison céleste. J'ai décidé d'aller à l'église. Un prophète tenait un séminaire dans l'église, il m'a localisé et a prophétisé sur ma vie et a révélé mon appel en public, que le Seigneur m'avait appelé à être un prophète pour ce temps de la fin. Le lendemain, j'ai été rempli du Saint-Esprit et j'ai commencé à parler en langues et à avoir des visions. Je priais avec puissance et hardiesse, sachant que j'étais revenu à Dieu comme un fils prodigue. Le vide que je ressentais a été comblé par Dieu, et j'ai commencé à avoir la paix et la joie en abondance. Le lendemain, j'ai même conduit les gens dans la prière, juste avant que le prophète ne prêche et ne prie pour les malades.

Dans la Bible, nous voyons également de nombreux exemples d'individus qui ont reconnu la nécessité d'une véritable repentance. L'histoire du fils prodigue dans Luc 15 :17-18 l'illustre magnifiquement :

Lorsqu'il fut revenu à lui, il dit : "Combien de mercenaires de mon père ont plus de pain qu'il n'en faut, et moi, je meurs de faim ici ! Je me lèverai, j'irai vers mon père et je lui dirai : Père, j'ai péché contre le ciel et devant toi.

La reconnaissance par le fils prodigue de sa situation désespérée l'a conduit à une véritable repentance. Il s'est rendu compte de son erreur, s'est humilié devant son père et a reconnu son besoin du pardon. Cette histoire illustre le fait que la véritable transformation spirituelle commence par une évaluation honnête de notre vie, la reconnaissance des conséquences de nos péchés et un désir sincère de revenir à Dieu.

Dans le Psaume 51:17, le roi David exprime l'essence d'une véritable repentance en disant : "Les sacrifices de Dieu, c'est un esprit brisé ; un cœur brisé et contrit, ô Dieu, tu ne le dédaigneras pas". Les paroles de David révèlent que Dieu apprécie un cœur brisé et contrit, l'humilité et le remords sincère qui découlent de la reconnaissance de notre besoin de son pardon et de son action transformatrice dans nos vies.

Une véritable transformation spirituelle est impossible sans une repentance authentique. C'est par la repentance que nous nous ouvrons à la grâce, à la miséricorde et au pouvoir de transformation de Dieu. Lorsque nous reconnaissons humblement nos péchés, que nous les confessons devant Dieu et que nous recherchons son pardon, non seulement il nous pardonne, mais il nous donne aussi les moyens de vivre une nouvelle vie, une vie alignée sur sa volonté et caractérisée par la justice, l'amour et l'obéissance.

Ma prière pour vous est que vous puissiez reconnaître le rôle crucial de la repentance authentique et que le Saint-Esprit continue à vous convaincre pour vos péchés et vous aide à venir à Dieu comme il l'a fait avec moi.

-Les Etapes du Retour à Dieu.

Voici quelques étapes communes qui peuvent aider à guider le processus :

1. Reconnaître le besoin de se repentir : Reconnaître le besoin de revenir à Dieu et reconnaître que sa vie n'est pas alignée sur sa volonté. Cela implique une véritable prise de conscience de la séparation d'avec Dieu due au péché.

2. Confesser et se repentir : Confessez vos péchés à Dieu, en les reconnaissant spécifiquement et sincèrement. La repentance implique un véritable remords pour les fautes commises et un désir de se détourner du comportement pécheur. Demandez à Dieu de vous pardonner et engagez-vous à laisser la puissance transformatrice de sa grâce changer votre vie.

3. Recherchez le pardon de Dieu : Croyez en la miséricorde et au pardon de Dieu par l'intermédiaire de Jésus-Christ. Croyez que Dieu est fidèle à pardonner à ceux qui se repentent sincèrement et se tournent vers lui. Embrassez sa grâce et recevez la purification et le pardon qui viennent par la foi en Jésus et ne laissez pas la culpabilité détruire votre joie du salut.

4. Abandonnez-vous et soumettez-vous : Abandonnez votre vie à Dieu et soumettez-vous à sa volonté. Abandonnez le contrôle et permettez-lui d'être le Seigneur de votre vie. Soumettez-vous à ses conseils et à sa direction, en recherchant sa sagesse et en suivant ses ordres.

5. Renouvelez votre esprit : plongez-vous dans la Parole de Dieu, la Bible. Renouvelez votre esprit en étudiant les Écritures, en méditant sur leurs vérités et en les laissant façonner votre pensée. Laissez la Parole de Dieu guider vos décisions, vos actions et vos attitudes.

6. Cultiver une relation avec Dieu : Développez une relation profonde et personnelle avec Dieu par la prière, l'adoration et la communion avec d'autres croyants. Recherchez l'intimité avec Dieu, en passant du temps en sa présence et en lui permettant de vous parler par l'intermédiaire de son Esprit.

7. Vivre une vie transformée : Permettez au Saint-Esprit d'agir en vous, en produisant le fruit de la justice et en transformant votre caractère. Coopérez avec les conseils de l'Esprit, en vous appuyant sur sa puissance pour vous aider à surmonter la tentation et à vivre une vie qui honore Dieu.

8. Recherchez la responsabilité et le soutien : Entourez-vous de croyants qui peuvent vous encourager et vous soutenir dans votre démarche de retour à Dieu. Rejoignez une église locale ou entrez en contact avec une communauté de croyants qui peuvent vous guider spirituellement, vous rendre des comptes et vous soutenir.

Rappelez-vous que le retour à Dieu est un processus qui dure toute la vie. Il implique des choix quotidiens pour le suivre, rechercher sa présence et grandir dans la relation avec lui. Le Saint-Esprit est là pour vous guider et vous donner les moyens de vous retourner vers Dieu et de vivre une vie qui lui soit agréable.

3.2 L'Invitation de Dieu au Pardon

Le pardon est un aspect fondamental du caractère de Dieu et un thème central de la Bible. Tout au long des Écriture, nous voyons Dieu étendre son invitation au pardon, offrant réconciliation et restauration à ceux qui le cherchent sincèrement. Comprendre l'invitation de Dieu au pardon est essentiel dans notre cheminement vers la repentance et la transformation spirituelle.

L'invitation de Dieu au pardon est enracinée dans son immense amour et sa compassion pour sa création. Dans Isaïe 55:7, il est dit : "Que les méchants abandonnent leurs voies et les injustes leurs pensées. Qu'ils se tournent vers le Seigneur, et il aura pitié d'eux, vers notre Dieu, car il pardonnera librement". Ce verset souligne la volonté de Dieu de pardonner et d'étendre sa miséricorde à ceux qui se détournent de leur péché et le recherchent. Il démontre son désir de réconciliation et de restauration des relations brisées.

En outre, dans 1 Jean 1 :9, il nous assure que "si nous confessons nos péchés, il est fidèle et juste pour nous les pardonner et pour nous purifier de toute iniquité". Ce verset résume l'assurance du pardon de Dieu lorsque nous confessons sincèrement nos péchés devant lui. Il nous rappelle que Dieu est non seulement disposé, mais aussi juste et fidèle pour nous pardonner et nous purifier de la tache de notre injustice.

L'invitation de Dieu au pardon n'est pas limitée à quelques privilégiés, mais s'étend à tous ceux qui le cherchent avec un cœur repentant. Dans Joël 2:32, il est dit : "Quiconque invoquera le nom de l'Éternel sera sauvé." Ce verset souligne la nature inclusive de l'invitation de Dieu au pardon. Il est accessible à toute personne qui invoque humblement son nom, quelle que soient ses péchés passés ou sa situation actuelle.

Comprendre l'invitation de Dieu au pardon devrait nous remplir d'espoir et nous encourager. Elle nous rassure sur le fait que, quelle que soit la distance parcourue ou la profondeur de la chute dans le péché, les bras de Dieu sont grands ouverts, prêts à nous accueillir et à nous restaurer. Son pardon ne dépend pas de nos propres efforts ou mérites, mais est un don gracieux qui nous est accordé par son amour et son sacrifice.

Alors que nous nous engageons sur le chemin de la repentance, embrassons de tout cœur l'invitation de Dieu au pardon. Approchons-nous de lui avec sincérité, en confessant nos péchés et en recherchant sa miséricorde et son pardon. Ce faisant, nous pouvons faire l'expérience du pouvoir libérateur de son pardon, en le laissant nous transformer de l'intérieur et nous propulser vers une relation renouvelée avec lui. Puissions-nous ne jamais sous-estimer la profondeur du pardon de Dieu et la liberté qu'il apporte. Laissons son invitation au pardon résonner dans nos cœurs et nous conduire à un lieu de guérison, de restauration et de vie abondante en sa présence.

- Le Pardon Abondant Offert par Dieu.

L'abondance du pardon offert par Dieu témoigne de son amour, de sa miséricorde et de sa grâce sans limites. La Bible regorge de versets qui soulignent la profondeur et l'étendue du pardon de Dieu, nous assurant de sa volonté de pardonner et d'effacer nos péchés.

Le Psaume 103.12 proclame : "Autant l'orient est éloigné de l'occident, autant il a éloigné de nous nos transgressions". Cette image puissante dépeint l'immensité du pardon de Dieu. Tout comme l'est et l'ouest sont infinis et ne se rencontrent jamais, le pardon de Dieu éloigne complètement nos péchés de nous, les séparant de nous d'une manière incommensurable. Ce verset nous rappelle que lorsque Dieu pardonne, il le fait pleinement, ne laissant aucune trace de nos fautes passées.

De même, dans Ésaïe 1:18, il est dit : "Allons, réglons l'affaire. Si vos péchés sont comme l'écarlate, ils deviendront blancs comme la neige ; s'ils sont rouges comme le cramoisi, ils deviendront comme la laine." Ce verset illustre de manière frappante le pouvoir de transformation du pardon de Dieu. Malgré les taches profondes de nos péchés, Dieu promet de nous purifier complètement, de nous rendre purs et blancs comme la neige. Cela démontre son désir de nous restaurer dans un état de droiture et de pureté, en effaçant la culpabilité et la honte de notre passé.

Le pardon abondant de Dieu n'est pas une ressource limitée, mais une source disponible pour tous ceux qui le recherchent. Dans 1 Jean 1:9, il nous est assuré que "si nous confessons nos péchés, il est fidèle et juste pour nous les pardonner et pour nous purifier de toute iniquité". Ce verset réaffirme que le pardon de Dieu ne dépend pas de nos propres mérites ou efforts, mais de sa fidélité et de sa justice. Lorsque nous confessons nos péchés devant lui avec un coeur sincère, il nous pardonne fidèlement et nous lave de toute injustice.

Le pardon abondant de Dieu est une source de réconfort, d'espoir et de liberté. C'est par son pardon que nous sommes réconciliés avec lui, restaurés dans notre relation avec lui et libérés du fardeau de la culpabilité et de la honte. L'expérience de l'ampleur de son pardon devrait nous inciter à accorder le même pardon aux autres, comme Jésus l'a enseigné dans Matthieu 6:14-15.

Ne sous-estimons jamais l'incroyable profondeur et l'abondance du pardon de Dieu. Quelle que soit l'ampleur ou la fréquence de nos péchés, le pardon de Dieu est toujours à notre disposition. C'est un don précieux qui nous conduit à une vie de liberté, de joie et de transformation spirituelle. Puissions-nous humblement recevoir et embrasser l'abondant pardon de Dieu, en lui permettant de façonner nos vies et nos relations avec Lui et avec les autres.

- Le Pardon est un Don Divin Offert à tous ceux qui le Recherchent.

Le pardon est un don divin offert à tous ceux qui le recherchent. Il n'est pas limité à une poignée de personnes ou réservé à ceux qui remplissent certaines conditions. L'offre de pardon de Dieu est disponible pour tous, indépendamment de leurs erreurs passées, de leurs manquements ou de la gravité de leurs péchés.

Dans Matthieu 11:28, Jésus déclare : "Venez à moi, vous tous qui êtes fatigués et chargés, et je vous donnerai du repos". Ces mots résument la nature inclusive du pardon de Dieu. Jésus lance une invitation ouverte à tous ceux qui sont accablés par le poids de leurs péchés, promettant de leur accorder le repos et la paix. C'est un appel pour tous, sans exception, à venir recevoir le don du pardon que Dieu offre.

En Actes 2 :38, Pierre proclame : "Repentez-vous et que chacun de vous soit baptisé au nom de Jésus-Christ, pour le pardon de vos péchés". Cette déclaration souligne la portée universelle du pardon de Dieu. Il n'est pas limité à un groupe ou à une nationalité particulière, mais s'étend à tout individu qui se repent et se tourne vers Jésus-Christ. Le pardon de Dieu n'est pas basé sur les apparences extérieures ou le statut social, mais il est accessible à tous ceux qui le cherchent humblement.

En outre, dans 1 Timothée 2:3-4, il est dit : "Cela est bon et agréable à Dieu notre Sauveur, qui veut que tous les hommes soient sauvés et parviennent à la connaissance de la vérité". Le désir de Dieu que tous les hommes soient sauvés englobe son désir qu'ils fassent l'expérience de son pardon. Son cœur n'est pas sélectif mais embrasse chaque personne, lui offrant l'opportunité de recevoir son pardon et d'entrer dans une relation restaurée avec lui.

Comprendre que le pardon est un don divin accordé à tous ceux qui le recherchent devrait nous remplir d'espoir et d'assurance. Cela signifie que, peu importe ce que nous avons fait ou jusqu'où nous nous sommes égarés, le pardon de Dieu est à notre portée. Ce n'est pas quelque chose que nous gagnons ou méritons, mais un don gracieux offert librement par un Dieu aimant et miséricordieux.

Alors que nous nous engageons sur la voie de la repentance et que nous recherchons le pardon de Dieu, rappelons-nous qu'il est accessible à tous. Il n'y a pas de péché trop grand, pas de passé trop sale, pas de cœur trop brisé pour que le pardon de Dieu puisse l'atteindre. Approchons-nous de lui avec humilité, sincérité et un véritable désir de nous réconcilier avec lui.

Que la compréhension du pardon comme un don divin, accordé à tous ceux qui le recherchent, nous inspire à accorder également le pardon aux autres. Accueillons le pouvoir transformateur du pardon, à la fois en le recevant de Dieu et en l'offrant à ceux qui nous ont fait du tort. Ce faisant, nous participons à l'œuvre divine de réconciliation et faisons l'expérience de la liberté et de la guérison qu'apporte le pardon.

- La Profondeur Incomparable du Pardon de Dieu et son Pouvoir de Restauration.

La profondeur du pardon de Dieu dépasse l'entendement humain. Le pardon atteint les profondeurs de notre brisure, offrant une restauration et une guérison qui dépassent toute compréhension. Lorsque nous saisissons vraiment l'ampleur du pardon de Dieu, il peut transformer nos vies et nous permettre d'expérimenter la vraie liberté et la plénitude.

Le Psaume 103.11-12 déclare : "Autant les cieux sont élevés au-dessus de la terre, autant son amour est grand pour ceux qui le craignent ; autant l'orient est éloigné de l'occident, autant il a éloigné de nous nos transgressions". Cette image poétique révèle la profondeur incommensurable du pardon de Dieu. Elle souligne que son amour et sa miséricorde dépassent toute mesure humaine, et que son pardon éloigne nos péchés aussi loin que l'est de l'ouest. C'est un acte de grâce divine qui nous sépare de nos transgressions et nous permet de nous réconcilier avec Lui.

La profondeur incomparable du pardon de Dieu est également illustrée dans Ésaïe 43 :25, où Dieu déclare : "C'est moi, moi qui efface tes transgressions pour l'amour de moi, Et je ne me souviendrai plus de tes péchés." Ce verset illustre la nature unique du pardon de Dieu. Non seulement il pardonne nos péchés, mais il choisit de ne plus s'en souvenir. Il efface nos transgressions et nous offre un nouveau départ. C'est une profondeur de pardon qui n'est égalée par aucune norme humaine.

Le pardon de Dieu a le pouvoir de nous restaurer et de nous guérir d'une manière que nous ne pouvons pas atteindre par nous-mêmes. Il atteint les profondeurs de notre culpabilité, de notre honte et de notre rupture, en nous offrant la possibilité de nous racheter et de nous renouveler. Dans Ésaïe 1:18, Dieu dit : "Allons, réglons cette affaire. Si vos péchés sont comme l'écarlate, ils deviendront blancs comme la neige ; s'ils sont rouges comme le cramoisi, ils deviendront comme la laine". Cette image illustre le pouvoir de transformation du pardon de Dieu. Il peut transformer les taches les plus profondes de nos péchés en blanc pur, symbolisant la purification complète et le renouveau qui viennent par sa grâce.

En réfléchissant à la profondeur incomparable du pardon de Dieu, soyons humbles et reconnaissants pour ce don précieux. C'est un pardon qui va bien au-delà de nos défauts et de nos échecs, nous offrant un nouveau départ et une relation restaurée avec Lui. C'est un pardon qui peut guérir nos blessures, réparer nos fractures et nous libérer des chaînes de la culpabilité et de la honte.

Ne sous-estimons jamais le pouvoir du pardon de Dieu de restaurer et de guérir. Approchons-nous de lui avec un cœur contrit, en recherchant son pardon avec sincérité et humilité. Lorsque nous recevons son pardon, laissons-le imprégner chaque aspect de notre vie, nous transformant de l'intérieur et nous permettant d'étendre le pardon et la grâce aux autres.

Dans la profondeur incomparable du pardon de Dieu, nous trouvons la véritable libération, la restauration et la guérison. Puissions-nous l'embrasser pleinement et lui permettre de façonner nos vies, nos relations et notre parcours de né de nouveau.

3.3 Le Processus de la Repentance

La repentance en vue du salut n'a lieu qu'une seule fois. Il s'agit de se détourner du péché et d'aligner notre vie sur la volonté de Dieu. Il implique un véritable changement de cœur, un profond chagrin pour nos fautes et un engagement sincère à vivre différemment.

Dans la vie d'un croyant, la repentance est un voyage sacré et transformateur que chacun entreprend dans sa quête d'une relation avec Dieu. C'est un processus qui implique une profonde introspection, une confession sincère et un désir sincère de se détourner toujours du péché et d'être avec Dieu. Par la repentance, nous reconnaissons que nous avons besoin du pardon de Dieu dans notre vie.

Le processus de repentance commence par une réflexion sur soi et la reconnaissance de notre nature pécheresse. Dans le Psaume 51.3-4, David crie à Dieu en disant : "Je connais mes fautes, et mon péché est toujours devant moi. C'est contre toi, toi seul, que j'ai péché et que j'ai fait ce qui est mal à tes yeux". Les paroles de David révèlent l'importance de reconnaître nos péchés devant Dieu. La repentance exige que nous examinions honnêtement nos pensées, nos paroles et nos actions, et que nous reconnaissions les domaines dans lesquels nous n'avons pas respecté les normes de Dieu.

La Bible nous dit dans Romains 3:23 : "Car tous ont péché et ne sont pas à la hauteur de la gloire de Dieu". Ce verset nous rappelle que personne n'est à l'abri de l'état de déchéance de l'humanité. Il nous rend humbles en nous rappelant que nous avons tous besoin de la miséricorde et de la grâce de Dieu pour être sauvés. Ici, il n'est pas nécessaire de se repentir à chaque fois pour être sauvé. Lorsque vous vous repentez vraiment et que vous recevez Jésus-Christ dans votre cœur, vous êtes sauvé. Vous n'avez pas besoin de vous repentir à nouveau pour être sauvé lorsque vous vous retrouvez dans le péché. Vous vous repentez pour maintenir votre relation avec Dieu en Jésus.

Ensuite, la repentance implique un véritable remords et une contrition, et va au-delà d'une reconnaissance superficielle d'une faute. En 2 Corinthiens 7:10, il est dit : "La tristesse de Dieu amène une repentance qui conduit au salut et ne laisse pas de regret, mais la tristesse du monde amène la mort". Ce verset met en évidence la distinction entre la tristesse du monde, qui se caractérise par un regret sans véritable changement, et la tristesse de Dieu, qui conduit à une véritable repentance. Cette distinction entre la tristesse pieuse et la tristesse du monde met en évidence la profondeur de l'émotion impliquée dans la repentance. Il s'agit d'un profond remords qui découle d'une profonde compréhension de la gravité de nos péchés et de leur impact sur notre relation avec Dieu.

Outre le remords, la repentance implique la confession et la recherche du pardon. Dans 1 Jean 1:9, il nous est assuré que "si nous confessons nos péchés, il est fidèle et juste, il nous pardonnera nos péchés et nous purifiera de toute iniquité". La confession fait partie intégrante du processus de la repentance. Elle consiste à admettre humblement nos péchés devant Dieu, à reconnaître notre besoin de son pardon et à rechercher sa purification. Par la confession, nous nous ouvrons à l'œuvre transformatrice de la grâce de Dieu dans nos vies.

La repentnce en vue du salut est un événement unique. Je le répète, ca arrivé une fois et nous sommes sauvés. Elle exige un véritable désir de changer et un engagement à suivre les commandements de Dieu. Dans Actes 3:19, Pierre appelle les gens à la repentance en disant : "Repentez-vous donc et revenez à Dieu, afin que vos péchés soient effacés et que des temps de rafraîchissement viennent de la part du Seigneur". Ce verset souligne l'importance de se détourner complètement du péché et de se tourner de tout cœur vers Dieu.

Le processus de la repentance n'est pas toujours facile. Il exige de l'humilité, de l'honnêteté et une volonté de faire face à nos propres défauts. Cependant, c'est par une repentance authentique que nous pouvons expérimenter la puissance transformatrice du pardon de Dieu et trouver la liberté par rapport à l'esclavage du péché. La repentance ouvre la porte à la restauration, à la réconciliation et à une relation renouvelée avec Dieu. En 2

Corinthiens 5:17, il est dit : "Si donc quelqu'un est en Christ, la nouvelle création est arrivée : L'ancien a disparu, le nouveau est là !". La repentance nous conduit à un lieu de nouveauté en Christ, où nous pouvons expérimenter la vie abondante qu'il a promise.

Lorsque nous nous engageons dans le processus de repentance, abordons-le avec sincérité, humilité et un désir ardent de croissance spirituelle. Laissons le Saint-Esprit nous convaincre de nos péchés, nous guider dans notre examen de conscience et nous conduire sur le chemin de la repentance. Efforçons-nous continuellement d'aligner nos vies sur la volonté de Dieu, en recherchant son pardon et en comptant sur sa grâce pour provoquer une transformation durable.

Dans le processus continu de la repentance, nous découvrons la beauté de la miséricorde de Dieu, la profondeur de son amour et la puissance transformatrice de son pardon. Que nos cœurs soient ouverts à l'action de l'Esprit Saint, qui nous guide sur ce chemin de la repentance et nous rapproche de Dieu.

-Les Etapes du Processus de Repentance.

Le processus de la repentance comporte plusieurs étapes cruciales qui nous guident dans notre cheminement vers la réconciliation avec Dieu. Ces étapes constituent le cadre d'une repentance et d'une transformation authentiques :

1. Reconnaissance du péché : la première étape de la repentance consiste à reconnaître nos péchés. Cela exige une réflexion honnête sur nous-mêmes et une volonté d'affronter les façons dont nous n'avons pas respecté les normes de Dieu. Cette reconnaissance est essentielle car elle nous aide à assumer la responsabilité de nos actes et à aligner nos cœurs sur la vérité de Dieu.

Référence biblique : Psaume 32.5 - " J'ai reconnu mon péché devant toi, et je n'ai pas caché mon iniquité. J'ai dit : Je confesse à l'Éternel mes transgressions, et tu as pardonné mon péché".

2. La confession : Une fois que nous avons reconnu nos péchés, nous sommes appelés à les confesser devant Dieu. La confession consiste à admettre humblement nos fautes, à exprimer un véritable remords et à demander le pardon de Dieu. Par la confession, nous nous ouvrons à la miséricorde et à la grâce de Dieu, invitant sa guérison et sa restauration dans nos vies.

Référence biblique : 1 Jean 1:9 - "Si nous confessons nos péchés, il est fidèle et juste, il nous pardonnera nos péchés et nous purifiera de toute iniquité."

3. Un désir sincère de changement : La repentance ne se limite pas à de simples paroles ; il exige un désir sincère de changement. La vraie repentance implique un engagement sincère à se détourner du péché et à se tourner vers Dieu. Il s'accompagne d'un désir profond de vivre en accord avec la volonté de Dieu et de rechercher la justice dans tous les aspects de la vie.
Référence biblique : Actes 26:20 - "J'ai prêché qu'ils se repentent, qu'ils se tournent vers Dieu et qu'ils manifestent leur repentance par leurs actes".

En suivant ces étapes de reconnaissance, de confession et de désir sincère de changement, nous nous ouvrons à l'œuvre transformatrice de la grâce de Dieu dans nos vies et la nouvelle naissance sera notre part.

Alors que nous nous engageons dans le processus de repentance, souvenons-nous que l'amour et le pardon de Dieu sont à notre disposition. Il désire ardemment nous restaurer, guérir nos faiblesses et nous conduire vers une vie de but et de joie.
Référence biblique : Actes 3:19 "Repentez-vous donc et revenez à Dieu, afin que vos péchés soient effacés, et que des temps de rafraîchissement viennent de la part du Seigneur."

-Le Rôle de la Tristesse et du Remords dans la Repentance Authentique.

La tristesse de Dieu et le remords jouent un rôle essentiel dans la repentance authentique. En 2 Corinthiens 7:10, l'apôtre Paul écrit : "La tristesse de Dieu amène une repentance qui conduit au salut et ne laisse pas de regret, mais la tristesse du monde amène la mort".

La tristesse de Dieu est un remords profond et sincère qui découle d'une véritable compréhension de la gravité de nos péchés et de l'offense qu'ils représentent pour Dieu. C'est une tristesse qui s'enracine dans la reconnaissance de la justice du caractère de Dieu et dans la prise de conscience du fait que nos actions n'ont pas été à la hauteur de ses normes. Cette tristesse pieuse nous oblige à nous détourner de nos habitudes pécheresses et à rechercher le pardon et la réconciliation avec Dieu.

Contrairement à la tristesse du monde, qui est motivée par des raisons égocentriques ou par la peur des conséquences, la tristesse pieuse est centrée sur Dieu et sur sa justice. Elle reconnaît la nécessité de se repentir, en reconnaissant humblement notre péché et notre besoin désespéré de la miséricorde et de la grâce de Dieu.

La tristesse de Dieu conduit à une véritable repentance, qui se caractérise par le fait de se détourner du péché et de se tourner vers Dieu. Il ne s'agit pas simplement d'une expression superficielle de remords, mais un sentiment profond de l'être intérieur. Elle implique un engagement sincère à changer, à vivre en accord avec la volonté de Dieu et à rechercher son pardon et ses conseils.

Cette tristesse pieuse est un précurseur nécessaire à la véritable repentance, car elle expose notre nature pecheresse et nous aide à comprendre l'ampleur de l'amour et du pardon de Dieu. C'est par cette tristesse pieuse que nous reconnaissons notre besoin du Sauveur et l'œuvre rédemptrice de Jésus-Christ sur la croix.

Dans le processus de repentance, la tristesse pieuse nous conduit à un lieu d'humilité et de dépendance à l'égard de Dieu. Elle nous oblige à confesser nos péchés, à rechercher le pardon et à nous détourner de nos anciennes habitudes. Elle ouvre la voie à une véritable transformation de nos cœurs et de nos vies, en permettant à la grâce de Dieu d'agir en nous et de nous modeler à l'image du Christ.

Accueillons la tristesse pieuse et permettons-la de nous conduire à une véritable repentance. Soyons profondément conscients du poids de nos péchés, mais aussi de l'amour et du pardon incommensurables que Dieu nous offre par l'intermédiaire de son Fils. En faisant l'expérience de la tristesse de Dieu et d'une repentance sincère, nous pouvons trouver une véritable nouvelle naissance qui nous donne la liberté, la restauration et une relation renouvelée avec notre Père céleste.

-L'Importance de se Détourner du Péché et d'Adopter un Nouveau Mode de Vie.

Le processus de la repentance n'implique pas seulement de reconnaître nos péchés et de rechercher le pardon de Dieu, mais aussi de se détourner résolument des comportements pécheurs et d'adopter un nouveau mode de vie. Il s'agit d'une transformation complète de nos pensées, de nos attitudes et de nos actions.

Dans la repentance, nous reconnaissons que notre ancien mode de vie était contraire à la volonté de Dieu et que nous devons abandonner nos vieilles habitudes et nos schémas de péché. Le fait de se détourner du péché n'est pas un changement superficiel, mais une transformation intérieure profonde qui reflète un véritable engagement à suivre Dieu et ses voies.

Les Écritures nous exhorte à "nous repentir et à nous tourner vers Dieu" (Actes 3:19), soulignant la nécessité d'une réorientation radicale de nos vies. Il s'agit d'une décision consciente d'abandonner les comportements pécheurs et d'adopter une nouvelle façon de penser et d'agir en accord avec la vérité de Dieu.

En tant que disciples du Christ, nous sommes appelés à crucifier notre ancien moi et à revêtir le nouveau moi, qui est créé pour ressembler à Dieu dans la vraie justice et la sainteté (Éphésiens 4:22-24). Cela implique que nous nous retirions activement des choses qui nous tentent et que nous fassions consciemment des choix qui s'alignent sur les commandements et les principes de Dieu.

Lorsque nous sommes véritablement sauvés, nous devons savoir que le fait de nous détourner de nos habitudes pécheresses ne se fait pas une fois seulement, mais un processus continu. Ce processus exige une vigilance constante, une confiance dans le Saint-Esprit et une volonté de se soumettre à la direction de Dieu. Il peut s'agir de rompre avec des habitudes néfastes, de chercher à rendre des comptes et de pratiquer des disciplines spirituelles telles que la prière, l'étude de la parole de Dieu et la communion avec d'autres croyants.

En adoptant un nouveau mode de vie, nous démontrons l'authenticité de notre repentance. C'est un témoignage visible de la transformation intérieure qui s'est opérée en nous. Nos actions, nos paroles et nos attitudes doivent refléter l'amour, la grâce et la justice du Christ.

Par la puissance du Saint-Esprit, nous sommes capables de vivre une vie qui plaît à Dieu et qui rend gloire à son nom. Nous sommes capables de résister à la tentation, de surmonter les tendances au péché et de marcher dans l'obéissance aux commandements de Dieu.

Engageons-nous donc à nous détourner des comportements pécheurs et à adopter un nouveau mode de vie qui honore Dieu. Que nos vies témoignent du pouvoir transformateur de la repentance et que d'autres soient attirés par le Christ grâce à l'authenticité de nos vies transformées.

Selon la Bible, la vraie repentance se caractérise par plusieurs éléments clés. Examinons-les en détail :

1. Reconnaissance du péché : la vraie repentance commence par une reconnaissance authentique de nos péchés. Cela implique de comprendre que nos actions, nos attitudes et nos pensées ont été en rébellion contre les normes justes de Dieu.

2. La tristesse pour le péché : la véritable repentance comprend une tristesse pieuse pour nos péchés. Il ne s'agit pas simplement d'un remords superficiel ou d'un regret de s'être fait prendre ou d'avoir subi des conséquences. Il s'agit plutôt d'un profond chagrin qui découle d'une compréhension sincère de l'offense commise à l'égard de Dieu et du tort causé aux autres.

3. Confession du péché : la véritable repentance implique de confesser nos péchés à Dieu. Cela signifie reconnaître ouvertement et honnêtement nos transgressions, en assumer la responsabilité et les porter humblement devant Dieu dans la prière.

4. Se détourner du péché : la véritable repentance exige que l'on se détourne véritablement du péché. Il s'agit d'une décision délibérée de renoncer et d'abandonner les modèles de vie pécheurs et de poursuivre activement un nouveau chemin aligné sur la volonté de Dieu.

5. Le fruit de la repentance : La véritable repentance est attestée par les fruits qu'elle produit dans la vie d'une personne. Ces fruits comprennent un caractère transformé, un engagement envers la justice et un désir de vivre dans l'obéissance aux commandements de Dieu. Il s'agit d'une démonstration visible du changement intérieur qui s'est produit.

6. La foi en Jésus-Christ : La vraie repentance est inséparable de la foi en Jésus-Christ. Cela implique de placer notre confiance en lui en tant que Sauveur et Seigneur de notre vie, de croire en son sacrifice expiatoire sur la croix pour le pardon de nos péchés et de nous soumettre à son autorité.

7. Repentance continue : La véritable repentance est une attitude et une pratique permanentes dans la vie d'un croyant. Il ne s'agit pas d'un événement qui se fait une foi, mais d'un cheminement de toute une vie qui consiste à se tourner continuellement vers Dieu, à rechercher son pardon et à permettre au Saint-Esprit de nous convaincre et de nous transformer.

En fin de compte, la véritable repentance est une réponse sincère à la conviction du Saint-Esprit, qui conduit à un changement d'esprit, un changement de cœur et un changement de direction. Il implique un profond chagrin pour le péché, la confession, le fait de se détourner du péché et l'engagement de suivre Jésus-Christ. Il s'agit d'un processus de transformation rendu possible par la grâce de Dieu et qui conduit à une relation restaurée avec Lui et à une vie qui l'honore et Lui plaît.

-Pour faire l'expérience de la nouvelle naissance ou "naître de nouveau", voici quelques étapes à suivre :

1. Reconnaître votre besoin : Comprenez qu'en tant qu'être humain, vous êtes séparé de Dieu à cause du péché. Reconnaissez votre besoin d'une transformation spirituelle et d'une relation restaurée avec Dieu.

2. Croire en Jésus-Christ : Reconnaître que Jésus-Christ est le Fils de Dieu qui est venu sauver l'humanité du péché. Croyez qu'il a vécu une vie parfaite, sans péché, qu'il est mort sur la croix pour payer la peine de nos péchés et qu'il est ressuscité des morts, vainqueur du péché et de la mort, et qu'il reviendra.

3. Se repentir de ses péchés : La repentance est une étape cruciale dans le processus de la nouvelle naissance. Il implique de se détourner sincèrement de son ancienne vie de péché, de reconnaître ses fautes et de rechercher le pardon de Dieu. Confessez vos péchés à Dieu, en exprimant un véritable remords et un désir de changer.

4. Recevez Jésus comme votre Seigneur et Sauveur : Invitez Jésus dans votre vie en tant que Seigneur et Sauveur. Remettez-lui votre volonté, en plaçant votre foi et votre confiance en Lui pour le salut. Reconnaissez que vous ne pouvez pas vous sauver vous-même et que le salut passe par la foi en Jésus-Christ seul.

5. Demandez le baptême : Le baptême est l'expression extérieure de la transformation intérieure qui se produit lorsque vous naissez de nouveau. Il symbolise votre identification avec la mort, l'enterrement et la résurrection de Jésus-Christ. Demandez le baptême comme un acte d'obéissance et comme une déclaration publique de votre foi.

6. Cultiver une relation avec Dieu : Naître de nouveau est le début d'une relation à vie avec Dieu. Passez du temps à prier, à étudier la Bible et à rechercher la communion avec d'autres croyants. Permettez au Saint-Esprit de vous guider et de vous donner les moyens d'agir à mesure que vous progressez dans votre compréhension de l'amour de Dieu et du but de votre vie.

7. Acceptez la transformation : Lorsque vous êtes né de nouveau, permettez au Saint-Esprit de transformer votre vie. Soyez ouvert à sa direction, en lui permettant de façonner vos pensées, vos attitudes et vos actions. Coopérez à son travail en vous, en lui permettant de produire le fruit de l'Esprit et de vous conformer à l'image du Christ.

Rappelez-vous que naître de nouveau est une expérience spirituelle qui se produit par la foi en Jésus-Christ et l'action du Saint-Esprit. Il ne s'agit pas seulement de rituels religieux ou de pratiques extérieures, mais d'une relation personnelle avec Dieu. Cherchez-le sincèrement et il vous rencontrera là où vous êtes, vous transformant de l'intérieur.

-Les Fruits de la vraie Repentance dans la vie d'un Croyant.

La Bible décrit plusieurs fruits ou preuves de la vraie repentance dans la vie d'un croyant. Ces fruits reflètent la transformation intérieure qui se produit à la suite d'une véritable repentance.

Voici quelques-uns des principaux fruits de la vraie repentance :

1. Un véritable changement de cœur : La vraie repentance conduit à un

véritable changement de cœur, où les désirs, les affections et les priorités d'une personne sont transformés. Ce changement se caractérise par un amour croissant pour Dieu, une révérence de plus en plus grande pour sa Parole et un désir de lui plaire dans tous les aspects de la vie.

2. Se détourner du péché : la véritable repentance implique de se détourner résolument du péché. Il se traduit par un effort conscient pour se libérer des habitudes, des attitudes et des comportements pécheurs. La personne repentante cherche à éviter le péché et à poursuivre la justice, en s'appuyant sur la puissance du Saint-Esprit pour surmonter les tentations.

3. Confession sincère : L'un des fruits de la vraie repentance est la confession sincère des péchés. La personne repentante reconnaît ses péchés spécifiques devant Dieu, sans justifier ou excuser ses actions. Elle admet humblement ses torts, cherchant le pardon et la réconciliation.

4. L'humilité : La vraie repentance s'accompagne d'humilité. La personne repentante reconnaît ses propres défauts, ses faiblesses et son besoin de la miséricorde de Dieu. Elle se soumet humblement à l'autorité de Dieu, reconnaissant qu'elle dépend de sa grâce et de sa direction.

5. Restitution et réconciliation : La vraie repentance conduit souvent à un désir de réparer les torts commis. La personne repentante cherche à se réconcilier avec ceux qu'elle a blessés, en recherchant le pardon et la restitution dans la mesure du possible. Elle s'efforce de rétablir les relations rompues et fait preuve d'un engagement en faveur de la droiture et de la justice.

6. Le fruit de l'Esprit : La vraie repentance se caractérise par le développement progressif du fruit de l'Esprit dans la vie d'une personne convertie. Le fruit de l'Esprit comprend l'amour, la joie, la paix, la patience, la bonté, la bienveillance, la fidélité, la douceur et la maîtrise de soi (Galates 5:22-23). Ces qualités deviennent de plus en plus évidentes au fur et à mesure que la personne repentante grandit dans sa relation avec Dieu.

7. Transformation continue : La vraie repentance n'est pas un événement qui se fait une foi pour ceux qui sont né de nouveau mais un processus continu de croissance et de transformation. La personne repentante cherche continuellement à aligner ses pensées, ses attitudes et ses actions sur la volonté de Dieu. Elle permet au Saint-Esprit d'agir dans sa vie, la conformant progressivement à l'image du Christ.

Il est important de noter que ces fruits ne sont pas un moyen de gagner le salut, mais plutôt le résultat naturel d'un cœur transformé par la grâce de Dieu au travers d'une véritable repentance. Ils servent d'indicateurs d'une repentance authentique et d'un approfondissement de la relation avec Dieu.

3.4 Expérimenter la joie du pardon

L'une des expériences les plus profondes et les plus libératrices du processus de la repentance est la joie de recevoir le pardon de Dieu. C'est une joie qui dépasse l'entendement humain et qui remplit nos cœurs de gratitude, de soulagement et d'un sentiment d'espoir renouvelé.

Lorsque nous nous repentons sincèrement et que nous nous tournons vers Dieu, cherchant son pardon, il étend ses bras aimants de miséricorde et nous pardonne nos péchés. Le poids de la culpabilité et de la honte est levé et nous sommes réconciliés avec notre Père céleste. Ce pardon divin apporte un sentiment de joie et de liberté que l'on ne peut trouver qu'en Christ.

La Bible nous rassure sur la joie que procure le pardon de Dieu. Le Psaume 32 :1-2 dit : "Heureux celui dont les fautes sont pardonnées, dont les péchés sont couverts ! Heureux celui dont le Seigneur ne compte pas les péchés et dont l'esprit n'est pas trompeur." La bénédiction et la joie décrites ici découlent de l'assurance du pardon de Dieu et du rétablissement de notre relation avec lui.

Faire l'expérience de la joie du pardon implique également de comprendre la profondeur de l'amour et de la miséricorde de Dieu à notre égard. Son pardon n'est pas fondé sur nos mérites, mais sur son abondante grâce. C'est un don librement consenti à tous ceux qui se repentent et se tournent vers lui dans la foi.

De plus, la joie du pardon ne se limite pas à un événement unique. Il s'agit d'une source de joie continuelle lorsque nous menons un style de vie de repentance et de communion permanente avec Dieu. Chaque fois que nous confessons nos péchés et que nous recevons son pardon, son amour et sa fidélité immuables nous sont rappelés.

Cette joie du pardon a également un impact sur nos relations avec les autres. En tant que bénéficiaires du pardon de Dieu, nous sommes appelés à étendre ce même pardon à ceux qui nous ont fait du tort. Jésus nous enseigne dans Matthieu 6.14-15 : "Si vous pardonnez aux autres leurs péchés, votre Père céleste vous pardonnera aussi. Mais si vous ne pardonnez pas aux autres leurs péchés, votre Père ne vous pardonnera pas non plus les vôtres". En pardonnant aux autres, non seulement nous reflétons le caractère du Christ, mais nous nous libérons également de l'amertume et du ressentiment, ce qui contribue à notre joie et à notre bien-être.

La joie du pardon est un cadeau précieux qui apporte la guérison spirituelle, le renouveau et un profond sentiment de gratitude. Elle nous rappelle l'incroyable grâce que nous avons reçue et nous motive à vivre une vie qui honore Dieu. Réjouissons-nous de la joie du pardon de Dieu, en chérissant la liberté qu'il apporte et en lui permettant de nous transformer de l'intérieur.

- La Liberté et la Joie que Procure le Pardon de Dieu.

Les Psaumes sont remplis d'expressions de joie et de reconnaissance pour le pardon offert par Dieu. Dans le Psaume 32.1-2, il est dit : "Heureux celui dont les transgressions sont pardonnées, dont les péchés sont couverts ! Heureux celui dont le Seigneur ne compte pas les péchés et dont l'esprit n'est pas trompeur." Ces versets résument la joie profonde et la liberté qui accompagnent l'expérience du pardon de Dieu.

Lorsque nous confessons nos péchés et que nous nous tournons vers Dieu, il est fidèle et juste pour nous pardonner et nous purifier de toute injustice (1 Jean 1:9). Ce pardon n'est pas simplement une suppression de la culpabilité et de la punition ; c'est une restauration de notre relation avec Dieu et une libération du fardeau du péché.

La liberté qui découle de la réception du pardon de Dieu a de multiples facettes. Elle nous libère de la culpabilité et de la honte qui nous accablent, nous permettant de vivre à la lumière de sa grâce et de sa miséricorde. Il nous libère de l'esclavage du péché, nous permettant de nous libérer des schémas destructeurs et de vivre dans l'obéissance à la volonté de Dieu. Elle nous libère de la peur de la condamnation, nous assurant de notre statut d'enfants pardonnés et bien-aimés de Dieu.

De plus, la joie qui accompagne le pardon de Dieu est une joie profonde qui transcende les circonstances. C'est une joie enracinée dans l'assurance de l'amour et de la fidélité de Dieu, sachant qu'il a pardonné nos péchés et nous a réconciliés avec lui. Cette joie nous soutient dans les moments d'épreuve, nous rappelant que nous ne sommes plus définis par nos erreurs passées, mais par l'œuvre rédemptrice du Christ.

La liberté et la joie qui découlent de la réception du pardon de Dieu ont également un impact sur nos relations avec les autres. Lorsque nous saisissons l'ampleur du pardon de Dieu à notre égard, cela nous rend humbles et nous permet d'étendre la grâce et le pardon à ceux qui nous ont fait du tort. Cela rompt le cycle de l'amertume et du ressentiment, favorisant la réconciliation et la guérison dans nos relations.

En réfléchissant à la liberté et à la joie qui découlent de la réception du pardon de Dieu, embrassons la puissance transformatrice de la grâce de

Dieu dans nos vies. Vivons dans la liberté qui vient du fait que nous nous savons pardonnés et aimés par notre Père céleste. Puisse cette joie déborder et rayonner autour de nous, en témoignant de l'impact du pardon de Dieu dans nos vies.

-Le Pardon ne se mérite pas, il se reçoit par la foi et l'humble Repentance.

L'une des vérités fondamentales concernant le pardon est qu'il ne s'agit pas d'une chose que nous pouvons gagner ou mériter par nos propres efforts. C'est un don gratuit de Dieu, qui nous est accordé par sa grâce et son amour. Notre pardon n'est pas fondé sur notre propre justice ou nos bonnes actions, mais sur l'œuvre achevée de Jésus-Christ sur la croix.

Ephésiens 2 :8-9 rend magnifiquement compte de cette vérité : "Car c'est par la grâce que vous êtes sauvés, par le moyen de la foi, et cela ne vient pas de vous, c'est le don de Dieu, non par des œuvres, afin que personne ne puisse se glorifier". Ce passage souligne que notre salut et notre pardon sont enracinés dans la faveur imméritée de Dieu et dans notre foi en lui, plutôt que dans nos propres œuvres ou réalisations.

Lorsque nous reconnaissons notre besoin de pardon et que nous venons à Dieu par une vraie repentance, en reconnaissant nos péchés et en nous en détournant, il nous accorde volontiers son pardon. Cet acte de recevoir le pardon exige de l'humilité et la reconnaissance de notre propre incapacité à nous sauver nous-mêmes. Il s'agit de renoncer à notre propre justice et de s'en remettre à la justice du Christ.

La parabole du fils prodigue dans Luc 15:11-32 illustre cette vérité. Le fils prodigue, après avoir dilapidé son héritage et s'être rendu compte de son erreur, revient humblement vers son père pour lui demander pardon. Au lieu de le condamner, le père l'embrasse à bras ouverts et lui pardonne complètement. Le pardon que reçoit le fils prodigue n'est pas mérité par ses actions, mais donné librement par l'amour et la compassion du père.

Il est essentiel de comprendre que notre pardon ne dépend pas de notre propre valeur ou de notre capacité à nous racheter. Nous ne pouvons pas faire suffisamment de bonnes œuvres ou d'actions pour mériter le pardon de Dieu. C'est uniquement par la foi en Jésus-Christ et en sa mort sacrificielle que nous pouvons recevoir le pardon et la réconciliation avec Dieu.

Cette compréhension du pardon nous conduit à un lieu d'humilité, de gratitude et de confiance en la grâce de Dieu. Elle nous rappelle que nous avons tous besoin de pardon et que ce n'est que par la miséricorde de Dieu que nous pouvons faire l'expérience d'une véritable réconciliation et d'une restauration.

En embrassant la vérité selon laquelle le pardon ne se mérite pas, mais se reçoit par la foi et l'humble repentance, approchons-nous de Dieu avec un cœur contrit, confiants en son amour indéfectible et en sa volonté de pardonner. Puissions-nous étendre ce même pardon et cette même grâce aux autres, en reflétant le caractère du Christ et en témoignant du pouvoir transformateur du pardon de Dieu dans nos vies.

-Je vous encourage à embrasser le pouvoir transformateur du pardon et à vous défaire de la culpabilité et de la honte.

L'un des aspects les plus puissants du pardon est sa nature transformatrice. Lorsque nous saisissons vraiment la profondeur du pardon de Dieu et que nous le laissons pénétrer dans notre cœur, il a le pouvoir de nous libérer des lourds fardeaux de la culpabilité et de la honte que nous portons.

La culpabilité et la honte sont des émotions courantes qui résultent souvent de nos actions pécheresses et de nos manquements. Elles peuvent nous peser, nous priver de joie et entraver notre croissance spirituelle. Cependant, grâce au pouvoir de transformation du pardon, nous pouvons nous libérer de ces émotions négatives et retrouver un sentiment d'utilité et de liberté.

Tout d'abord, il est essentiel de comprendre que le pardon de Dieu est global. Lorsque nous nous repentons sincèrement et que nous nous tournons vers lui en recherchant son pardon, il nous pardonne complètement. Le Psaume 103.12 nous rappelle que "Autant l'orient est éloigné de l'occident, autant il a éloigné de nous nos transgressions". Non seulement Dieu pardonne nos péchés, mais il les sépare de nous, pour qu'ils ne soient plus jamais retenus contre nous.

Une fois que nous avons reçu le pardon de Dieu, il est essentiel de laisser tomber la culpabilité et la honte. S'accrocher à ces émotions négatives ne correspond pas à la liberté et à la vie nouvelle que nous avons en Christ. L'apôtre Paul nous encourage dans Philippiens 3:13-14 : "Oubliant ce qui est en arrière et tendu vers ce qui est en avant, je presse le pas vers le but, afin de remporter le prix pour lequel Dieu m'a appelé au ciel dans le Christ Jésus". Nous sommes appelés à nous défaire du passé, à embrasser le pardon que nous avons reçu et à aller de l'avant dans la foi.

Il est également essentiel de se rappeler que notre pardon n'est pas fondé sur notre propre valeur ou notre capacité à nous réparer nous-mêmes. Il est enraciné dans l'amour et la grâce de Dieu, qui nous sont donnés gratuitement. Ephésiens 1:7 nous rassure : "En lui (Jésus) nous avons la rédemption par son sang, la rémission des péchés, selon la richesse de la grâce de Dieu". Notre pardon est le résultat de la grâce abondante de Dieu, et non de nos propres efforts.

Accepter le pouvoir transformateur du pardon implique d'abandonner notre culpabilité et notre honte à Dieu et de permettre à son amour et à sa grâce de nous guérir. Cela signifie accepter que nous sommes pardonnés et aimés, malgré nos erreurs passées. Cela signifie vivre dans la liberté et la joie qui découlent de la réconciliation avec Dieu par le Christ.

Alors que vous vous engagez sur la voie du pardon, rappelez-vous qu'il s'agit d'un processus continu. Chaque fois que des sentiments de culpabilité ou de honte apparaissent, tournez-vous vers Dieu dans la prière, cherchez son pardon et permettez à sa vérité de renouveler votre esprit. Entourez-vous d'une communauté de croyants qui peuvent vous encourager et vous rappeler le pouvoir transformateur du pardon.

Laissez tomber la culpabilité et la honte et embrassez la vie abondante que Dieu a pour vous. Marchez dans la liberté qui vient du fait que vous savez que vous êtes pardonné, aimé et transformé en Christ. Puisse le pouvoir transformateur du pardon vous apporter la guérison, la restauration et un profond sentiment de joie alors que vous poursuivez votre voyage spirituel.

3.5 Étendre le Pardon aux Autres

Le pardon ne consiste pas seulement à recevoir le pardon de Dieu et à faire l'expérience de la guérison personnelle ; il implique également de pardonner aux autres qui nous ont fait du tort. Il s'agit d'un acte puissant d'amour, de compassion et de réconciliation qui peut apporter restauration et guérison aux relations. Dans cette section, nous explorerons l'importance de pardonner aux autres et la manière dont cela s'inscrit dans notre cheminement vers la nouvelle naissance.

1. Reconnaître l'appel à pardonner : La Bible nous enseigne constamment l'importance de pardonner aux autres. Dans Matthieu 6:14-15, Jésus dit : "Si vous pardonnez aux autres lorsqu'ils ont péché contre vous, votre Père céleste vous pardonnera aussi. Mais si vous ne pardonnez pas aux autres leurs péchés, votre Père ne vous pardonnera pas non plus les vôtres". Ce passage souligne la nature réciproque du pardon et la nécessité pour nous de pardonner aux autres comme Dieu nous a pardonné.

2. Comprendre la nature du pardon : Le pardon ne consiste pas à approuver ou à excuser l'acte répréhensible ; il s'agit d'une décision consciente de libérer l'auteur de l'infraction de la dette qu'il a envers nous. Il implique de laisser tomber le ressentiment, l'amertume et le désir de vengeance. Éphésiens 4:32 nous dit : "Soyez bons et compatissants les uns envers les autres, vous pardonnant mutuellement, comme Dieu vous a pardonné en Christ". Lorsque nous comprenons la profondeur du pardon de Dieu à notre égard, nous sommes poussés à accorder le même pardon

aux autres.

3. Surmonter les obstacles au pardon : Le pardon peut être un défi, en particulier lorsque l'offense est importante ou profondément blessante. Il nous oblige à faire face à notre douleur, à affronter l'offenseur et à choisir de laisser tomber l'offense. Cependant, avec l'aide de Dieu, nous pouvons surmonter les obstacles au pardon. Philippiens 4 :13 nous assure : "Je puis tout par celui qui me fortifie". En nous appuyant sur la force de Dieu, nous pouvons trouver le courage et la grâce de pardonner, même dans des circonstances difficiles.

4. Guérison et réconciliation : Le pardon ouvre la voie à la guérison et à la réconciliation dans les relations. Il ouvre la porte à la restauration, à une confiance renouvelée et à la possibilité de grandir. Jésus nous enseigne dans Matthieu 5:23-24 : "Si tu présentes ton offrande à l'autel et que tu te souviennes que ton frère a quelque chose contre toi, laisse ton offrande devant l'autel et va-t'en. Réconcilie-toi d'abord avec ton frère, puis viens offrir ton offrande. Ce passage souligne l'importance de se réconcilier et de réparer les torts causés à autrui.

5. Le pouvoir du pardon : Le pardon a le pouvoir extraordinaire de transformer non seulement l'offenseur, mais aussi celui qui pardonne. Il nous libère des chaînes de l'amertume et nous permet de faire l'expérience de la liberté et de la paix qui découlent du lâcher-prise. Il est le reflet de l'œuvre transformatrice de la grâce de Dieu dans nos vies. Colossiens 3 :13 nous encourage : "Supportez les uns les autres et pardonnez-vous mutuellement si l'un de vous a un reproche à faire à quelqu'un. Pardonnez comme le Seigneur vous a pardonné".

Lorsque nous sommes nés de nouveau, pardonner aux autres fait partie intégrante de notre croissance et de notre maturité spirituelles. Cela correspond à l'amour et à la miséricorde que nous avons reçue de Dieu et reflète notre désir de vivre en accord avec ses enseignements. Puissions-nous continuellement rechercher les conseils et l'autorité de Dieu lorsque nous pardonnons aux autres, permettant ainsi à son amour et à sa grâce d'apporter la guérison, la restauration et la réconciliation dans nos relations.

N'oubliez pas que le pardon est un processus qui demande du temps et des efforts. Il peut nécessiter de rechercher le soutien des hommes de Dieu, de prier et de s'appuyer sur la force de Dieu. Croyez qu'en faisant un pas dans la foi et en pardonnant, Dieu honorera votre obéissance et apportera des bénédictions dans votre vie et dans vos relations.

-Enseignements Bibliques sur l'Importance de Pardonner aux Autres.

Voici une discussion sur les enseignements bibliques concernant l'importance de pardonner aux autres :

Dans Matthieu 6:14-15, Jésus parle explicitement de l'importance de pardonner aux autres. Il dit : "Si vous pardonnez aux autres lorsqu'ils ont péché contre vous, votre Père céleste vous pardonnera aussi. Mais si vous ne pardonnez pas aux autres leurs péchés, votre Père ne vous pardonnera pas non plus les vôtres". Ces paroles de Jésus soulignent la nature réciproque du pardon. En pardonnant aux autres, nous nous alignons sur le pardon de Dieu et nous nous ouvrons à son pardon. Cela souligne l'interconnexion de nos relations avec les autres et de notre relation avec Dieu.

Colossiens 3:13 souligne également l'importance de pardonner aux autres. L'apôtre Paul écrit : "Supportez les uns les autres et pardonnez-vous mutuellement si l'un de vous a un grief contre quelqu'un. Pardonnez comme le Seigneur vous a pardonné". Ce verset souligne deux aspects importants du pardon. Premièrement, il nous encourage à être patients et tolérants les uns envers les autres, en reconnaissant que nous avons tous des défauts et que nous commettons tous des erreurs. Deuxièmement, il nous invite à pardonner aux autres de la même manière que le Seigneur nous a pardonnée. Elle nous rappelle la profondeur incommensurable du pardon de Dieu et nous met au défi d'étendre ce même pardon à ceux qui nous ont fait du tort.

Ces enseignements bibliques soulignent que le pardon n'est pas une simple suggestion, mais un commandement de Dieu. Il est essentiel à notre bien-être et à notre croissance spirituelle. Lorsque nous gardons des rancunes, du ressentiment, cela entrave notre relation avec Dieu et avec les autres. Pardonner aux autres nous permet de nous libérer de l'esclavage de l'amertume et du ressentiment, ce qui nous permet de faire l'expérience de la guérison, de la restauration et de la réconciliation dans nos relations.

En outre, l'acte de pardonner aux autres reflète l'œuvre transformatrice de la grâce de Dieu dans nos vies. C'est une démonstration de notre foi et de notre obéissance à la Parole de Dieu. En pardonnant aux autres, nous imitons le caractère du Christ, qui nous a pardonné en dépit de nos propres défauts et péchés. C'est par la puissance de l'amour et de la grâce de Dieu que nous sommes habilités à pardonner aux autres.

Pardonner aux autres ne signifie pas nécessairement oublier ou excuser leurs actions. Il s'agit d'une décision consciente d'oublier l'offense, de renoncer au désir de vengeance et de chercher à se réconcilier lorsque cela est possible. C'est un processus qui peut nécessiter de prier, de se laisser guider par les Écritures et de s'appuyer sur la force de l'Esprit Saint.

En fin de compte, le pardon nous permet de vivre en harmonie avec les commandements de Dieu et d'expérimenter la liberté et la paix qui découlent de l'obéissance à ses enseignements.

Lorsque nous sommes nés de nouveau et que nous vivons une transformation spirituelle, pardonner aux autres joue un rôle crucial. Il s'aligne sur l'amour, la miséricorde et le pardon que nous avons reçus de Dieu. En pardonnant aux autres, nous devenons des instruments de la grâce de Dieu et des agents de réconciliation. Puissions-nous continuellement rechercher sa guidance et sa capacité à pardonner aux autres comme nous avons été pardonnés nous-mêmes.

-La Guérison et la Restauration qui Découlent du fait de Pardonner à ceux qui nous ont fait du Tort.

L'exploration de la guérison et de la restauration qui découlent du fait de pardonner à ceux qui nous ont fait du tort est un aspect important pour nous qui sommes nés de nouveau.

Voici quelques idées sur ce sujet :

1. Guérison des blessures émotionnelles : Lorsque nous gardons du ressentiment, de la colère et de l'amertume envers ceux qui nous ont fait du tort, cela provoque des blessures émotionnelles qui peuvent s'envenimer et affecter notre bien-être. Cependant, le fait de pardonner peut apporter la guérison à ces blessures. En libérant les émotions négatives et en choisissant de pardonner, nous nous ouvrons au pouvoir de guérison de Dieu. Le Psaume 147 :3 nous rappelle qu'"il guérit ceux qui ont le cœur brisé et panse leurs blessures". Le pardon nous permet de faire l'expérience de la guérison émotionnelle et de nous libérer de la douleur causée par l'offense.

2. Restauration des relations : Les conflits non résolus et le manque de pardon peuvent peser sur les relations, voire les détruire. Cependant, le fait de pardonner ouvre la porte à la réconciliation et à la restauration. Le pardon crée une opportunité de dialogue, de compréhension et de rétablissement de la confiance. Il permet d'envisager une relation renouvelée et plus saine. Dans Matthieu 5:23-24, Jésus nous encourage à rechercher la réconciliation avec les autres avant d'offrir nos dons à Dieu. Le pardon ouvre la voie à la restauration des relations brisées et favorise l'unité entre les croyants.

3. La libération de l'esclavage : le fait de s'accrocher à l'impardonnable peut nous maintenir dans l'esclavage. Il nous maintient liés au passé, incapables d'aller de l'avant et d'expérimenter la vie abondante que Dieu veut pour nous. Mais le pardon nous libère. Lorsque nous choisissons de

pardonner, nous nous libérons des chaînes du ressentiment et de l'amertume. Nous cessons d'être définis par la blessure qui nous a été infligée et nous entrons dans la liberté qu'offre le pardon. Galates 5:1 déclare : "C'est pour la liberté que le Christ nous a libérés".

4. Paix intérieure et bien-être : Le pardon apporte la paix intérieure et le bien-être dans nos vies. Lorsque nous entretenons l'impardonnance, elle consume nos pensées, affecte nos émotions et entrave notre croissance spirituelle. Mais lorsque nous pardonnons, nous éprouvons un sentiment de paix et de satisfaction. Philippiens 4 :7 nous assure : "La paix de Dieu, qui surpasse toute intelligence, gardera vos cœurs et vos pensées dans le Christ Jésus." Le pardon nous aligne sur le cœur de Dieu et nous procure un profond sentiment de paix et de bien-être.

5. Refléter le caractère de Dieu : En tant qu'enfants de Dieu, nous sommes appelés à refléter son caractère, ce qui inclut le pardon. Ephésiens 4:32 nous encourage à être bons et à pardonner, comme Dieu nous a pardonné. Lorsque nous choisissons de pardonner, nous montrons des qualités semblables à celles du Christ et nous démontrons la puissance transformatrice de l'amour et de la grâce de Dieu. Notre acte de pardon devient un témoignage de l'œuvre de Dieu dans nos vies et peut inspirer d'autres personnes à rechercher le pardon et la guérison.

En conclusion, pardonner à ceux qui nous ont fait du tort apporte la guérison, la restauration, la libération, la paix intérieure et la possibilité de se réconcilier. C'est un processus de transformation qui nous aligne sur le cœur de Dieu et reflète son caractère. En choisissant le pardon, nous nous ouvrons à l'expérience de la plénitude de l'amour et de la grâce de Dieu dans nos vies. Puissions-nous continuellement rechercher sa direction et sa force dans notre cheminement vers le pardon et l'expérience de la guérison et de la restauration qu'il apporte.

-Les Défis et la Grâce Nécessaires pour Pardonner aux Autres sans Condition.

Il est essentiel d'aborder les défis que pose le fait de pardonner aux autres sans condition et la grâce nécessaire pour le faire.

Voici quelques réflexions à ce sujet :
1. La profondeur de la blessure : pardonner aux autres sans condition peut être un défi, en particulier lorsque l'offense a causé une douleur et une blessure profondes. Cela nous oblige à affronter et à traiter ces émotions d'une manière saine. Il est important de reconnaître que le pardon ne signifie pas minimiser ou rejeter la douleur que nous avons ressentie.

Il s'agit plutôt de choisir de libérer l'offenseur de notre désir de vengeance et de confier la situation à la justice de Dieu. C'est par sa grâce que nous pouvons trouver la force de surmonter la profondeur de la blessure et de pardonner.

2. Renoncer au contrôle : Un autre défi à relever pour pardonner inconditionnellement aux autres est de renoncer au besoin de contrôle et d'abandonner la situation à Dieu. Notre tendance naturelle est de garder rancune, de chercher à se venger ou de vouloir voir l'offenseur souffrir. Cependant, le véritable pardon exige que nous abandonnions notre désir de contrôle et que nous fassions confiance à la souveraineté et à la justice de Dieu. C'est par sa grâce que nous pouvons trouver l'humilité de lâcher prise et de permettre à Dieu d'être le juge ultime.

3. La guérison de nos propres cœurs : Le pardon inconditionnel implique également de reconnaître la guérison dont nous avons besoin dans nos propres cœurs. S'accrocher à l'impardonnable peut empoisonner notre propre bien-être et entraver notre croissance spirituelle. En choisissant de pardonner, nous nous ouvrons à la guérison et à la restauration de Dieu. C'est par sa grâce que nous pouvons trouver la force de laisser tomber l'amertume, le ressentiment et le désir de représailles. Lorsque nous remettons nos blessures à Dieu, il peut apporter la guérison et la transformation dans nos cœurs.

4. Faire preuve de grâce : Le pardon inconditionnel exige de faire grâce aux autres, comme Dieu l'a fait pour nous. Cela signifie qu'il faut choisir d'aimer et de faire preuve de gentillesse, même envers ceux qui nous ont fait du mal. Cela peut s'avérer particulièrement difficile lorsque l'offenseur n'a pas montré de remords ou lorsque l'offense est répétée. Cependant, par la grâce de Dieu, nous pouvons trouver la capacité d'aimer et de faire preuve de grâce, même lorsqu'elle semble imméritée. C'est par sa grâce que nous pouvons trouver le pouvoir de briser le cycle de la blessure et du ressentiment.

5. Recevoir la grâce de Dieu : En fin de compte, pardonner aux autres sans condition exige que nous recevions la grâce de Dieu dans notre propre vie. Nous devons reconnaître notre propre besoin de pardon et la grâce incommensurable que Dieu nous a accordée par le sacrifice du Christ. En embrassant la grâce de Dieu, nous sommes équipés pour étendre cette même grâce aux autres. C'est par sa grâce que nous trouvons la force, la patience et la compassion nécessaires pour pardonner sans condition.

En conclusion, pardonner aux autres sans condition est une tâche difficile qui requiert la grâce et la force qui viennent de Dieu. Cela implique d'abord la profondeur de la blessure, de lâcher le contrôle, de guérir nos propres cœurs, de faire preuve de grâce et de recevoir la grâce de Dieu dans nos propres vies. En nous appuyant sur sa grâce, nous pouvons surmonter les difficultés et faire l'expérience du pouvoir transformateur du pardon inconditionnel. Puissions-nous continuellement rechercher sa direction et nous appuyer sur sa grâce alors que nous nous efforçons de pardonner aux autres sans condition et de refléter son caractère dans nos vies.

3.6 Marcher dans le Pardon

Marcher dans le pardon est un aspect crucial du voyage d'une personne née de nouveau. Elle implique non seulement de pardonner aux autres, mais aussi d'incarner un style de vie qui reflète le pouvoir de transformation du pardon.

Voici quelques points clés à prendre en compte lorsque l'on marche dans le pardon :

1. Adopter un cœur qui pardonne : Marcher dans le pardon commence par cultiver un cœur qui pardonne. Cela signifie qu'il faut choisir de laisser tomber les rancunes, l'amertume et le désir de vengeance. Il faut pour cela décider consciemment d'oublier l'offense et de faire grâce à l'offenseur. En embrassant le pardon, nous nous alignons sur le cœur de Dieu et sur son désir de réconciliation.

2. Pratiquer le pardon quotidiennement : Marcher dans le pardon est un processus continu. Il exige que nous pratiquions le pardon quotidiennement, même face à de nouvelles offenses ou à des défis récurrents. Cela implique de choisir le pardon comme mode de vie et de remettre continuellement nos blessures et nos griefs à Dieu. Cette pratique nous permet d'expérimenter la liberté et la paix qui découlent du fait de pardonner aux autres.

3. Rechercher la réconciliation et la restauration : Marcher dans le pardon implique également la volonté de rechercher la réconciliation et la restauration dans les relations. Si le pardon est un choix personnel, il peut ouvrir la voie à la guérison et à la réconciliation avec l'offenseur. Cela implique d'entamer des conversations, de faire preuve de compréhension et d'être ouvert à la possibilité de rétablir la confiance. Toutefois, il est important de reconnaître que la réconciliation n'est pas toujours possible ou sûre dans certaines situations et que, dans ce cas, le pardon peut toujours être accordé à distance.

4. Se pardonner à soi-même : Marcher dans le pardon ne consiste pas seulement à pardonner aux autres, mais aussi à se pardonner à soi-même. Souvent, nous nous sentons coupables et honteux de nos erreurs et manquements passés. Cependant, le pardon de Dieu s'étend à tous les domaines, et il nous accorde également sa grâce. Il est essentiel de recevoir son pardon et de nous accorder la même grâce et la même compassion. Cela nous permet d'avancer en toute liberté et d'embrasser le pouvoir transformateur du pardon dans notre propre vie.

5. S'appuyer sur la force et la direction de Dieu : Marcher dans le pardon peut être un défi, en particulier lorsque nous sommes confrontés à des situations difficiles ou à des blessures persistantes. Dans ces moments-là, nous pouvons compter sur la force et les conseils de Dieu. En priant, en recherchant sa Parole et en nous appuyant sur le soutien d'autres croyants, nous pouvons trouver la force de pardonner et de continuer à marcher dans le pardon. La grâce de Dieu nous soutient et nous donne les moyens de surmonter les obstacles qui peuvent se dresser sur notre chemin.

6. Marcher en sachant qu'en tant que personne née de nouveau, vous êtes pardonné : Dans ce voyage en tant que personne née de nouveau, il est essentiel de savoir que Dieu vous a déjà pardonné et qu'il a même oublié tout ce que vous avez fait avant de recevoir Jésus-Christ dans votre cœur en tant que Seigneur et Sauveur dans votre vie. Tu es maintenant une nouvelle personne et l'ancien toi appartient déjà au passé. Ne laisse pas ton esprit, le diable ou les gens te dire que ta vie passée avant le salut a le pouvoir d'arrêter ta croissance spirituelle. Vous êtes pardonné et libre.

En conclusion, marcher dans le pardon est un processus de transformation qui exige d'embrasser un cœur qui pardonne, de pratiquer le pardon quotidiennement, de rechercher la réconciliation et la restauration, de nous pardonner à nous-mêmes et de compter sur la force et la direction de Dieu. En incarnant un style de vie fondé sur le pardon, nous reflétons l'amour et la grâce du Christ et faisons l'expérience du pouvoir transformateur du pardon dans notre propre vie et dans nos relations. Puissions-nous marcher continuellement dans le pardon, nous rapprocher de Dieu et apporter la guérison et la restauration à ceux qui nous entourent.

-Des Conseils Pratiques pour Vivre un Style de Vie Fondé sur le Pardon

Vivre un style de vie fondé sur le pardon et la réconciliation exige des mesures pratiques et des choix intentionnels.

Voici quelques conseils pratiques sur la manière de vivre le pardon et la réconciliation au quotidien :

1. Cultiver un cœur de pardon : Commencez par examiner votre cœur et identifiez toute rancune, amertume ou impardonnance persistante. Priez et demandez à Dieu de vous aider à vous libérer de ces émotions négatives et à les remplacer par un cœur de pardon. Rappelez-vous régulièrement l'importance du pardon et son pouvoir de transformation.

2. Choisissez le pardon tous les jours : Chaque jour, faites le choix conscient de pardonner à ceux qui vous ont blessé. Lorsque des pensées ou des émotions négatives surgissent, choisissez de les laisser partir et de les remplacer par des pensées de pardon, d'amour et de compréhension. Rappelez-vous que le pardon est un processus qui peut nécessiter un effort continu.

3. Pratiquer l'empathie et la compréhension : Cherchez à comprendre les perspectives et les expériences des autres. Mettez-vous à leur place et essayez de voir les choses de leur point de vue. Cela permet de cultiver l'empathie et la compassion, ce qui facilite le pardon et la réconciliation.

4. S'engager dans une communication honnête : Favorisez une communication ouverte et honnête avec les personnes à qui vous devez pardonner ou avec qui vous devez vous réconcilier. Exprimez vos sentiments et vos préoccupations avec respect et écoutez attentivement le point de vue de l'autre personne. Évitez d'accuser ou de blâmer, et concentrez-vous plutôt sur la recherche d'un terrain d'entente et d'une solution.

5. Cherchez à vous réconcilier lorsque c'est possible : Si l'occasion se présente, cherchez à vous réconcilier avec la personne à qui vous avez pardonné. Entamez une conversation pour exprimer votre désir de guérison et de restauration. Soyez prêt à vous excuser si nécessaire et à écouter les sentiments et les expériences de la personne. Rétablir la confiance peut prendre du temps, mais l'effort de réconciliation peut être immensément gratifiant.

6. Fixer des limites si nécessaire : Le pardon n'est pas toujours synonyme de réconciliation dans toutes les circonstances. Dans les situations où la réconciliation n'est ni possible ni sûre, il est essentiel d'établir des limites saines pour se protéger et préserver son bien-être émotionnel. Les limites peuvent aider à maintenir le pardon tout en assurant votre propre sécurité et votre santé émotionnelle.

7. Pratiquez l'auto-pardon : Accordez-vous la même grâce et le même pardon que vous accorderiez aux autres. Reconnaissez vos propres erreurs

et défauts, et libérez-vous de la culpabilité et de l'auto-condamnation. Accueillez le pardon de Dieu et laissez-le imprégner votre propre perception de vous-même.

8. Recherchez le soutien et les conseils : Entourez-vous d'une communauté d'amis, de membres de votre famille ou de mentors qui peuvent vous guider et vous encourager tout au long de votre cheminement vers le pardon et la réconciliation. Partagez avec eux vos luttes et vos victoires, et sollicitez leur sagesse et leurs prières.

9. Appuyez-vous sur la force de Dieu : Appuyez-vous sur la force et les conseils de Dieu tout au long du processus. Priez pour obtenir sa sagesse, sa grâce et son pouvoir de guérison. Recherchez dans sa Parole du réconfort, des conseils et des exemples de pardon. Ayez confiance que Dieu est avec vous à chaque étape du processus, qu'il vous donne la force et le courage nécessaires pour vivre un style de vie fondé sur le pardon et la réconciliation.

Rappelez-vous que vivre un style de vie de pardon et de réconciliation est un processus continu. Il exige de la persévérance, de l'humilité et la confiance en la grâce de Dieu. En pratiquant intentionnellement le pardon, en recherchant la réconciliation lorsque c'est possible, en fixant des limites saines et en recherchant soutien et conseils, vous pouvez créer dans votre vie une culture du pardon et de la réconciliation qui apporte la guérison, la restauration et la paix.

-Le Pouvoir du Pardon pour Briser le Cycle de l'Amertume et du Ressentiment.

Pour comprendre la nature transformatrice du pardon, il est essentiel de mettre l'accent sur la capacité du pardon à briser le cycle de l'amertume et du ressentiment.

Voici quelques points clés à prendre en compte :

1. Briser les chaînes de l'amertume : L'amertume et le ressentiment peuvent devenir comme des chaînes qui nous lient aux blessures du passé et entravent notre croissance et notre bien-être. Cependant, le pardon a le pouvoir de briser ces chaînes et de nous libérer. Lorsque nous choisissons de pardonner, nous nous libérons du fardeau de la rancune et nous permettons à la guérison d'avoir lieu.

2. Choisir la liberté plutôt que l'esclavage : Le fait de garder de l'amertume et du ressentiment nous enferme dans un cycle d'émotions négatives. Cela peut consumer nos pensées, affecter nos relations et entraver notre croissance spirituelle. En choisissant le pardon, nous nous

libérons de cet esclavage et nous nous ouvrons à la liberté, à la paix et à la joie.

3. Guérir les blessures émotionnelles : Le pardon est un baume de guérison pour les blessures émotionnelles. Il nous permet de traiter et de libérer la douleur, la souffrance et la colère associées à des offenses passées. En pardonnant, nous créons un espace de guérison et de restauration dans notre propre cœur et dans notre vie. Cela ne signifie pas que la douleur disparaît instantanément, mais cela ouvre la porte à l'œuvre de guérison de Dieu.

4. Promouvoir le bien-être émotionnel : L'amertume et le ressentiment peuvent avoir un impact négatif sur notre bien-être émotionnel, entraînant du stress, de l'anxiété et même des problèmes de santé physique. Le choix du pardon rompt le cycle des émotions négatives et favorise le bien-être émotionnel. Il nous permet d'oublier le passé, d'accepter le présent et d'envisager un avenir plus radieux.

5. Restaurer les relations : Le pardon est un outil puissant pour restaurer les relations brisées. Il ouvre la voie à la réconciliation et au rétablissement de la confiance. Lorsque le pardon est accordé avec sincérité et reçu avec humilité, il a le potentiel de guérir et de transformer des relations qui étaient autrefois entachées de blessures et de conflits.

6. Donner l'exemple aux autres : Le choix du pardon est un exemple à suivre pour les autres. Il démontre le pouvoir de la grâce, de la miséricorde et de l'amour pour surmonter l'adversité. Lorsque nous brisons le cycle de l'amertume et du ressentiment par le pardon, nous inspirons et encourageons les autres à faire de même. Nos actions peuvent avoir un effet d'entraînement, apportant la guérison et la réconciliation à ceux qui nous entourent.

7. S'aligner sur le cœur de Dieu : Le pardon reflète le cœur de Dieu. Tout au long de la Bible, nous voyons la grâce abondante de Dieu et sa volonté de pardonner. Lorsque nous pardonnons aux autres, nous nous alignons sur son caractère et nous imitons son amour et sa miséricorde. C'est l'occasion de nous rapprocher de Dieu et de faire l'expérience de son pouvoir de transformation dans nos vies.

En conclusion, il est essentiel de souligner le pouvoir du pardon pour briser le cycle de l'amertume et du ressentiment afin de comprendre sa nature transformatrice. En choisissant le pardon, nous nous libérons des chaînes de l'amertume, nous faisons l'expérience de la guérison, nous favorisons le bien-être émotionnel, nous restaurons nos relations, nous donnons l'exemple aux autres et nous nous alignons sur le cœur de Dieu. Puissions-nous embrasser le pardon de tout cœur, sachant que grâce à lui, nous pouvons connaître la vraie liberté, la guérison et un sens renouvelé de la raison d'être et de la joie.

-Cultiver un Cœur de Pardon

Je vous encourage à cultiver un cœur de pardon, reflétant l'amour et la miséricorde de Dieu.

Voici quelques mots d'encouragement :

1. Accueillez le pardon de Dieu : Commencez par embrasser véritablement le pardon que Dieu vous a accordé. Reconnaissez la profondeur de son amour et de sa miséricorde à votre égard, malgré vos propres défauts et erreurs. Lorsque vous faites l'expérience de son pardon, laissez-le adoucir votre cœur et vous inciter à accorder le même pardon aux autres.

2. Réfléchissez à l'exemple de Dieu : Réfléchissez à la façon dont Dieu, dans son amour infini, nous pardonne encore et encore. Considérez l'incroyable sacrifice de Jésus sur la croix, où il a volontairement porté le poids de nos péchés pour nous offrir le pardon et la réconciliation avec Dieu. Laissez l'ampleur du pardon de Dieu vous motiver à pardonner aux autres.

3. Libérez le fardeau : Le fait de garder des rancunes et d'entretenir le ressentiment ne fait que vous alourdir. Cela entrave votre propre croissance spirituelle et limite votre capacité à expérimenter la paix et la joie. Choisissez de vous libérer du fardeau et de laisser aller le passé. Faites confiance à Dieu pour vous aider à porter le poids et à guérir votre cœur blessé.

4. Recherchez l'aide de Dieu : Pardonner aux autres peut s'avérer difficile, surtout lorsque la blessure est profonde. Tournez-vous vers Dieu pour qu'il vous aide et vous guide. Priez et demandez-lui de vous aider à pardonner, d'adoucir votre cœur et de vous donner la grâce de pardonner même lorsque c'est difficile. Il est fidèle et vous donnera la force nécessaire pour cultiver un cœur qui pardonne.

5. Pratiquez la compassion et l'empathie : cherchez à comprendre les perspectives et les expériences de ceux qui vous ont fait du tort. Mettez-vous à leur place et reconnaissez que, tout comme vous, ils sont imparfaits et ont besoin du pardon de Dieu. Cultivez la compassion et l'empathie, ce qui contribuera à adoucir votre cœur et à rendre le pardon plus accessible.

6. Laissez l'amour vous guider : Rappelez-vous que l'amour est au cœur du pardon. Lorsque vous choisissez de pardonner, faites-le par amour pour Dieu et pour les autres. L'amour a le pouvoir de faire tomber les murs, de réparer les relations brisées et d'apporter la guérison aux deux parties concernées. Laissez l'amour guider vos actions et vos décisions alors que vous cultivez un cœur de pardon.

7. Pratiquez le pardon quotidiennement : Le pardon n'est pas un acte qui se fait qqu'une fois, mais un processus continu. Chaque jour, faites un effort conscient pour pardonner à ceux qui vous ont blessé, que ce soit par leurs paroles ou leurs actes. Rappelez-vous la liberté et la paix qui découlent du pardon, et faites en sorte que cela devienne une habitude dans votre vie quotidienne.

N'oubliez pas que cultiver un cœur de pardon est un voyage. Cela peut prendre du temps et il peut y avoir des échecs en cours de route. Mais avec l'aide de Dieu et votre volonté d'étendre son amour et sa miséricorde, vous pouvez cultiver un cœur qui reflète le pardon que vous avez reçu. Puissiez-vous faire l'expérience de la liberté, de la joie et de la restauration qui découlent de l'adoption d'un cœur de pardon, reflétant l'amour et la miséricorde de Dieu dans votre vie.

-La repentance et le pardon dans la vie quotidienne.

En adoptant la repentance et en recherchant le pardon dans notre vie quotidienne en tant que personnes nées de nouveau, il est important de se rappeler qu'il s'agit d'un processus continu qui requiert de l'intentionnalité et un véritable désir de transformation.

Voici quelques conseils pratiques pour nous aider à parcourir ce chemin :

1. L'autoréflexion : Prenez le temps de l'introspection et de l'examen de conscience. Réfléchissez à vos pensées, à vos attitudes et à vos actions, en cherchant les domaines où la repentance est nécessaire. Demandez à Dieu de vous révéler les domaines de péché ou de mauvaise conduite qui requièrent votre attention.

2. La confession : Confessez vos péchés à Dieu honnêtement et ouvertement. Reconnaissez vos fautes, vos lacunes et les domaines dans lesquels vous n'avez pas respecté les normes de Dieu. Rappelez-vous que Dieu est fidèle et juste pour nous pardonner lorsque nous lui confessons nos péchés (1 Jean 1:9).

3. Recherchez le pardon : Si vous avez fait du tort à quelqu'un, faites amende honorable et cherchez à obtenir son pardon. Présentez des excuses sincères, en assumant la responsabilité de vos actes, et exprimez des remords sincères. Soyez prêt à écouter et à comprendre la blessure que vous avez pu causer. Cherchez à vous réconcilier et à rétablir les relations brisées.

4. La repentance en action : La repentance ne se limite pas à des mots ; il exige un changement de comportement. Faites un effort conscient pour vous détourner des modèles et des habitudes de péché. Laissez le Saint-Esprit vous guider dans la prise de décisions conformes à la volonté de Dieu. Recherchez la responsabilité et le soutien d'autres croyants qui peuvent vous aider à rester sur la bonne voie.

5. Cultivez l'humilité : Reconnaissez que vous avez besoin de la grâce et du pardon de Dieu. Approchez humblement Dieu et les autres, en reconnaissant que vous n'êtes pas parfait et que vous avez constamment besoin de sa miséricorde. Développez une attitude d'humilité qui vous permet d'apprendre de vos erreurs et de grandir dans votre foi.

6. Embrasser la Parole de Dieu : Consultez régulièrement les Écritures pour comprendre les enseignements de Dieu sur la repentance, le pardon et son action transformatrice dans nos vies. Méditez sur les passages qui parlent de la beauté du pardon de Dieu et de l'appel à vivre une vie qui l'honore.

7. Prière et dépendance à l'égard de Dieu : Maintenir une vie de prière cohérente, en recherchant les conseils, la force et la grâce de Dieu dans le processus de repentance et de recherche du pardon. Remettez-lui vos fardeaux, vos luttes et vos tentations, en vous fiant à son pouvoir de vous transformer et de vous renouveler.

8. Faites-vous grâce à vous-même : Rappelez-vous que le pardon de Dieu est illimité et qu'il vous offre sa grâce en abondance. Ne laissez pas la culpabilité ou la honte entraver votre croissance. Acceptez la vérité que par le Christ, vous êtes une nouvelle création (2 Corinthiens 5:17) et vivez dans la liberté qui vient de son pardon.

9. Pratiquez le pardon envers les autres : En faisant l'expérience du pardon de Dieu, étendez ce même pardon aux autres qui vous ont fait du tort. Libérez-vous du ressentiment et de l'amertume, en choisissant de pardonner comme le Christ vous a pardonné. Reconnaissez que le pardon est un processus qui peut nécessiter un effort continu et un abandon à l'œuvre de guérison de Dieu.

10. Célébrez la grâce de Dieu : Réjouissez-vous du pouvoir transformateur de la grâce et du pardon de Dieu. Remerciez-le pour sa miséricorde et son amour qui vous ont racheté et restauré. Partagez votre témoignage du pardon de Dieu avec les autres, en les incitant à se repentir et à rechercher le pardon.

N'oubliez pas que la repentance et la recherche du pardon sont des processus qui durent toute la vie. Il exige de l'humilité, de la persévérance et une profonde confiance en la grâce de Dieu. En adoptant ces conseils pratiques, puissiez-vous expérimenter la plénitude du pardon de Dieu et vivre une vie qui reflète son amour et sa miséricorde à ceux qui vous entourent.

Conclusion :
Les concepts de la repentance et de pardon sont étroitement liés dans le processus de la nouvelle naissance. Par une repentance authentique, nous nous détournons de nos habitudes pécheresses et nous nous ouvrons à l'œuvre transformatrice de la grâce de Dieu. Son pardon nous libère de la culpabilité et de la honte, rétablit notre relation avec lui et nous donne la possibilité de pardonner aux autres.

Le chemin de la repentance et du pardon est une expérience profonde et transformatrice qui nous rapproche de Dieu et restaure notre relation avec lui et avec les autres. Dans ce chapitre, nous avons exploré l'appel à la repentance et l'importance de reconnaître notre besoin de pardon. Nous avons plongé dans les profondeurs de l'amour inconditionnel de Dieu et du pardon abondant qu'il nous accorde.

La repentnce implique un détournement sincère du péché et un désir sincère de changement. C'est un processus qui exige de l'humilité, de l'introspection et la volonté de laisser tomber nos anciennes habitudes. En nous repentant sincèrement, nous nous ouvrons au pouvoir transformateur du pardon de Dieu, expérimentant la liberté, la joie et la paix qui découlent de notre réconciliation avec lui.

Nous avons également exploré le processus du pardon, en comprenant qu'il ne se mérite pas, mais qu'il est reçu comme un don divin par la foi et l'humble repentance. Le pardon ne consiste pas seulement à libérer les autres de la dette qu'ils ont envers nous, mais aussi à nous libérer de l'esclavage du ressentiment et de l'amertume. C'est un acte d'amour puissant qui reflète le pardon de Dieu envers nous.

Tout au long de ce chapitre, nous avons appris que la repentance et le pardon sont liés. Lorsque nous nous repentons et recherchons le pardon de Dieu, nous sommes obligés de pardonner aux autres. Pardonner à ceux qui nous ont fait du tort reflète l'amour et la miséricorde de Dieu, et ouvre la porte à la guérison, à la restauration et à la réconciliation dans nos relations.

En adoptant la repentance et le pardon, nous invitons l'œuvre transformatrice de Dieu dans nos vies. Nous nous libérons du poids de la culpabilité et de la honte, et nous trouvons la guérison et la restauration dans son étreinte aimante.

Chers frères et sœurs, aujourd'hui, à travers ce livre, je veux vous délivrer un message de la plus haute importance : un appel à la repentance et un retour à Dieu. Comme vous l'a vu voyez dans ce chapitre, l'invitation résonne à travers les âges et dans les Écritures l'appelà la repentance retentit pour que le peuple revienne à Dieu.

Les Écritures soulignent à plusieurs reprises la nécessité de se repentir. En Actes 3:19, nous lisons : "Repentez-vous donc et revenez à Dieu, afin que vos péchés soient effacés, et que des temps de rafraîchissement viennent de la part du Seigneur". Cet appel n'est pas à prendre à la légère. Il s'agit d'une invitation divine à reconnaître nos transgressions, à les confesser devant Dieu et à nous détourner de nos habitudes pécheresses.

Dans Jean 16:8, la Bible dit que l'Esprit "convainc le monde de péché, de justice et de jugement". Nous sommes dans la dispensation du Saint-Esprit. Depuis le début, il vous pousse doucement et vous convainc afin que vous preniez conscience de votre besoin de repentance, vous incitant à rechercher le pardon et la réconciliation avec Dieu.

Vous devez savoir que la vraie repentance implique un véritable changement de cœur et un détournement complet du péché. 2 Corinthiens 7:10 nous enseigne que "la tristesse de Dieu amène la repentance qui conduit au salut". Il ne s'agit pas d'un acte superficiel de remords, mais d'un désir sincère de réaligner notre vie sur la volonté de Dieu. Lorsque nous nous repentons, la puissance transformatrice de Dieu agit en nous, produisant une nouvelle création (2 Corinthiens 5:17).

Lorsque nous nous repentons et revenons à Dieu, nous trouvons du réconfort dans l'amour et le pardon immuables de notre Père céleste. Dans Isaïe 55:7, Dieu promet : "Que les méchants abandonnent leurs voies et les injustes leurs pensées. Qu'ils se tournent vers le Seigneur, et il aura pitié d'eux, et vers notre Dieu, car il pardonnera librement". Notre Père céleste attend avec impatience notre retour, prêt à nous accueillir à bras ouverts.

La repentance ouvre la voie à la restauration et au renouveau. Lorsque nous nous tournons vers Dieu, il guérit nos blessures, restaure notre joie et nous donne une nouvelle raison d'être en lui.

Frères et sœurs, l'appel à se repentir et à se tourner vers Dieu résonne et retentit dans vos cœurs aujourd'hui. Écoutons cet appel, car c'est une invitation à faire l'expérience de la vie abondante que l'on trouve dans une relation restaurée avec notre Père céleste. Puissions-nous nous repentir sincèrement, en abandonnant nos vies à la puissance transformatrice de l'Esprit Saint. Et ce faisant, trouvons du réconfort dans l'assurance de l'amour indéfectible de Dieu, de son pardon et de la promesse d'un voyage renouvelé avec lui.

Rappelez-vous les paroles de Jésus dans Marc 1:15 : "Le temps est venu. Le royaume de Dieu s'est approché. Repentez-vous et croyez à la bonne nouvelle ! Répondons à cet appel avec un cœur ouvert, sachant que dans la repentance et le retour à Dieu, nous trouvons la vraie liberté, la restauration et un amour éternel qui ne nous laissera jamais partir.

Répétez cette prière afin de recevoir Jésus-Christ dans votre vie comme votre Seigneur et Sauveur.

Père, aujourd'hui je reconnais mes péchés et mes limites, et je sais que je ne peux pas me sauver moi-même. J'ouvre mon cœur et je reçois ton fils Jésus-Christ comme mon Seigneur et mon Sauveur. Pardonne mes péchés et lave-moi de son sang. Je renonce à Satan et à ses autels dans ma famille. Merci de m'avoir pardonné.

Amen.

Si tu as dit cette prière, tu es né de nouveau. Trouvez une église ou envoyez-nous un message. Vous trouverez un numéro et une adresse électronique à la dernière page de ce livre.

CHAPITRE 4

L'URGENCE DE L'HEURE

Nous sommes à une époque où chacun doit être sûr de sa position. Tout peut arriver et vous propulser dans l'Éternité, mais c'est le choix que vous faite MAINTENANT qui déterminera dans quelle partie de l'éternité vous serez. L'expression "l'urgence de l'heure" fait référence à l'importance et au besoin immédiat d'une action ou d'une attention particulière dans les circonstances ou la situation actuelle. Il souligne qu'il existe une question urgente qui nécessite une action ou une réponse immédiate. L'urgence de l'heure implique que la situation ou le problème ne peut être ignoré ou retardé. Cela exige une action rapide et décisive pour résoudre le problème de manière efficace.

En plus l'urgence de l'heure souligne l'importance de reconnaître et de répondre aux besoins immédiats et aux défis présentés par l'époque où les circonstances actuelles. Il encourage les individus à prioriser les tâches les plus critiques et à prendre des mesures proactives pour les accomplir en temps opportun. Dans divers contextes, comme dans les affaires, en politique ou dans les situations d'urgence à l'hopital, comprendre et agir en fonction de l'urgence de l'heure peut être crucial pour réussir, résoudre des problèmes et minimiser les risques potentiels ou les résultats négatifs. Cela nécessite d'être conscient de la situation actuelle, d'évaluer les conséquences potentielles et de prendre rapidement les mesures appropriées.

Dans l'ensemble, l'urgence de l'heure nous rappelle que certaines situations nécessitent une attention et une action immédiates pour obtenir des résultats favorables et résoudre efficacement les problèmes urgents.

Mon frère et ma sœur, nous sommes actuellement dans une heure d'urgence. La Bible dit dans 1 Jean 2 :18 : « Chers enfants, c'est la dernière heure ; et comme vous avez appris que l'antéchrist vient, maintenant même plusieurs antéchrists sont venus. C'est ainsi que nous savons que c'est la dernière heure. » Ce verset nous dit que même à l'époque où l'Apôtre Jean écrivait, ils savaient que c'était la dernière heure et que l'esprit de l'antéchrist était déjà présent. Peut-être que cette question émerge dans votre réflexion lorsque vous lisez ceci : « Combien de temps peut durer la dernière heure ? Je sais que cela semble avoir duré très longtemps et que rien ne se passe, comme l'écrivait John il y a plus de dix-neuf siècles. Le Saint-Esprit nous dit aujourd'hui que nous sommes au dernier instant de la dernière heure ; l'urgence de naître de nouveau est cruciale et exige une action immédiate.

Dans ce monde rempli d'incertitude, de chaos et de troubles spirituels, il est primordial d'être conscient du « retour imminent » de Jésus. Comme nous le voyons près de nous, ou à la télévision et sur Internet, nous vivons exactement ce que Jésus a dit lors de son ministère terrestre. La fin des temps sera marquée par divers signes et événements, notamment la décadence morale, les guerres, les catastrophes naturelles et la montée des faux prophètes.

-Explorons le Contexte Historique et les Preuves Entourant 1 Jean 2:18

1. Contexte historique : On pense que l'apôtre Jean a écrit la première épître de Jean vers la fin du premier siècle après JC, probablement entre 90 et 100 après JC. À cette époque, le christianisme primitif était confronté à divers défis, notamment les faux enseignements et la montée des croyances gnostiques. Ces faux enseignements constituaient une menace pour la foi chrétienne doctrinale, et Jean a écrit son épître pour aborder ces problèmes.

2. Croyance en la dernière heure : Dans 1 Jean 2 :18, Jean déclare : « Chers enfants, c'est la dernière heure. » Cette déclaration montrait que Jean et ses contemporains vivaient la dernière heure, une période qui marquait la fin. Cela reflète leur attente du retour imminent du Christ et de l'accomplissement final du plan de Dieu.

3. Anticipation de l'Antichrist : Jean mentionne en outre l'anticipation de la venue de l'Antichrist. Il déclare : « Comme vous l'avez appris, l'Antichrist arrive. » Cela indique que les premiers chrétiens comprenaient qu'un personnage connu sous le nom d'Antichrist apparaîtrait dans le futur. Le concept de l'Antichrist se retrouve dans divers passages du Nouveau Testament, notamment 2 Thessaloniciens et Apocalypse, et il est associé à

une figure s'opposant au Christ et à ses disciples.

4. Émergence des antéchrists : Jean continue en disant : « même maintenant, de nombreux antéchrists sont venus ». Cela implique que, du point de vue prophétique de Jean, il y avait déjà des individus qui manifestaient des qualités semblables à celles de l'Antichrist et s'opposaient aux enseignements du Christ à son époque. Ces antéchrists étaient de faux enseignants et ceux qui s'écartaient des croyances doctrinales chrétiennes, promouvant des idées hérétiques qui sapaient la vraie foi.

5. Influence Gnostique : L'un des défis importants à l'époque de Jean était la montée du gnosticisme, un système de croyance complexe mêlant des éléments de la philosophie grecque, du mysticisme juif et de la terminologie chrétienne. Les enseignants gnostiques prétendaient souvent posséder des connaissances particulières et une perspicacité spirituelle, mais leurs enseignements s'écartaient de la doctrine chrétienne. L'accent mis par Jean sur le discernement des faux enseignements et de l'antichrist peut être une réponse à l'influence des idées gnostiques au sein de la première communauté chrétienne.

Les preuves historiques nous montrent que Jean et ses contemporains vivaient dans la dernière heure, avec l'anticipation de la venue de l'antichrist et la présence de nombreux antéchrists se manifestant déjà à leur époque. Frères et sœurs, nous vivons le dernier instant de la dernière heure, comme me l'a révélé le Saint-Esprit. Ce qui s'est passé à l'époque de l'apôtre Jean a pris une grande importance à notre époque : faux enseignements, croyances gnostiques et manifestations publiques d'adorateurs du diable. Ces faux enseignements constituent une menace pour la foi chrétienne doctrinale, mais nous les trouvons sur YouTube, dans les livres et derrière la chaire le dimanche matin dans de nombreuses églises. Dans un monde confronté à de nombreux défis et à l'augmentation des erreurs génératrices de fausses nouvelles naissances et à la multiplicité des religions, aux partisans athées, à l'amour de l'argent, aux guerres, aux tremblements de terre, à la famine, aux maladies épidémiques et pandémiques et endémiques et aux incertitudes. Il y a un besoin urgent pour les individus de reconnaître l'importance d'une nouvelle naissance parce que ces signes nous disent que Jésus revient pour prendre les nés de nouveau lors de l'enlèvement.

Ce chapitre cherche à mettre en lumière les significations profondes et le besoin urgent de naître de nouveau.

Tout au long de l'histoire, comme je l'ai dit dans le premier chapitre, lorsque le péché est entré dans le monde, l'humanité a été plongée dans les ténèbres et séparée de la communion parfaite avec Dieu. L'humanité aspire à la rédemption et à un moyen de combler le fossé entre notre fragilité et l'amour parfait de Dieu. Je peux vous dire aujourd'hui que la réponse à ce désir est la personne de Jésus-Christ, dont la mort sacrificielle et la résurrection ont ouvert la voie au salut et à la vie éternelle.

Cela a une valeur importante pour chaque âme. Nous devons comprendre que Jésus n'est pas seulement le Messie promis qui est mort à la croix pour le salut du monde, mais aussi Celui qui reviendra chercher Sa glorieuse église, sans tache ni ride ni quoi que ce soit, qui sera sainte. Et sans défaut. Les signes des temps, tels que prophétisés dans les Écritures, indiquent l'accomplissement imminent de cette promesse. C'est dans ce contexte que j'écris l'urgence de naître de nouveau.

L'urgence vient de cette vérité ; le jugement et le feu éternel attendent ceux qui n'ont pas accepté Jésus comme leur Sauveur. Sans relation personnelle avec Jésus, les individus sont séparés de Dieu et feront face aux conséquences de leurs péchés. Cependant, en naissant de nouveau (en recevant Jésus), vous échappez au jugement et recevez le don gratuit du salut.

L'urgence de naître de nouveau découle également de cette vérité, le retour de Jésus-Christ est imminent, les signes et les prophéties de la Bible indiquent que le monde approche de sa fin et que le retour de Jésus se rapproche. Par conséquent, il est crucial d'accepter Jésus comme votre Sauveur et Seigneur MAINTENANT, pour assurer votre éternité et éviter le feu éternel.

L'un des passages clés qui soulignent l'urgence de naître de nouveau en cette fin des temps se trouve dans 2 Pierre 3 :9, qui déclare : « Le Seigneur ne tarde pas à accomplir sa promesse, comme certains estiment la lenteur, mais il est patient envers vous, ne souhaitant pas qu'aucun périsse, mais que tous parviennent à la repentance. Ce verset met en évidence le désir de Dieu que chacun se repente et soit sauvé, soulignant la nécessité pour les individus de naître de nouveau avant qu'il ne soit trop tard.

De plus, dans Matthieu 24 : 36-44, Jésus parle de l'incertitude quant au moment exact de son retour et exhorte les croyants à être préparés et vigilants. Il utilise l'exemple de l'époque de Noé, où les gens vivaient leur vie sans être conscients du jugement imminent du déluge, jusqu'à ce que le déluge vienne et les emporte tous. De même, Jésus prévient que son retour sera soudain, prenant les gens au dépourvu, « ainsi sera la venue du Fils de l'homme », et nous exhorte (ses disciples) à être spirituellement préparés, en naissant de nouveau et en le suivant fidèlement.

L'urgence de naître de nouveau est également enracinée dans cette vérité ; le salut et la vie éternelle ne sont possibles qu'en Jésus-Christ. Dans Jean 14 :6, Jésus déclare : « Je suis le chemin, la vérité et la vie. Personne ne vient au Père que par moi. » Ce verset met en évidence la nature exclusive du salut par la foi en Christ et souligne l'importance de naître de nouveau afin d'avoir une relation restaurée avec Dieu.

Mes frères et sœurs, naître de nouveau est essentiel pour que quiconque puisse entrer dans le royaume de Dieu et expérimenter la vie éternelle. Comprendre l'urgence de naître de nouveau et de recevoir Jésus-Christ comme votre Sauveur est d'une immense importance selon les enseignements bibliques. La Bible souligne la gravité du jugement de Dieu et la nécessité du salut par la foi en Jésus pour échapper à ce jugement.

Voici quelques versets bibliques et références qui mettent en lumière la signification de cette question :

1. Jean 3 :36 : « Celui qui croit au Fils a la vie éternelle ; celui qui n'obéit pas au Fils ne verra pas la vie, mais la colère de Dieu demeure sur lui. » Ce verset souligne l'urgence de croire en Jésus-Christ pour la vie éternelle et met en garde contre les conséquences de ne pas lui obéir en restant sous la colère de Dieu.

2. Actes 4 : 12 « Et il n'y a de salut en personne d'autre, car il n'y a sous le ciel aucun autre nom donné parmi les hommes par lequel nous devons être sauvés. » Ce verset met l'accent sur l'exclusivité du salut par Jésus-Christ seul. Cela souligne l'importance de Le recevoir comme seul moyen d'être sauvé du jugement de Dieu.

3. 2 Corinthiens 6 : 2 « Car il dit : 'dans un temps favorable, je vous ai écouté, et dans un jour de salut, je vous ai secouru.' Voici, c'est maintenant le temps favorable ; voici, maintenant c'est le jour du salut. » Ce verset souligne l'urgence actuelle du salut. Il exhorte les individus à saisir sans délai l'opportunité du salut, car aujourd'hui est le jour du salut.

4. Hébreux 9 :27-28 « Et de même qu'il est réservé à l'homme de mourir une seule fois, et qu'après cela vient le jugement, de même Christ, ayant été offert une fois pour porter les péchés de plusieurs, apparaîtra une seconde fois, à ceux qui l'attendent pour leur salut. Ce passage met l'accent sur la certitude de la mort et du jugement pour chaque individu. Il est donc important de savoir que le choix du salut n'est fait que lorsque vous êtes encore en vie, et non autrement. Il souligne également que le retour de Jésus est imminent et encourage les croyants à attendre avec impatience sa venue en étant sauvés par lui. Pour être parmi les croyants, il faut naître de nouveau.

5. 2 Pierre 3:9 "Le Seigneur ne tarde pas à accomplir sa promesse comme certains estiment la lenteur, mais il est patient envers vous, ne souhaitant pas qu'aucun périsse, mais que tous parviennent à la repentance." Ce verset met l'accent sur la patience de Dieu et son désir que tous se repentent et soient sauvés. Il souligne l'urgence de se tourner vers Jésus pour obtenir le salut avant qu'il ne soit trop tard.

Ces références bibliques soulignent l'urgence de naître de nouveau et de recevoir Jésus comme votre Sauveur pour échapper au jugement de Dieu. Ils soulignent l'exclusivité du salut par la foi en Jésus, l'opportunité actuelle du salut et l'imminence du retour de Jésus. C'est grâce à une relation personnelle avec Jésus que les croyants trouvent l'assurance du pardon, de la réconciliation avec Dieu et de la délivrance du jugement.

Dans les pages suivantes, nous embarquerons dans un voyage d'exploration, d'illumination et de transformation. Nous approfondirons les prophéties bibliques et les signes qui indiquent le retour imminent de Jésus. Nous explorerons l'appel à vivre une vie sainte, en nous préparant au retour glorieux de notre Sauveur.

Comprendre l'urgence de naître de nouveau va au-delà de la simple connaissance intellectuelle. Cela nécessite une réponse sincère, un abandon de notre vie à la seigneurie de Jésus-Christ. C'est en recevant Jésus-Christ dans notre cœur que nous faisons l'expérience de la nouvelle naissance qui nous réconcilie avec Dieu, nous remplit de son Esprit et nous donne le pouvoir de vivre une vie pleine de sens, de joie et de signification éternelle.

Tout au long de ce chapitre, nous nous appuierons sur la sagesse intemporelle de la Bible, la Parole vivante de Dieu. Les Écritures constituent le fondement de notre compréhension de la nouvelle naissance et du retour imminent de Jésus. Nous explorerons des passages et des versets qui éclairent ces vérités, nous permettant de saisir l'urgence et la signification de cette expérience transformatrice.

J'espère qu'à travers les pages de ce chapitre, vous serez inspirés, mis au défi et encouragés à accepter l'urgence de naître de nouveau. Puissiez-vous comprendre l'amour profond et la grâce de notre Sauveur, Jésus-Christ, et que son retour imminent enflamme en vous une passion pour recevoir Zoé (la vie de Dieu) dans votre vie, afin que vous puissiez naître de nouveau et vous abandonner pleinement à Jésus.

Embarquons ensemble dans ce voyage, attendant avec impatience le retour de notre Seigneur et Sauveur, Jésus-Christ, alors que nous explorons l'urgence de naître de nouveau.

4.1 La Promesse de la Seconde Venue et de l'Enlèvement de Jésus

La promesse de la seconde venue et de l'enlèvement de Jésus est la pierre angulaire de la foi chrétienne et a été réitérée tout au long de la Bible. Toute église ou confession qui n'y croit pas ou n'y enseigne pas n'est pas un bon endroit où fréquenter. Jésus lui-même a parlé de son retour, assurant ses disciples de sa venue éventuelle pour rassembler son peuple. L'anticipation de ces événements crée un sentiment d'urgence chez les croyants, qui doivent se préparer spirituellement et vivre conformément à ses enseignements.

La promesse de la seconde venue et de l'enlèvement de Jésus offre de l'espoir aux croyants face à l'adversité et à l'incertitude. Cela leur rappelle que leurs luttes et épreuves actuelles sont temporaires et que la victoire et la rédemption ultimes les attendent.

Cette promesse apporte du réconfort, assurant aux croyants que le plan de Dieu pour le salut et la restauration sera pleinement réalisé. De plus, la seconde venue de Jésus est le point culminant du plan rédempteur de Dieu. La première venue de Jésus, à travers sa naissance, sa vie, sa mort et sa résurrection, était la phase initiale de ce plan, apportant le salut à ceux qui croient en lui. La seconde venue représente l'achèvement final du plan de Dieu, où Jésus établira son royaume, jugera le monde et réalisera la rédemption et la restauration ultimes de la création.

La promesse de Jésus de sa seconde venue est enracinée dans son autorité divine et dans l'accomplissement du plan rédempteur de Dieu. Il est le Fils de Dieu et le Messie, qui a apporté le salut à l'humanité. Sa résurrection d'entre les morts a validé et solidifié la certitude de son retour.

La promesse de la seconde venue de Jésus a de profondes implications pour la vie des croyants. Cela sert de motivation pour vivre avec un but, de l'intégrité et de la fidélité. Reconnaissant que Jésus reviendra un jour pour juger les vivants et les morts, les croyants sont invités à aligner leur vie sur la parole de Dieu, à cultiver une relation dynamique avec Lui et à s'engager activement dans sa mission d'aimer et de servir les autres.

La promesse de la seconde venue de Jésus oblige les croyants à rester vigilants. Bien que le moment exact de son retour soit inconnu, les signes des temps, tels que décrits dans les Écritures, peuvent servir d'indicateurs de sa proximité. Jésus lui-même a exhorté ses disciples à être vigilants, soulignant l'importance de la préparation spirituelle.

La promesse de la seconde venue de Jésus apporte également un sentiment de responsabilité. Les croyants comprennent qu'ils seront tenus responsables de leurs actions et de leurs choix au retour de Jésus. Cette prise de conscience les encourage à vivre une vie marquée par la justice, l'amour et le service envers les autres. Cela motive les croyants à être de bons gestionnaires des dons et des ressources qui leur sont confiés, en les utilisant pour faire progresser le royaume de Dieu et rendre gloire à son nom.

En conclusion, la promesse de la seconde venue de Jésus est un élément fondateur de la foi chrétienne. Il offre espoir, réconfort et assurance aux croyants, leur rappelant le plan rédempteur de Dieu et la victoire ultime qui les attend. Cette promesse appelle les croyants à vivre avec détermination, fidélité et vigilance, en alignant leur vie sur les enseignements du Christ et en participant activement à sa mission. La promesse de la seconde venue de Jésus sert de phare d'espoir, guidant les croyants dans leur chemin de foi et leur rappelant l'avenir glorieux qui les attend en sa présence.

4.2 « L'Enlèvement » en quelques Mots

Le terme « enlèvement » lui-même n'apparaît pas dans la Bible, mais il est employé pour décrire une doctrine profondément enracinée dans les enseignements bibliques, la seconde venue du Christ et le rassemblement de ses élus. Cette doctrine revêt une immense importance dans l'espoir que nous, croyants, embrassons.

L'enlèvement fait référence à un événement qui se produira dans un avenir proche, impliquant le rassemblement soudain et miraculeux de fervents disciples de Jésus-Christ. C'est l'idée qu'à un moment prédéterminé, Jésus reviendra et se tiendra dans les nuées, et que ceux qui l'auront accepté comme leur sauveur seront enlevés, ou « enlevés », pour être unis à lui au ciel.

Dans cet enseignement, nous explorerons le fondement biblique de l'enlèvement, en examinant les passages et références clés qui mettent en lumière cette espérance bénie pour les croyants.

-Le Retour Imminent de Jésus-Christ

A. 1 Thessaloniciens 4 :16-17 : « Car le Seigneur lui-même descendra du ciel avec un cri d'ordre, avec la voix d'un archange et au son de la trompette de Dieu. Et les morts en Christ ressusciteront premièrement. Alors nous qui sommes vivants, qui sommes restés, serons enlevés avec eux dans les nuées pour rencontrer le Seigneur dans les airs, et ainsi nous serons toujours avec le Seigneur.

1. Ce passage décrit un événement glorieux au cours duquel Jésus descendra du ciel avec un cri de commandement, accompagné de la voix d'un archange et de la trompette de Dieu.

2. Les morts en Christ ressusciteront en premier, suivis des croyants vivants qui seront enlevés avec eux pour rencontrer le Seigneur dans les airs.

3. Ce rassemblement de croyants dans les nuées signifie une joyeuse réunion et une communion éternelle avec le Seigneur.

B. Matthieu 24 :44 : « C'est pourquoi vous aussi devez être prêts, car le Fils de l'homme vient à une heure à laquelle vous ne vous attendez pas. »

1. Jésus lui-même a souligné le caractère inattendu de son retour,

exhortant les croyants à être préparés et vigilants.

2. L'imminence de la venue du Christ implique qu'elle pourrait se produire à tout moment.

-Le But et la Nature de l'Enlèvement

A. Jean 14 :2-3 : « Il y a plusieurs pièces dans la maison de mon Père. S'il n'en était pas ainsi, vous aurais-je dit que je vais vous préparer une place ? Et si je vais vous préparer une place, je vous le ferai. Je reviens et je te prendrai chez moi, afin que là où je suis, tu sois aussi. »

1. Jésus a assuré à ses disciples qu'il reviendrait personnellement pour les emmener avec lui.

2. Le but de l'enlèvement est de rassembler les croyants et de les amener dans la maison du Père, où ils jouiront de 7 ans en communion avec Jésus-Christ.

3. Dans Apocalypse 19 : 7-10, Jean a eu une vision dans laquelle il a vu les multitudes célestes louer Dieu en prévision de prochaines noces de l'Agneau. Le concept de ce festin de noces est mieux compris en considérant les coutumes du mariage à l'époque du Christ.

À cette époque, les mariages étaient généralement scellés en trois phases principales. Initialement, les parents des mariés signaient un contrat de mariage et les parents du marié ou le marié lui-même fournissaient une dot à la mariée ou à ses parents. Cette dot marqua le début de la période des fiançailles. Par exemple, Joseph et Marie étaient fiancés lorsque Marie est tombée enceinte (Matthieu 1 :18, Luc 2 :5).

Puis, généralement environ un an plus tard, le marié, accompagné de ses amis masculins, se rendait à minuit chez la mariée, créant une procession aux flambeaux dans les rues. La mariée, informée au préalable de l'événement, se préparait avec ses demoiselles d'honneur et rejoignait le cortège pour se diriger vers la maison du marié. Cette coutume est illustrée dans la parabole des dix vierges trouvée dans Matthieu 25 : 1-13.

La troisième phase représentait le festin de noces lui-même, qui pouvait s'étendre sur plusieurs jours, comme le montre le récit des noces de Cana dans Jean 2 : 1-2.

Dans la vision de Jean dans le livre de l'Apocalypse, il décrit cette troisième phase : les noces de l'Agneau, symbolisant l'union de Jésus-Christ (l'Agneau) et de son épouse (l'Église). Cela implique que les deux premières phases ont déjà eu lieu. La première phase s'est accomplie sur Terre lorsque chaque croyant a individuellement placé sa foi en Christ comme son Sauveur. La dot payée par le parent du marié (Dieu le Père) est représentée par le sang du Christ versé pour son épouse. Ainsi, l'Église terrestre actuelle est « fiancée » au Christ et, comme les vierges sages de la parabole, tous les croyants doivent rester vigilants et prêts pour la venue de l'époux (le retour du Christ).

La deuxième phase symbolise l'Enlèvement de l'Église, où le Christ viendra emmener son épouse dans la maison de son Père. Le festin de mariage représente l'étape finale. Le repas des noces de l'Agneau aura lieu au ciel entre l'Enlèvement et le second retour du Christ, plus précisément pendant la période de Tribulation sur Terre.

Au repas des noces de l'Agneau, l'Église, symbolisée comme l'épouse du Christ, ne sera pas la seule participante. D'autres invités seront également présents, notamment les saints de l'Ancien Testament qui n'ont pas encore connu la résurrection, mais dont les âmes ou les esprits seront au ciel à nos côtés. Comme l'ange a demandé à Jean de l'écrire : « Bienheureux ceux qui sont invités au souper des noces de l'Agneau » (Apocalypse 19 : 9). Le repas des noces de l'Agneau est une joyeuse célébration de tous ceux qui sont unis au Christ.

B. 1 Corinthiens 15 : 51-52 : « Voici, je vous raconte un mystère. Nous ne dormirons pas tous, mais nous serons tous transformés en un instant, en un clin d'œil, à la dernière trompette. Car la trompette sains, et les morts ressusciteront impérissables, et nous serons transformés. »

1. Paul parle d'un mystère, révélant que tous les croyants ne connaîtront pas la mort physique, mais qu'ils seront tous transformés.

2. Au son de la dernière trompette, les morts ressusciteront impérissables, et les croyants vivants seront transformés instantanément, recevant de nouveaux corps glorifiés.

-Le Confort et l'Assurance de l'Enlèvement

L'enlèvement apporte aux croyants un profond réconfort et une assurance de plusieurs manières :

1. Délivrance de la tribulation : L'un des aspects clés de l'enlèvement est qu'il offre aux croyants l'espoir d'être épargnés de la tribulation et du jugement qui s'abattra sur le monde à la fin des temps. L'Église sera au ciel avant que la tribulation n'ait lieu. Apocalypse 3 :10 déclare : « Parce que tu as gardé ma parole concernant la patience, je te garderai de l'heure d'épreuve qui vient sur le monde entier, pour éprouver ceux qui habitent sur la terre. » Cette promesse apporte un immense réconfort, sachant que Dieu protégera ses fidèles disciples des épreuves et des souffrances intenses qui caractériseront la fin des temps.

2. Sécurité éternelle : L'enlèvement assure aux croyants leur sécurité éternelle en Christ. Lorsque les croyants sont enlevés pour rencontrer le Seigneur dans les airs, ils sont unis à Lui pour toujours. Cette vérité est

exprimée dans 1 Thessaloniciens 4 :17 : « Et ainsi nous serons toujours avec le Seigneur. » Cette promesse apporte une formidable assurance, sachant qu'une fois que nous serons en présence du Seigneur, nous ne serons plus jamais séparés de Lui. Il réaffirme le caractère inébranlable de notre relation avec Dieu et la vie éternelle qui nous attend.

3. Victoire sur la mort : L'enlèvement signifie la victoire sur la mort et la transformation de nos corps mortels en corps glorifiés. 1 Corinthiens 15 : 51-53 déclare : « Voici, je vous raconte un mystère. Nous ne dormirons pas tous, mais nous serons tous changés… Car la trompette sonnera, et les morts ressusciteront impérissables, et nous être changé." Cette vérité apporte du réconfort, sachant que même ceux qui sont morts en Christ seront ressuscités impérissables et réunis avec Lui. Il assure aux croyants que la mort n'a aucun pouvoir ultime sur eux et qu'ils connaîtront la plénitude de la vie de résurrection.

4. Retrouvailles avec les êtres chers : L'enlèvement apporte la joyeuse perspective de retrouvailles avec les êtres chers décédés qui croyaient en Christ. 1 Thessaloniciens 4 : 14 déclare : « Car, puisque nous croyons que Jésus est mort et ressuscité, de même, par Jésus, Dieu amènera avec lui ceux qui se sont endormis. » Cette assurance nous réconforte, sachant que nous serons unis à nos proches morts en Christ en présence du Seigneur, expérimentant ensemble la joie de la communion éternelle.

5. L'espoir au milieu des épreuves : L'enseignement de l'enlèvement apporte espoir et encouragement au milieu des épreuves et des défis rencontrés à l'époque actuelle. Les croyants peuvent être réconfortés de savoir que leurs luttes sont temporaires et qu'un avenir de paix, de joie et de restauration éternelles les attend. Cette espérance renforce leur foi, leur permettant de persévérer avec confiance, sachant que leurs afflictions actuelles sont légères et momentanées comparées à la gloire qui les attend (2 Corinthiens 4 : 17-18).

En résumé, l'enseignement de l'enlèvement apporte réconfort et assurance aux croyants à travers la promesse de délivrance, de sécurité éternelle, de victoire sur la mort, de retrouvailles avec les êtres chers et d'espoir au milieu des épreuves. Il rappelle aux croyants que leurs luttes et épreuves actuelles sont temporaires et que la victoire et la rédemption ultimes les attendent dans la présence du Seigneur. Cette espérance bénie apporte réconfort et force aux croyants pour vivre avec confiance et persévérance dans leur chemin de foi.

4.3 Prophéties Accomplies en Jésus-Christ

De nombreuses prophéties enregistrées dans la Bible se sont réalisées, telles que les prophéties concernant la naissance et la vie de Jésus-Christ. Je vais vous les énumérer tous afin que vous puissiez voir la fidélité de Dieu dans l'accomplissement des prophéties qu'il avait déclarées.

Dans Ésaïe 48 :3, la Bible dit : « J'ai déclaré autrefois les premières choses ; elles sont sorties de ma bouche, et je les ai annoncées ; puis tout à coup je les ai faites, et elles se sont réalisées. » Ce verset fait partie de la prophétie d'Isaïe, où Dieu parle au peuple d'Israël. Dans ce verset spécifique, Dieu met l'accent sur son omniscience et sa souveraineté. Il fait référence à sa capacité à prophétiser les événements futurs. Dieu met en évidence sa fidélité dans l'accomplissement des prophéties qu'il avait déclarées. La réalisation de ces prophéties sert de preuve de la puissance et de la fiabilité de Dieu.

Sur la base d'Ésaïe 48 : 3, qui met l'accent sur la capacité de Dieu à déclarer et à accomplir des prophéties, et sur la base de la fidélité de Dieu et de son historique d'accomplissement de prophéties dans le passé, je veux vous dire que les prophéties concernant la seconde venue de Jésus-Christ seront accompli. Dieu est cohérent et digne de confiance dans le respect de sa parole.

Ces réalisations servent de base à la confiance que les prophéties restantes se réaliseront également en temps voulu.

PROPHÉTIE	DESCRIPTION	ACCOMPLISSEMENT
1. Gen 3:15	Semence d'une femme (naissance vierge)	Gal 4:4-5 ; Mathieu 1:18
2. Genesee 3:15	Il écrasera la tête de Satan	Hé 2:14 ; 1 Jean 3:8
3. Gen 5:24	L'ascension corporelle au ciel illustrée	Marc 16:19
4. Genèse 9 : 26-27	Le Dieu de Sem sera le Fils de Sem	Luc 3:36
5. Genèse 12:3	La postérité d'Abraham bénira toutes les nations	Gal 3:8 ; Actes 3:25-26
6. Genèse 12:7	La promesse faite à la postérité d'Abraham	Gal 3:16
7. Gen 14:18	Un prêtre selon l'ordre de Melchisédek	Hé 6:20
8. Gen 14:18	Roi de paix et de justice	Hé 7:2
9. Gen 14:18	La Cène annoncée	Matthieu 26 : 26-29
10. Gen 17:19	Postérité d'Isaac (Genèse 21 : 12)	Romains 9 : 7
11. Gen 22:8	L'Agneau de Dieu a promis	Jean 1:29
12. Gen 22:18	Comme la postérité d'Isaac, bénira toutes les nations	Gal 3:16
13. Genèse 26 : 2-5	La postérité d'Isaac promise comme Rédempteur	Hé 11:18
14. Gen 28:12	Le pont vers le ciel	Jean 1:51
15. Gen 28:14	La postérité de Jacob	Luc 3:34
16. Gen 49:10	Le temps de sa venue	Luc 2:1-7 ; Gal 4:4
17. Genèse 49:10	La graine de Juda	Luc 3:33
18. Gen 49:10	Appelé Shiloh ou One Sent	Jean 17:3
19. Genèse 49:10	Le Messie viendra avant que Juda ne perde son identité	Jean 11 : 47-52
20. Gen 49:10	C'est à Lui que reviendra l'obéissance du peuple	Jean 10:16
21. Ex 3:13-15	Le grand "JE SUIS"	Jean 4:26 ; 8h58
22. Ex 12:5	Un agneau sans défaut	Hé 9 :14 ; 1 Animal 1:19
23. Ex 12:13	Le sang de l'Agneau sauve de la colère	Romains 5:8

24. Ex 12 : 21-27	Christ est notre Pâque	1 Cor 5:7
25. Ex 12:46	Pas un seul os de l'Agneau à briser	Jean 19 : 31-36
26. Ex 15:2	Son exaltation prédite comme Yeshua	Actes 7:55-56
27. Ex 15:11	Son caractère-Sainteté	Luc 1:35 ; Actes 4:27
28. Ex 17:6	Le Rocher Spirituel d'Israël	1 Cor 10:4
29. Ex 33:19	Son caractère-Miséricordieux	Luc 1:72
30. Lév 1:2-9	Son sacrifice est une douce odeur pour Dieu	Eph 5:2
31. Lév 14:11	Le lépreux purifié-Signe au sacerdoce	Luc 5 :12-14 ; Actes 6:7
32. Lév 16 : 15-17	Préfigure la mort définitive du Christ	Hé 9 :7-14
33. Lév 16:27	Souffrance en dehors du camp	Matthieu 27 :33 ; Héb. 13:11-12
34. Lév 17:11	Le Sang - la vie de la chair	Matthieu 26 :28 ; Marc 10:45
35. Lév 17:11	C'est le sang qui fait l'expiation	ROM. 3:23-24 ; 1 Jean 1:7
36. Lév 23:36-37	La libation : « Si quelqu'un a soif »	Jean 7:37
37. Nombres 9:12	Pas un seul de ses os n'est brisé	Jean 19 : 31-36
38. Nombres 21:9	Le serpent sur un poteau-Christ élevé	Jean 3:14-18 ; 12h32
39. Nombres 24:17	Temps : "Je le verrai, mais pas maintenant."	Jean 1:14 ; Gal 4:4
40. Deut 18:15	"C'est une vérité ce prophète"	Jean 6:14
41. Deut 18 : 15-16	"Si vous aviez cru Moïse, vous me croiriez."	Jean 5:45-47
42. Deut 18:18	Envoyé par le Père pour prononcer sa parole	Jean 8 : 28-29
43. Deut 18:19	Celui qui n'entend pas doit supporter son péché	Actes 3:22-23
44. Deut 21:23	Maudit soit celui qui est pendu à un arbre	Gal 3:10-13
45. Josué 5:14-15	Le capitaine de notre salut	Hé 2:10
46. Ruth 4:4-10	Christ, notre parent, nous a rachetés	Eph 1:3-7
47. 1 Samuel 2:35	Un prêtre fidèle	Héb. 2h17 ; 3:1-3, 6 ; 7:24-25
48. 1 Samuel 2:10	Sera un roi oint pour le Seigneur	Matthieu 28 :18 ; Jean 12:15
49. 2 Samuel 7:12	La graine de David	Matthieu 1:1
50. 2 Samuel 7:13	Son Royaume est éternel	2 Pierre 1:11
51. 2 Samuel 7:14a	Le Fils de Dieu	Luc 3:31 ; Romains 1:3-4
52. 2 Samuel 7:16	La maison de David établie pour toujours	Luc 3:31 ; Apocalypse 22 :16
53. 2 Rois 2:11	L'ascension corporelle au ciel illustrée	Luc 24:51
54. 1 Chr 17:11	La graine de David	Matthieu 1:1 ; 9h27
55. 1 Chr 17:12-13	Pour régner pour toujours sur le trône de David	Luc 1:32-33
56. 1 Chr 17:13	"Je serai son Père, Lui... mon Fils."	Hé 1:5
57. Job 9:32-33	Médiateur entre l'homme et Dieu	1 Tim 2:5
58. Travail 19 : 23-27	La Résurrection annoncée	Jean 5:24-29
59. Psaume 2:1-3	L'inimitié des rois prédestiné	Actes 4:25-28
60. Psaume 2:2	Pour posséder le titre, Oint (Christ)	Jean 1:41 ; Actes 2:36
61. Psaume 2:6	Son caractère-Sainteté	Jean 8:46 ; Apocalypse 3:7
62. Psaume 2:6	Posséder le titre de Roi	Matthieu 2:2
63. Psaume 2:7	Déclaré le Fils bien-aimé	Matthieu 3:17 ; Romains 1:4
64. Psaume 2:7-8	La Crucifixion et la Résurrection laissent entendre	Actes 13 : 29-33
65. Psaume 2:8-9	Dirigez les nations avec une verge de fer	Apocalypse 2 :27 ; 12h5 ; 19h15
66. Psaume 2:12	La vie vient par la foi en Lui	Jean 20:31
67. Psaume 8:2	Les bouches des bébés perfectionnent sa louange	Matthieu 21:16
68. Psaume 8:5-6	Son humiliation et son exaltation	Hé 2:5-9
69. Psaume 9:7-10	Jugez le monde avec justice	Actes 17:31
70. Psaume 16:10	Il ne fallait pas voir de corruption	Actes 2 :31 ; 13h35
71. Psaume 16:9-11	Devait ressusciter des morts	Jean 20:9
72. Psaume 17:15	La résurrection annoncée	Luc 24:6
73. Psaume 18:2-3	La corne du salut	Luc 1:69-71

74.	Psaume 22:1	Abandonné à cause des péchés des autres	2 Cor 5:21
75.	Psaume 22:1	"Mon Dieu, mon Dieu, pourquoi m'as-tu abandonné ?"	Matthieu 27:46
76.	Psaume 22:2	Ténèbres sur le Calvaire pendant trois heures	Matthieu 27:45
77.	Psaume 22:7	Ils tirent la lèvre et secouent la tête	Matthieu 27 : 39-44
78.	Psaume 22:8	"Il avait confiance en Dieu, qu'il le délivre"	Matthieu 27:43
79.	Psaume 22:9-10	Né le Sauveur	Luc 2:7
80.	Psaume 22:12-13	Ils cherchent sa mort	Jean 19:6
81.	Psaume 22:14	Son sang a coulé quand ils lui ont percé le côté	Jean 19:34
82.	Psaume 22:14-15	Agonie subie au Calvaire	Marc 15 : 34-37
83.	Psaume 22:15	Il avait soif	Jean 19:28
84.	Psaume 22:16	Ils lui ont percé les mains et les pieds	Jean 19 : 34-37 ; 20h27
85.	Psaume 22:17-18	Je l'ai dépouillé devant les regards des hommes	Luc 23 : 34-35
86.	Psaume 22:18	Ils ont séparé ses vêtements	Jean 19 : 23-24
87.	Psaume 22:20-21	Il s'est engagé envers Dieu	Luc 23:46
88.	Psaume 22:20-21	Le pouvoir satanique meurtrit le talon du Rédempteur	Hé 2:14
89.	Psaume 22:22	Sa résurrection déclarée	Jean 20:17
90.	Psaume 22:27-28	Il sera le gouverneur des nations	Col 1:16
91.	Psaume 22:31	"C'est fini"	Jean 19 :30 ; Hé 10 : 10-12, 14, 18
92.	Psaume 23:1	"Je suis le Bon Pasteur"	Jean 10 :11 ; 1 Pierre 2:25
93.	Psaume 24:3	Son exaltation prédit	Actes 1:11 ; Phil 2:9
94.	Psaume 30:3	Sa résurrection prédite	Actes 2:32
95.	Psaume 31:5	"Je remets mon esprit entre tes mains"	Luc 23:46
96.	Psaume 31:11	Ses connaissances l'ont fui	Marc 14:50
97.	Psaume 31:13	Ils ont pris conseil pour le mettre à mort	Matthieu 27 : 1 ; Jean 11:53
98.	Psaume 31:14-15	"Il avait confiance en Dieu, qu'Il le délivre"	Matthieu 27:43
99.	Psaume 34:20	Pas un seul de ses os n'est brisé	Jean 19 : 31-36
100.	Psaume 35:11	De faux témoins se sont élevés contre lui	Matthieu 26:59
101.	Psaume 35:19	Il était détesté sans raison	Jean 15:25
102.	Psaume 38:11	Ses amis se tenaient au loin	Luc 23:49
103.	Psaume 38:12	Les ennemis tentent de l'emmêler par ruse	Marc 14 : 1 ; Matthieu 22:15
104.	Psaume 38:12-13	Silencieux devant ses accusateurs	Matthieu 27 : 12-14
105.	Psaume 38:20	Il est allé faire le bien	Actes 10:38
106.	Psaume 40:2-5	La joie de sa résurrection annoncée	Jean 20:20
107.	Psaume 40:6-8	Son délice-la volonté du Père	Jean 4:34 ; Hé 10 : 5-10
108.	Psaume 40:9	Il devait prêcher la justice en Israël	Matthieu 4:17
109.	Psaume 40:14	Confronté à des adversaires dans le Jardin	Jean 18 : 4-6
110.	Psaume 41:9	Trahi par un ami familier	Jean 13:18
111.	Psaume 45:2	Des paroles de grâce sortent de ses lèvres	Jean 1:17 ; Luc 4:22
112.	Psaume 45:6	Posséder le titre, Dieu ou ELOHIM	Hé 1:8
113.	Psaume 45:7	Une onction spéciale du Saint-Esprit	Matthieu 3:16 ; Héb. 1:9
114.	Psaume 45:7-8	Appelé le Christ (Messie ou Oint)	Luc 2:11
115.	Psaume 45:17	Son nom se souvient pour toujours	Éph 1 : 20-21 ; Héb. 1:8
116.	Psaume 55:12-14	Trahi par un ami, pas par un ennemi	Jean 13:18
117.	Psaume 55:15	Mort impénitente du traître	Matthieu 27 : 3-5 ; Actes 1:16-19
118.	Psaume 68:18	Pour offrir des cadeaux aux hommes	Éph 4:7-16
119.	Psaume 68:18	Monté au ciel	Luc 24:51
120.	Psaume 69:4	Détesté sans cause	Jean 15:25
121.	Psaume 69:8	Un étranger à ses propres frères	Jean 1:11 ; 7:5
122.	Psaume 69:9	Zélé pour la Maison du Seigneur	Jean 2:17
123.	Psaume 69:14-20	L'angoisse de l'âme du Messie avant la crucifixion	Matthieu 26 : 36-45
124.	Psaume 69:20	"Mon âme est extrêmement triste"	Matthieu 26:38
125.	Psaume 69:21	Donné du vinaigre dans la soif	Matthieu 27:34

126.	Psaume 69:26	Le Sauveur donné et frappé par Dieu	Jean 17 : 4 ; 18h11
127.	Psaume 72 : 10-11	De grandes personnes devaient lui rendre visite	Matthieu 2:1-11
128.	Psaume 72:16	Le maïs de blé à tomber en terre	Jean 12 : 24-25
129.	Psaume 72:17	La croyance en son nom produira une descendance	Jean 1:12-13
130.	Psaume 72:17	Toutes les nations seront bénies par Lui	Gal 3:8
131.	Psaume 72:17	Toutes les nations le diront bienheureux	Jean 12 :13 ; Apocalypse 5 : 8-12
132.	Psaume 78:1-2	Il enseignerait en paraboles	Matthieu 13 : 34-35
133.	Psaume 78:2b	Parler la Sagesse de Dieu avec autorité	Matthieu 7:29
134.	Psaume 80:17	La main droite de l'Homme de Dieu	Marc 14 :61-62
135.	Psaume 88	La souffrance et le reproche du Calvaire	Matthieu 27 : 26-50
136.	Psaume 88:8	Ils se tenaient au loin et regardaient	Luc 23:49
137.	Psaume 89:27	Premier-né	Col 1:15-18
138.	Psaume 89:27	Emmanuel sera supérieur aux rois terrestres	Luc 1:32-33
139.	Psaume 89 : 35-37	La postérité, le trône et le royaume de David durent pour toujours	Luc 1:32-33
140.	Psaume 89 : 36-37	Son caractère-Fidélité	Apocalypse 1:5 ; 19h11
141.	Psaume 90:2	Il est éternel (Michée 5 : 2)	Jean 1:1
142.	Psaume 91 : 11-12	Identifié comme messianique, utilisé pour tenter le Christ	Luc 4:10-11
143.	Psaume 97:9	Son exaltation prédit	Actes 1:11 ; Éph 1:20
144.	Psaume 100:5	Son caractère-Bonté	Matthieu 19 : 16-17
145.	Psaume 102:1-11	La souffrance et le reproche du Calvaire	Jean 19 : 16-30
146.	Psaume 102 : 25-27	Le Messie est le Fils préexistant	Hé 1:10-12
147.	Psaume 109:25	Ridicule	Matthieu 27:39
148.	Psaume 110:1	Fils de David	Matthieu 22 : 42-43
149.	Psaume 110:1	Monter à la droite du Père	Marc 16:19
150.	Psaume 110:1	Le fils de David appelé Seigneur	Matthieu 22 : 44-45
151.	Psaume 110:4	Un prêtre selon l'ordre de Melchisédek	Hé 6:20
152.	Psaume 112:4	Son personnage-Compatissant, Gracieux, et al	Matthieu 9:36
153.	Psaume 118 : 17-18	La résurrection du Messie assurée	Luc 24 : 5-7 ; 1 Cor 15:20
154.	Psaume 118 : 22-23	La pierre rejetée est la tête du coin	Matthieu 21 : 42-43
155.	Psaume 118:26a	Le Béni du Ciel présenté à Israël	Matthieu 21:9
156.	Psaume 118:26b	Venir pendant que le Temple est debout	Matthieu 21 : 12-15
157.	Psaume 132:11	La Postérité de David (le fruit de Son Corps)	Luc 1:32 ; Acte 2h30
158.	Psaume 129:3	Il a été flagellé	Matthieu 27:26
159.	Psaume 138 : 1-6	La suprématie de la postérité de David étonne les rois	Matthieu 2:2-6
160.	Psaume 147:3-6	Le ministère terrestre du Christ décrit	Luc 4:18
161.	Proverbes 1:23	Il enverra l'Esprit de Dieu	Jean 16:7
162.	Proverbes 8:23	Prédestiné depuis toujours	Apocalypse 13 : 8 ; 1 Pi 1:19-20
163.	Cantique 5:16	Celui qui est tout à fait charmant	Jean 1:17
164.	Ésaïe 2:3	Il enseignera à toutes les nations	Jean 4:25
165.	Ésaïe 2:4	Il jugera parmi les nations	Jean 5:22
166.	Ésaïe 6:1	Quand Isaïe vit sa gloire	Jean 12 : 40-41
167.	Ésaïe 6:8	Celui Envoyé par Dieu	Jean 12 : 38-45
168.	Ésaïe 6:9-10	Les paraboles tombent dans l'oreille d'un sourd	Matthieu 13 : 13-15
169.	Ésaïe 6:9-12	Aveuglé au Christ et sourd à ses paroles	Actes 28 : 23-29
170.	Ésaïe 7:14	Être né d'une vierge	Luc 1:35
171.	Ésaïe 7:14	Être Emmanuel-Dieu avec nous	Matthieu 1 :18-23 ; 1 Tim 3:16
172.	Ésaïe 8:8	Appelé Emmanuel	Matthieu 28:20
173.	Ésaïe 8:14	Une pierre d'achoppement, un rocher d'offense	1 Pi 2:8
174.	Ésaïe 9 : 1-2	Son ministère va commencer en Galilée	Matthieu 4 : 12-17
175.	Ésaïe 9:6	Un enfant né-Humanité	Luc 1:31
176.	Ésaïe 9:6	Un Fils donné-Déité	Luc 1:32 ; Jean 1:14 ; 1 Tim 3:16
177.	Ésaïe 9:6	Déclaré Fils de Dieu avec puissance	Romains 1:3-4

178. Ésaïe 9:6	Le Merveilleux, Peleh	Luc 4:22	
179. Ésaïe 9:6	Le conseiller, Yaatz	Matthieu 13:54	
180. Ésaïe 9:6	Le Dieu Puissant, El Gibor	1 Cor 1:24 ; Tite 2:3	
181. Ésaïe 9:6	Le Père éternel, Avi Adth	Jean 8:58 ; 10h30	
182. Ésaïe 9:6	Le Prince de la Paix, Sar Shalom	Jean 16:33	
183. Ésaïe 9:7	Pour établir un royaume éternel	Luc 1:32-33	
184. Ésaïe 9:7	Son caractère-juste	Jean 5:30	
185. Ésaïe 9:7	Pas de fin à son gouvernement, à son trône et à la paix	Luc 1:32-33	
186. Ésaïe 11:1	Appelé Nazaréen-la Branche, Netzer	Matthieu 2:23	
187. Ésaïe 11:1	Une tige de Jessé-Fils de Jessé	Luc 3:23-32	
188. Ésaïe 11:2	Oint de l'Esprit	Matthieu 3:16-17 ; Actes 10:38	
189. Ésaïe 11:2	Son caractère-sagesse, connaissance, et al	Col 2:3	
190. Ésaïe 11:3	Il connaîtrait leurs pensées	Luc 6:8 ; Jean 2:25	
191. Ésaïe 11:4	Juge avec justice	Actes 17:31	
192. Ésaïe 11:4	Juges avec l'épée de sa bouche	Apocalypse 2 :16 ; 19:11, 15	
193. Ésaïe 11:5	Caractère : Juste et fidèle	Apocalypse 19 :11	
194. Ésaïe 11:10	Les païens le recherchent	Jean 12 : 18-21	
195. Ésaïe 12:2	Appelé Jésus-Yeshua	Matthieu 1:21	
196. Ésaïe 22:22	Celui qui a reçu toute autorité pour gouverner	Apocalypse 3:7	
197. Ésaïe 25:8	La Résurrection annoncée	1 Cor 15:54	
198. Ésaïe 26:19	Son pouvoir de résurrection prédit	Matthieu 27 : 50-54	
199. Ésaïe 28:16	Le Messie est la pierre angulaire précieuse	Actes 4 : 11-12	
200. Ésaïe 28:16	La Fondation Sûre	1 Cor 3:11 ; Matthieu 16:18	
201. Ésaïe 29:13	Il a indiqué une obéissance hypocrite à sa Parole	Matthieu 15 : 7-9	
202. Ésaïe 29:14	Les sages sont confus par la Parole	1 Cor 1:18-31	
203. Ésaïe 32:2	Un refuge - Un homme sera une cachette	Matthieu 23:37	
204. Ésaïe 35:4	Il viendra et te sauvera	Matthieu 1:21	
205. Ésaïe 35:5-6	Avoir un ministère de miracles	Matthieu 11 : 2-6	
206. Ésaïe 40:3-4	Précédé du précurseur	Jean 1:23	
207. Ésaïe 40:9	"Voici ton Dieu"	Jean 1:36 ; 19h14	
208. Ésaïe 40:10	Il viendra récompenser	Apocalypse 22:12	
209. Ésaïe 40:11	Un berger compatissant qui donne la vie	Jean 10 : 10-18	
210. Ésaïe 42:1-4	Le Serviteur, en tant que rédempteur fidèle et patient	Matthieu 12 : 18-21	
211. Ésaïe 42:2	Doux et humble	Matthieu 11 : 28-30	
212. Ésaïe 42:3	Il apporte l'espoir aux désespérés	Jean 4	
213. Ésaïe 42:4	Les nations attendront ses enseignements	Jean 12 : 20-26	
214. Ésaïe 42:6	La Lumière (salut) des Gentils	Luc 2:32	
215. Ésaïe 42 : 1-6	Sa compassion est mondiale	Matthieu 28 : 19-20	
216. Ésaïe 42:7	Les yeux aveugles ouverts	Jean 9 : 25-38	
217. Ésaïe 43:11	Il est le seul Sauveur	Actes 4:12	
218. Ésaïe 44:3	Il enverra l'Esprit de Dieu	Jean 16 : 7-13	
219. Ésaïe 45:21-25	Il est Seigneur et Sauveur	Phil 3:20 ; Tite 2:13	
220. Ésaïe 45:23	Il sera le juge	Jean 5:22 ; Romains 14 :11	
221. Ésaïe 46:9-10	Déclare les choses qui ne sont pas encore faites	Jean 13:19	
222. Ésaïe 48:12	Le premier et le dernier	Jean 1:30 ; Apocalypse 1:8, 17	
223. Ésaïe 48 : 16-17	Il est venu en tant que professeur	Jean 3:2	
224. Ésaïe 49:1	Appelé du sein maternel - Son humanité	Matthieu 1:18	
225. Ésaïe 49:5	Un serviteur dès l'utérus	Luc 1:31 ; Phil 2:7	
226. Ésaïe 49:6	Il restaurera Israël	Actes 3:19-21 ; 15h16-17	
227. Ésaïe 49:6	Il est le salut pour Israël	Luc 2:29-32	
228. Ésaïe 49:6	Il est la Lumière des Gentils	Jean 8 :12 ; Actes 13:47	

229. Ésaïe 49:6		Il est le salut jusqu'aux extrémités de la terre	Actes 15:7-18
230. Ésaïe 49:7		Il est méprisé de la Nation	Jean 1:11 ; 8:48-49 ; 19h14-15
231. Ésaïe 50:3		Le ciel est vêtu de noir face à son humiliation	Luc 23 : 44-45
232. Ésaïe 50:4		Il est un savant conseiller pour les fatigués	Matthieu 7 :29 ; 11:28-29
233. Ésaïe 50:5		Le Serviteur s'est volontairement engagé à l'obéissance	Matthieu 26:39
234. Ésaïe 50:6a		"J'ai rendu mon dos à ceux qui m'ont frappé"	Matthieu 27:26
235. Ésaïe 50:6b		Il a été frappé aux joues	Matthieu 26:67
236. Ésaïe 50:6c		On lui a craché dessus	Matthieu 27h30
237. Ésaïe 52:7		Bonnes nouvelles publiées sur les montagnes	Matthieu 5:12 ; 15h29 ; 28:16
238. Ésaïe 52:13		Le Serviteur exalté	Actes 1:8-11 ; Éph 1 : 19-22 ; Phil 2:5-9
239. Ésaïe 52:14		Le serviteur a été scandaleusement maltraité	Luc 18 :31-34 ; Matthieu 26 :67-68
240. Ésaïe 52:15		Les nations surprises par le message du Serviteur	Luc 18 :31-34 ; Matthieu 26 :67-68
241. Ésaïe 52:15		Son sang versé asperge les nations	Hé 9 : 13-14 ; Apocalypse 1:5
242. Ésaïe 53:1		Son peuple ne le croirait pas	Jean 12 : 37-38
243. Ésaïe 53:2		Apparition d'un homme ordinaire	Phil 2:6-8
244. Ésaïe 53:3a		Méprisé	Luc 4:28-29
245. Ésaïe 53:3b		Rejeté	Matthieu 27 : 21-23
246. Ésaïe 53:3c		Grande tristesse et chagrin	Matthieu 26 :37-38 ; Luc 19 :41 ; Hé 4:15
247. Ésaïe 53:3d		Les hommes se cachent pour ne pas être associés à Lui	Marc 14 : 50-52
248. Ésaïe 53:4a		Il aurait un ministère de guérison	Matthieu 8 : 16-17
249. Ésaïe 53:4b		Pensé être maudit par Dieu	Matthieu 26 :66 ; 27:41-43
250. Ésaïe 53:5a		Porte le châtiment pour les iniquités de l'humanité	2 Cor 5:21 ; Hé 2:9
251. Ésaïe 53:5b		Son sacrifice apporte la paix entre l'homme et Dieu	Col 1:20
252. Ésaïe 53:5c		Son sacrifice guérirait l'homme du péché	1 Pi 2:24
253. Ésaïe 53:6a		Il serait le porteur du péché pour toute l'humanité	1 Jean 2:2 ; 16h10
254. Ésaïe 53:6b		La volonté de Dieu qu'Il porte le péché pour toute l'humanité	Gal 1:4
255. Ésaïe 53:7a		Opprimé et affligé	Matthieu 27 : 27-31
256. Ésaïe 53:7b		Silencieux devant ses accusateurs	Matthieu 27 : 12-14
257. Ésaïe 53:7c		Agneau sacrificiel	Jean 1:29 ; 1 Pi 1:18-19
258. Ésaïe 53:8a		Confiné et persécuté	Matthieu 26:47-27:31
259. Ésaïe 53:8b		Il serait jugé	Jean 18 : 13-22
260. Ésaïe 53:8c		Tué	Matthieu 27:35
261. Ésaïe 53:8d		Meurt pour les péchés du monde	1 Jean 2:2
262. Ésaïe 53:9a		Enterré dans la tombe d'un homme riche	Matthieu 27:57
263. Ésaïe 53:9b		Innocent et n'a commis aucune violence	Luc 23 :41 ; Jean 18:38
264. Ésaïe 53:9c		Aucune tromperie dans sa bouche	1 Pi 2:22
265. Ésaïe 53:10a		La volonté de Dieu qu'il meure pour l'humanité	Jean 18:11
266. Ésaïe 53:10b		Une offrande pour le péché	Matthieu 20 :28 ; Gal 3:13
267. Ésaïe 53:10c		Ressuscité et vivre pour toujours	Romains 6:9
268. Ésaïe 53:10d		Il prospérerait	Jean 17 : 1-5
269. Ésaïe 53:11a		Dieu pleinement satisfait de ses souffrances	Jean 12:27
270. Ésaïe 53:11b		Le serviteur de Dieu justifierait l'homme	Romains 5 :8-9, 18-19
271. Ésaïe 53:11c		Le porteur du péché pour toute l'humanité	Hé 9:28
272. Ésaïe 53:12a		Exalté par Dieu à cause de son sacrifice	Matthieu 28:18
273. Ésaïe 53:12b		Il donnerait sa vie pour sauver l'humanité	Luc 23:46
274. Ésaïe 53:12c		Compté avec les transgresseurs	Marc 15 : 27-28
275. Ésaïe 53:12d		Porteur du péché pour toute l'humanité	1 Pi 2:24

276. Ésaïe 53:12e	Intercéder auprès de Dieu en faveur de l'humanité	Luc 23:34 ; Romains 8:34
277. Ésaïe 55:3	Ressuscité par Dieu	Actes 13:34
278. Ésaïe 55:4a	Un témoin	Jean 18:37
279. Ésaïe 55:4b	Il est un leader et un commandant	Hé 2:10
280. Ésaïe 55:5	Dieu le glorifierait	Actes 3:13
281. Ésaïe 59:16a	Intercesseur entre l'homme et Dieu	Matthieu 10:32
282. Ésaïe 59:16b	Il viendrait pour apporter le salut	Jean 6:40
283. Ésaïe 59:20	Il viendrait à Sion comme leur Rédempteur	Luc 2:38
284. Ésaïe 60:1-3	Il montrerait la lumière aux Gentils	Actes 26:23
285. Ésaïe 61:1a	L'Esprit de Dieu sur lui	Matthieu 3:16-17
286. Ésaïe 61:1b	Le Messie prêcherait la bonne nouvelle	Luc 4:16-21
287. Ésaïe 61:1c	Libérer de l'esclavage du péché	Jean 8 : 31-36
288. Ésaïe 61:1-2a	Proclamer un délai de grâce	Gal 4:4-5
289. Jr 23:5-6	Descendant de David	Luc 3:23-31
290. Jr 23:5-6	Le Messie serait à la fois Dieu et Homme	Jean 13 :13 ; 1 Tim 3:16
291. Jr 31:22	Né d'une vierge	Matthieu 1:18-20
292. Jr 31:31	Le Messie serait la nouvelle alliance	Matthieu 26:28
293. Jr 33:14-15	Descendant de David	Luc 3:23-31
294. Ézéchiel 34:23-24	Descendant de David	Matthieu 1:1
295. Ézéchiel 37 : 24-25	Descendant de David	Luc 1:31-33
296. Dan 2:44-45	La pierre qui brisera les royaumes	Matthieu 21:44
297. Dan 7:13-14a	Il monterait au ciel	Actes 1:9-11
298. Dan 7:13-14b	Très exalté	Eph 1:20-22
299. Dan 7:13-14c	Sa domination serait éternelle	Luc 1:31-33
300. Dan 9:24a	Pour mettre fin aux péchés	Gal 1:3-5
301. Dan 9:24a	Pour faire la réconciliation pour l'iniquité	Romains 5:10 ; 2 Cor 5:18-21
302. Dan 9:24b	Il serait saint	Luc 1:35
303. Dan 9:25	Son annonce	Jean 12 : 12-13
304. Dan 9:26a	Couper	Matthieu 16 :21 ; 21:38-39
305. Dan 9:26b	Mourir pour les péchés du monde	Hé 2:9
306. Dan 9:26c	Tué avant la destruction du temple	Matthieu 27 : 50-51
307. Dan 10:5-6	Messie dans un état glorifié	Apocalypse 1 : 13-16
308. Osée 11:1	Il serait appelé hors d'Egypte	Matthieu 2:15
309. Osée 13:14	Il vaincrait la mort	1 Cor 15:55-57
310. Joël 2:32	Offrez le salut à toute l'humanité	Romains 10 :9-13
311. Jonas 1:17	Mort et résurrection du Christ	Matthieu 12 :40 ; 16:4
312. Mi 5:2a	Né à Bethléem	Matthieu 2:1-6
313. Mic 5:2b	Dirigeant en Israël	Luc 1:33
314. Mic 5:2c	De l'éternité	Jean 8:58
315. Ag 2:6-9	Il visiterait le deuxième Temple	Luc 2:27-32
316. Ag 2:23	Descendant de Zorobabel	Luc 2:27-32
317. Za 3:8	serviteur de Dieu	Jean 17:4
318. Zach 6:12-13	Prêtre et roi	Hé 8:1
319. Za 9:9a	Accueilli avec joie à Jérusalem	Matthieu 21 : 8-10
320. Za 9:9b	Considéré comme roi	Jean 12 : 12-13
321. Za 9:9c	Le Messie serait juste	Jean 5:30
322. Zech 9:9d	Le Messie apporterait le salut	Luc 19:10
323. Zech 9:9e	Le Messie serait humble	Matthieu 11:29
324. Zach 9:9f	Présenté à Jérusalem monté sur un âne	Matthieu 21 : 6-9
325. Za 10:4	La pierre angulaire	Éph 2:20
326. Zach 11:4-6a	À sa venue, Israël aura des dirigeants inaptes	Matthieu 23 : 1-4
327. Zach 11:4-6b	Le rejet amène Dieu à retirer sa protection	Luc 19 : 41-44
328. Zach 11:4-6c	Rejeté en faveur d'un autre roi	Jean 19 : 13-15
329. Za 11:7	Ministère auprès des « pauvres », le reste croyant	Matthieu 9 : 35-36
330. Zach 11:8a	L'incrédulité force le Messie à les rejeter	Matthieu 23:33
331. Zach 11:8b	Méprisé	Matthieu 27:20

332. Za 11:9	Arrête de servir ceux qui l'ont rejeté	Matthieu 13 : 10-11
333. Zach 11:10-11a	Le rejet amène Dieu à retirer sa protection	Luc 19 : 41-44
334. Zach 11:10-11b	Le Messie serait Dieu	Jean 14:7
335. Zach 11:12-13a	Trahi pour trente pièces d'argent	Matthieu 26 : 14-15
336. Zach 11:12-13b	Rejeté	Matthieu 26 : 14-15
337. Zach 11:12-13c	Trente pièces d'argent fondues dans la maison du Seigneur	Matthieu 27 : 3-5
338. Zach 11:12-13d	Le Messie serait Dieu	Jean 12:45
339. Zach 12:10a	Le corps du Messie serait transpercé	Jean 19 : 34-37
340. Zach 12:10b	Le Messie serait à la fois Dieu et homme	Jean 10:30
341. Zach 12:10c	Le Messie serait rejeté	Jean 1:11
342. Zach 13:7a	La volonté de Dieu, il mourra pour l'humanité	Jean 18:11
343. Zach 13:7b	Une mort violente	Marc 14:27
344. Za 13:7c	Dieu et l'homme	Jean 14:9
345. Zach 13:7d	Israël s'est dispersé parce qu'il l'avait rejeté	Matthieu 26 : 31-56
346. Za 14:4	Il reviendrait au Mont des Oliviers	Actes 1:11-12
347. Mal 3:1a	Messager pour préparer le chemin pour le Messie	Marc 1:1-8
348. Mal 3:1b	Apparition soudaine au temple	Marc 11 : 15-16
349. Mal 3:1c	Messager de la nouvelle alliance	Luc 4:43
350. Mal 4:5	Précurseur dans l'esprit d'Élie	Matthieu 3 : 1-3 ; 11h10-14 ; 17:11-13
351. Mal 4:6	Le précurseur transformerait beaucoup de gens à la justice	Luc 1:16-17

4.4 Les Prophéties du Retour de Jésus

La promesse de rédemption est intimement liée au retour de Jésus-Christ. Tout au long de la Bible, de nombreuses prophéties prédisent sa seconde venue, le moment où il reviendra rassembler sa sainte Église et établir son royaume éternel. Ces prophéties servent de panneaux indicateurs, nous guidant pour reconnaître les signes des temps et l'urgence de naître de nouveau.

L'une des prophéties la plus significative concernant le retour de Jésus se trouve dans l'Évangile de Matthieu. Dans Matthieu 24, Jésus lui-même fournit à ses disciples un récit détaillé des signes qui précéderont sa venue. Il décrit la multiplication des faux prophètes, les guerres et les rumeurs de guerres, les famines et les tremblements de terre. Ces signes, explique Jésus, sont les douleurs de l'enfantement qui mènent au point culminant de son retour.

L'apôtre Paul écrit également beaucoup sur la seconde venue du Christ. Dans 1 Thessaloniciens 4 :16-17, il révèle une révélation profonde : « Car le Seigneur lui-même descendra du ciel, à un commandement fort, à la voix de l'archange et au son de la trompette de Dieu, et les morts en Christ se lèvera le premier. Après cela, nous qui sommes encore en vie et qui resterons, nous serons enlevés avec eux dans les nuées pour rencontrer le Seigneur dans les airs. Et ainsi, nous serons avec le Seigneur pour toujours. » Ce passage, connu sous le nom de « Enlèvement », parle du moment où les croyants seront emmenés à la rencontre de Jésus dans les airs.

Le livre de l'Apocalypse fournit des images saisissantes et des aperçus prophétiques des événements qui ont précédé et suivi le retour de Jésus. Les chapitres 19 et 20 révèlent son retour triomphal en tant que roi conquérant, suivi de l'établissement de son règne millénaire, une période millénaire de paix et de justice après sept ans de fête au ciel avec l'Église.

Tout au long de l'histoire, les croyants se sont tournés vers ces prophéties pour trouver espoir et assurance. Ils nous rappellent que le retour de Jésus n'est pas une simple possibilité mais une certitude. Les signes de la fin des temps se multiplient dans les conflits mondiaux, le déclin moral et la montée des faux enseignements. Cela indique l'accomplissement imminent de ces prophéties.

C'est dans le contexte de ces prophéties que nous comprenons l'urgence de naître de nouveau. Jésus lui-même a déclaré dans Jean 14 : 3 : « Et si je vais vous préparer une place, je reviendrai et je vous prendrai avec moi, afin que vous aussi soyez là où je suis. » La promesse de son retour devrait nous obliger à examiner nos vies, pour nous assurer que nous sommes prêts à le rencontrer.

Les prophéties du retour de Jésus ne devraient pas susciter la peur, mais plutôt un sentiment d'anticipation et de préparation. Nous sommes appelés à vivre dans un état de préparation, à rechercher activement une relation profonde avec Dieu et à aligner notre vie sur ses desseins. Cette préparation inclut la nouvelle naissance, l'expérience du pouvoir transformateur du salut et une vie caractérisée par la sainteté et la justice.

Comprendre les prophéties du retour de Jésus n'est pas simplement un exercice intellectuel. Cela devrait enflammer en nous la passion de recevoir le salut par Jésus, et, étant sauvés, nous devons avoir la passion de partager la bonne nouvelle du salut avec les autres. À mesure que nous voyons apparaître les signes des temps, il devient de plus en plus urgent de proclamer le message d'espérance et de rédemption trouvé en Jésus-Christ.

Dans les pages suivants, nous explorerons plus en détail les signes des temps, en approfondissant l'urgence du renouveau spirituel, de la repentance et d'une vie sainte. En comprenant et en acceptant ces prophéties, nous nous positionnons pour être prêts pour le retour glorieux de notre Sauveur. Répondons à l'appel à naître de nouveau et attendons avec impatience l'accomplissement de ces prophéties avec foi et attente.

4.5 Prophéties Bibliques des Derniers Jours

La Bible regorge de prophéties concernant les derniers jours et le retour de Jésus-Christ. Ces prophéties servent de feuille de route, donnant un aperçu des événements et des signes qui précéderont sa seconde venue. L'accomplissement de ces prophéties constitue un puissant rappel de l'urgence de naître de nouveau et de se préparer à son retour.

Les prophéties telles que celles trouvées dans les livres de Daniel,

Matthieu et Apocalypse décrivent divers aspects des derniers jours. Ils parlent de guerres et de rumeurs de guerre, de catastrophes naturelles, de la montée de faux prophètes et de trompeurs, et d'une proclamation mondiale de l'Évangile. Ces prophéties parlent également de la restauration d'Israël en tant que nation et du rassemblement de toutes les nations contre Jérusalem. La réalisation de ces prophéties souligne la crédibilité et l'origine divine de l'Écriture.

Voici quelques prophéties bibliques clés des derniers jours, accompagnées d'explications pour chacune d'entre elles :

1. Restauration d'Israël (Ézéchiel 37 : 21-22, Ésaïe 11 : 11-12) : La prophétie parle du rassemblement du peuple juif de l'exil dans sa patrie. Cet objectif fut atteint en 1948, lorsque la nation d'Israël fut rétablie.

2. Augmentation des guerres et des conflits (Matthieu 24 :6-7) : Jésus a prophétisé qu'il y aurait une augmentation des guerres et des conflits comme signe de la fin des temps. Cette prophétie continue de se réaliser alors que nous sommes témoins de conflits et de guerres en cours à l'échelle mondiale.

3. L'apparition de faux prophètes et de trompeurs (Matthieu 24 :11) : Jésus a averti que de nombreux faux prophètes et trompeurs viendraient, prétendant être le Christ et enseignant de fausses doctrines. Aujourd'hui, nous assistons à la montée de divers faux chefs religieux et d'idéologies trompeuses.

4. Catastrophes naturelles (Matthieu 24 :7, Luc 21 :11) : Jésus a mentionné les tremblements de terre, les famines et les pestes comme signes des derniers jours. Nous observons une augmentation des catastrophes naturelles dans le monde, notamment les tremblements de terre, les ouragans, les diverses maladies et autres calamités.

5. Propagation de l'Évangile à toutes les nations (Matthieu 24 : 14) : Jésus a prophétisé que l'Évangile serait prêché dans le monde entier avant son retour. Aujourd'hui, grâce aux progrès de la technologie et des missions mondiales, le message du Christ atteint des groupes de personnes qui n'étaient pas touchés auparavant, et nous sommes si proches et continuons à le faire jusqu'à ce que l'Évangile soit entendu dans le monde entier, étant un témoignage pour les nations. Et puis la Fin viendra.

6. La reconstruction du Troisième Temple (Daniel 9 :27, 2 Thessaloniciens 2 :4) : Les prophètes hébreux ont prophétisé que dans les derniers jours, les exilés israélites retourneraient en Terre promise et que le Temple serait reconstruit ; La prophétie raconte qu'un futur temple sera

reconstruit à Jérusalem avant le second retour du Christ. La réalisation de ces événements extraordinaires se déroule actuellement sous nos yeux. Remarquablement, les vêtements de cérémonie et les vases sacrés ont été produits. Même la Menorah dorée, candélabre à sept branches, a été minutieusement confectionnée. De plus, des instruments de musique lévitiques comme des trompettes d'argent, des lyres et des harpes ont été fabriqués dans le but d'adorer le Seigneur, reflétant les pratiques du roi David d'il y a 3 000 ans (1 Chroniques 23 : 5). L'école du Temple Institute forme des Cohen certifiés (descendants du grand prêtre Aaron), qui ont subi des tests ADN, pour exercer leurs fonctions au sein du Temple. En outre, des efforts sont en cours en Israël pour élever une génisse rousse, qui sera sacrifiée pour la purification rituelle des prêtres et des vases sacrés, leur permettant ainsi d'entrer dans la zone la plus sainte de la Terre. Tous les préparatifs nécessaires à la reconstruction du Troisième Temple ont été achevés, à une exception près : l'acquisition du terrain sur lequel le construire. Vous voyez donc à quel point l'enlèvement est proche, car le troisième temple sera reconstruit par l'Antichrist.

7. Augmentation de la méchanceté et de la décadence morale (2 Timothée 3 : 1-5) : L'apôtre Paul a averti que dans les derniers jours, les gens deviendraient amoureux d'eux-mêmes, désobéissants et impies. Nous assistons à un déclin moral de la société, avec un mépris des valeurs bibliques et une acceptation croissante des comportements pécheurs.

8. Opposition mondiale à Israël (Zacharie 12 :3, Zacharie 14 :2) : La Bible prophétise que dans les derniers jours, les nations se rassembleront contre Israël. Aujourd'hui, nous constatons une hostilité constante envers Israël de la part de diverses nations et organismes internationaux.

9. Gouvernement et économie mondiaux (Apocalypse 13 : 7-8) : Le livre de l'Apocalypse décrit un futur système mondial dans lequel il y aura un gouvernement et une économie unifiés sous un seul dirigeant. Notre marche vers la gouvernance mondiale et l'intégration économique s'aligne sur cette prophétie.

10. Persécution des croyants (Matthieu 24 :21) : Jésus parle d'une période de grande persécution pour les croyants avant son retour. Nous constatons une persécution croissante des chrétiens dans diverses parties du monde, signalant l'accomplissement de cette prophétie.

4.6 Les Signes des temps

Alors que nous approfondissons l'urgence de naître de nouveau et de préparer le retour de Jésus, il est essentiel d'examiner les signes des temps, les indicateurs qui indiquent la proximité de sa venue. Jésus lui-même a fourni à ses disciples des signes à surveiller, indiquant la proximité de son retour. Dans Matthieu 24 et Luc 21, Il parle des signes des temps, notamment des faux messies, des guerres et des conflits, des famines, des pestes et des tremblements de terre. Il a également parlé de signes dans les cieux, comme l'obscurcissement du soleil et la chute des étoiles.

En plus de ces signes, Jésus a mentionné l'augmentation de la méchanceté, la perte de l'amour et de la compassion, la persécution des croyants et la propagation de l'Évangile à travers le monde. Ces signes, tant dans le domaine naturel que spirituel, servent d'indicateurs de l'approche du point culminant de l'histoire humaine et du retour imminent de Jésus-Christ.

Les signes des temps, tels que décrits par Jésus dans Matthieu 24, Luc 21 et d'autres passages, servent d'indicateurs indiquant l'approche de son retour. Comprendre ces signes aide les croyants à reconnaître les caractéristiques uniques des derniers jours et à vivre avec un sentiment d'urgence et de préparation.

Voici quelques signes clés de l'époque :

1. Augmentation des guerres et des conflits : Tout au long de l'histoire, les guerres et les conflits ont tourmenté l'humanité. Cependant, Jésus a prévenu que ces conflits s'intensifieraient à mesure que son retour approcherait. Nous assistons à une escalade de la violence, des troubles et des tensions politiques dans le monde entier ; un signe qui fait écho à ses paroles prophétiques.

2. Déclin moral et anarchie : Un autre signe des temps est le déclin moral et l'anarchie omniprésents dans la société. Jésus a averti que dans les derniers jours, l'amour des gens se refroidirait et que la méchanceté abonderait. Nous assistons à l'érosion des normes éthiques, à la dévalorisation de la vie humaine et au rejet des principes bibliques ; une indication claire de l'époque dans laquelle nous vivons.

3. Montée des faux enseignements et de la tromperie : L'un des signes les plus répandus est l'augmentation des faux enseignements, des idéologies trompeuses et la distorsion de la vérité biblique. Jésus a prévenu que de faux prophètes surgiraient, égarant beaucoup de gens. Aujourd'hui, nous assistons à la prolifération de fausses religions, de sectes et de versions déformées du christianisme, soulignant la nécessité de discernement et d'un fondement solide dans la Parole de Dieu. Jésus a mis en garde contre la montée de faux messies qui pourraient en tromper beaucoup. Aujourd'hui, nous voyons divers chefs religieux et personnalités charismatiques prétendre être le Christ ou présenter des enseignements déformés.

4. Catastrophes naturelles : La fréquence et l'intensité des catastrophes naturelles ont retenu l'attention du monde entier. Jésus a prophétisé que des tremblements de terre, des famines et des calamités naturelles se produiraient en divers endroits. Des tremblements de terre dévastateurs aux puissants ouragans, ces événements rappellent la fragilité de notre monde et la nécessité d'une préparation spirituelle.

5. Troubles mondiaux et persécutions : Le monde est marqué par une agitation sociale, politique et culturelle croissante. Les chrétiens sont confrontés à la persécution dans diverses régions du monde, avec une augmentation de la violence et de la discrimination contre les croyants. Ces réalités correspondent à l'avertissement de Jésus selon lequel ses disciples seraient confrontés à la persécution et à la haine en raison de leur foi. Nous constatons une intensification des persécutions contre les chrétiens dans de nombreuses régions du monde, notamment des restrictions religieuses, des discriminations et des actes de violence.

6. Restauration d'Israël : Un signe prophétique important est la restauration de la nation d'Israël. Après des siècles d'exil et de dispersion, Israël a été rétabli en tant qu'État souverain en 1948. Cet événement remarquable accomplit les prophéties bibliques et indique l'accomplissement des plans de Dieu pour la fin des temps.

7. Augmentation de la connaissance et de la technologie : Daniel a prophétisé que la connaissance augmenterait dans les derniers jours. Nous assistons à des progrès rapides dans les domaines de la science, de la technologie et de la communication, qui ont révolutionné la manière dont l'information est accessible et partagée à l'échelle mondiale. Le monde est de plus en plus interconnecté grâce à la mondialisation, au commerce et aux réseaux de communication, ouvrant la voie à une communauté mondiale plus unifiée et interdépendante. Les progrès technologiques et la connectivité mondiale ont atteint des niveaux sans précédent (intelligence artificielle) et la capacité de communiquer, de voyager et d'accéder instantanément à l'information a ouvert la voie à la réalisation des prophéties de la fin des temps.

8. Prédication mondiale de l'Évangile : Jésus a déclaré que l'Évangile serait proclamé à toutes les nations avant la fin. Aujourd'hui, les progrès technologiques et les missions mondiales ont facilité la diffusion généralisée de l'Évangile dans des régions jusqu'alors inaccessibles.

Ces signes des temps nous rappellent que nous vivons une période critique de l'histoire, une époque à la fois de grands périls et d'immenses opportunités. Ils servent de signal d'alarme, nous exhortant à accepter l'urgence de naître de nouveau, à rechercher une relation profonde avec Dieu et à proclamer l'Évangile à un monde qui a désespérément besoin de salut.

Il est important d'aborder les signes des temps avec discernement, en reconnaissant que même si ces signes indiquent la proximité du retour de Jésus, le moment exact reste connu de Dieu seul. Les signes nous rappellent d'être vigilants, spirituellement préparés et activement engagés dans l'accomplissement des desseins de Dieu jusqu'au jour du retour glorieux du Christ.

Dans les pages suivants, nous explorerons l'urgence du renouveau spirituel, de la repentance et d'une vie sainte. En comprenant les signes des temps et leur signification, nous nous positionnons pour nous préparer au retour glorieux de notre Sauveur, Jésus-Christ. Répondons à l'appel, reconnaissons l'urgence de l'heure et embrassons le pouvoir transformateur de la nouvelle naissance.

4.7 L'Urgence de Naître de Nouveau

Naître de nouveau n'est pas seulement une exigence, mais une immense bénédiction pour les croyants, et en cette fin des temps, il est urgent de naître de nouveau. L'urgence de naître de nouveau souligne que nous ne devons pas retarder ou reporter ce renouveau spirituel. Cela nous encourage à réfléchir sur notre vie, à reconnaître notre besoin d'un sauveur et à agir pour recevoir Jésus-Christ dans notre cœur.

-Saisir la Nature Temporelle de notre Existence

Comprendre l'urgence de naître de nouveau commence par saisir la nature temporelle de notre existence. La vie sur Terre est éphémère et notre temps ici est limité. La brièveté de la vie humaine devrait nous rappeler la nécessité de donner la priorité à notre destinée éternelle et de naître de nouveau. La Bible décrit nos vies comme une vapeur qui apparaît un instant puis disparaît (Jacques 4 : 14). Le psalmiste capture magnifiquement cette vérité dans le Psaume 39 :4-5, en disant : « Seigneur, rappelle-moi combien mon temps sur terre sera bref. Rappelle-moi que mes jours sont comptés et combien ma vie est éphémère. Nous ne devons pas faire preuve de complaisance en supposant que nous disposons d'occasions infinies de prendre des décisions spirituelles. Au lieu de cela, nous devrions reconnaître l'urgence de rechercher le salut et de nous réconcilier avec Dieu dès maintenant.

Cher lecteur, laissez ces mots pénétrer profondément dans votre cœur. Le temps qui passe ne peut être arrêté et l'urgence de naître de nouveau augmente à chaque seconde qui passe. Chaque jour qui s'écoule nous rapproche de l'éternité, où nos âmes trouveront leur repos éternel en Jésus-Christ. Laissez la nature temporelle de notre existence allumer un feu en vous, vous obligeant à rechercher le pouvoir transformateur en Jésus et à choisir de naître de nouveau.

-L'Importance de Prendre une Décision Personnelle

Dans le domaine du salut, il n'y a pas de place pour la passivité ou la complaisance, l'urgence de naître de nouveau réside dans l'importance de prendre la décision personnelle de suivre Jésus-Christ. Le salut ne s'hérite pas de la lignée familiale ou de l'affiliation culturelle. C'est un choix personnel que chacun doit faire. Jésus lui-même a souligné la nécessité de se repentir personnellement et de croire en lui comme le seul chemin vers la vie éternelle (Jean 14 : 6). Les paroles de Jésus dans Jean 3 : 3 résonnent avec une signification éternelle : « En vérité, en vérité, je vous le dis, si quelqu'un ne naît de nouveau, il ne peut voir le royaume de Dieu. » L'urgence vient de la prise de conscience que notre destinée éternelle dépend de cette décision : la procrastination ou l'indifférence peuvent conduire à une séparation éternelle d'avec Dieu, tandis que prendre la décision de suivre le Christ nous donne l'espoir du salut et de la vie éternelle.

Aujourd'hui, vous vous trouvez à la croisée des chemins. L'urgence de naître de nouveau vous invite à choisir la vie, à choisir Jésus et à entrer dans la plénitude du dessein de Dieu pour votre existence.

-Se Réconcilier avec Dieu et Recevoir le Salut

Cher lecteur, au fond de votre âme, n'aspirez-vous pas à la réconciliation avec votre Créateur ? N'avez-vous pas ressenti le poids de vos péchés, le brisement qui vous sépare de l'amour du Père ? Le péché a séparé l'humanité de Dieu, et la conséquence du péché est la mort spirituelle. Dieu, dans sa miséricorde infinie, vous offre gratuitement ce don, comme le déclare Romains 6 :23 : « Car le salaire du péché, c'est la mort, mais le don gratuit de Dieu, c'est la vie éternelle en Jésus-Christ notre Seigneur. » L'urgence de naître de nouveau découle du désir de se réconcilier avec notre Créateur et de se faire pardonner nos péchés. Cette réconciliation est rendue possible grâce à la mort sacrificielle et à la résurrection de Jésus-Christ. C'est par la repentance, en reconnaissant notre besoin d'un Sauveur et en plaçant notre foi en Jésus que nous pouvons expérimenter la puissance transformatrice de la grâce de Dieu et recevoir le don du salut. Ce n'est qu'en recevant Jésus que nous naissons de nouveau, et l'urgence réside dans la vérité qu'aujourd'hui est le jour du salut (2 Corinthiens 6 : 2). Ne tardez pas, car demain n'est pas garanti. Acceptez l'invitation à vous réconcilier avec Dieu, à recevoir le salut qu'il offre et à expérimenter la joie et la paix qui dépassent toute compréhension.

-Vivre une Vie Transformée comme Témoignage

L'urgence de naître de nouveau ne consiste pas seulement à assurer notre destinée éternelle, mais aussi à vivre une vie transformée qui sert de témoignage aux autres. Lorsque nous sommes nés de nouveau, nous devenons de nouvelles créations en Christ (2 Corinthiens 5 : 17). Nos vies devraient refléter le changement qui s'est produit en nous. Nous sommes appelés à vivre une vie caractérisée par l'amour, la justice et la recherche de la sainteté. À mesure que nous portons les fruits de l'Esprit (Galates 5 :22-23) et manifestons des qualités semblables à celles du Christ, nos vies transformées deviennent un puissant témoignage pour le monde. Notre urgence de naître de nouveau est motivée par le désir de vivre en accord avec les desseins de Dieu et d'être des agents de son amour et de sa grâce dans un monde brisé.

Cher lecteur, imagine l'impact d'une vie radicalement transformée par la puissance de Dieu. Une vie qui reflète l'amour, la grâce et la miséricorde de notre Sauveur. L'Écriture nous dit dans Matthieu 5 : 16 « Que votre lumière brille devant les autres, afin qu'ils voient vos bonnes œuvres et qu'ils rendent gloire à votre Père qui est dans les cieux. » Votre vie transformée devient un témoignage puissant de l'œuvre rédemptrice de Dieu, une lueur d'espoir dans un monde qui a désespérément besoin de son amour.

L'urgence de naître de nouveau englobe un appel à vivre notre foi d'une manière qui ait un impact sur les autres. C'est un appel urgent à saisir le moment présent. Laisse la nouvelle naissance alimenter votre passion pour vivre une vie qui glorifie Dieu et attire les autres vers la connaissance salvatrice de Jésus-Christ.

En conclusion, l'urgence de naître de nouveau découle de la nature temporelle de notre existence, de l'importance de prendre la décision personnelle de suivre le Christ, du besoin de réconciliation avec Dieu, de recevoir le don gratuit du salut et de vivre une vie transformée en témoignage de sa grâce et de son amour rédempteur. Accepter cette urgence implique de reconnaître la brièveté de la vie, de comprendre la responsabilité personnelle de choisir le salut, de rechercher la réconciliation avec Dieu à travers Jésus-Christ et de vivre en accord avec ses desseins. L'urgence vous fait signe, car aujourd'hui est le jour du salut. Acceptez l'invitation, abandonnez votre vie à Jésus et expérimentez la plénitude de la nouvelle naissance. Puisse l'urgence saisir votre cœur et vous conduire dans les bras de notre Sauveur aimant.

4.8 Les Avertissements Prophétiques et leur Pertinence Aujourd'hui

Tout au long de la Bible, Dieu a envoyé des prophètes pour avertir son peuple d'un jugement imminent et pour l'appeler à la repentance. Ces avertissements prophétiques étaient destinés à ramener les cœurs vers Dieu, offrant ainsi une opportunité de rédemption et de salut. Aujourd'hui, la pertinence de ces avertissements est évidente alors que nous assistons à l'accomplissement des prophéties et des signes des temps.

Tout comme dans les temps anciens, Dieu continue de parler à travers sa Parole, son Esprit et ses serviteurs. Les avertissements prophétiques nous rappellent l'urgence d'accepter le salut et de vivre dans l'obéissance aux commandements de Dieu. Ils nous appellent à examiner notre vie, à nous repentir de nos péchés et à rechercher une véritable relation avec Jésus-Christ. Les avertissements prophétiques nous incitent à évaluer nos priorités, nos relations et nos actions, pour nous assurer que nous sommes alignés sur les desseins de Dieu et préparés pour son retour.

Les avertissements prophétiques trouvés dans la Bible servent de messages divins pour guider et préparer les croyants aux défis et aux événements des derniers jours. Ces avertissements sont pertinents aujourd'hui et fournissent des informations précieuses sur le climat spirituel et l'urgence d'être préparé spirituellement.

Voici quelques exemples d'avertissements prophétiques et leur pertinence :

1. Avertissement contre les faux enseignants et la tromperie : Jésus et les apôtres ont souligné la montée des faux enseignants et de la tromperie dans les derniers jours (Matthieu 24 :11, 2 Timothée 4 :3-4). Aujourd'hui, nous assistons à la prolifération de fausses doctrines, d'enseignements déformés et de spiritualité contrefaite. Il est crucial que les croyants fassent preuve de discernement, testent les enseignements par rapport à la vérité de la Parole de Dieu et restent ancrés dans une saine doctrine.

2. Appel à la sainteté et à la justice personnelles : La Bible appelle à plusieurs reprises les croyants à vivre une vie sainte et juste (1 Pierre 1 :15-16, 1 Thessaloniciens 4 :7). Au milieu d'un monde moralement compromis, la pertinence de cet avertissement est évidente. Les croyants sont appelés à se séparer du péché, à rechercher la sainteté et à vivre comme sel et lumière dans la société.

3. Exhortation à la vigilance et à la préparation : Jésus a souligné à plusieurs reprises la nécessité d'être vigilant et prêt pour son retour (Matthieu 24 :42-44, Luc 21 :36). Cet avertissement est d'actualité aujourd'hui, rappelant aux croyants d'être spirituellement vigilants, de

rechercher Dieu activement et de vivre dans une perspective éternelle. Nous devons être prêts à tout moment, car nous ne connaissons ni le jour ni l'heure de sa venue.

4. Avertissement contre l'amour du monde et les compromis : L'apôtre Jean a averti les croyants de ne pas aimer le monde ni les choses du monde (1 Jean 2 : 15-17). Dans une culture qui promeut le matérialisme, l'auto-indulgence et les valeurs mondaines, cet avertissement reste crucial. Les croyants sont appelés à maintenir leur dévotion à Dieu, à résister à l'attrait des plaisirs du monde et à donner la priorité à leur relation avec Christ par-dessus tout.

5. Avertissement concernant les faux signes et prodiges : Jésus et les apôtres ont mis en garde contre la montée de faux signes et de faux prodiges réalisés par de faux prophètes (Matthieu 24 :24, 2 Thessaloniciens 2 :9). À une époque de curiosité spirituelle accrue et de fascination pour les phénomènes surnaturels, cet avertissement est extrêmement pertinent. Les croyants ont besoin de discernement pour identifier les manifestations authentiques de la puissance de Dieu et les distinguer des manifestations trompeuses et contrefaites.

Les avertissements prophétiques ne visent pas à susciter la peur, mais plutôt à préparer et équiper les croyants aux défis et aux batailles spirituelles des derniers jours. En tenant compte de ces avertissements et en alignant notre vie sur la Parole de Dieu, nous pouvons naviguer dans les complexités du monde et rester fermes dans notre foi, brillant comme des lumières au milieu des ténèbres.

4.9 Vivre une Vie Sainte
Vivre une vie sainte est un résultat essentiel de la nouvelle naissance. C'est un appel à adopter un style de vie mis à part pour les desseins de Dieu, caractérisé par la justice, la pureté et l'obéissance à sa Parole. En tant que croyants nés de nouveau, nous sommes appelés à refléter la sainteté de notre Père céleste et à nous efforcer de vivre d'une manière qui lui plaît.

-Le Rôle de la Sainteté dans la Préparation du Retour de Jésus
La sainteté joue un rôle essentiel dans la préparation du retour de Jésus. L'appel à la sainteté n'est pas une simple exigence religieuse, mais un processus de transformation qui façonne les croyants à l'image du Christ. Cela implique de se consacrer à Dieu, de s'abandonner à sa volonté et de permettre à son Esprit d'agir à l'intérieur, purifiant et sanctifiant le cœur.

Vivre une vie sainte signifie aligner ses pensées, ses actions et ses désirs sur les normes et principes de Dieu. Cela implique de se détourner du péché, de cultiver les vertus et de chercher à plaire à Dieu dans tous les aspects de la vie. La poursuite de la sainteté implique un cheminement continu de croissance, s'appuyant sur la puissance du Saint-Esprit pour transformer son caractère et le conformer à l'image du Christ.

Préparer le retour de Jésus nécessite un engagement vigilant envers la sainteté. Cela implique d'examiner sa vie, de se repentir de ses actes répréhensibles et d'adopter une vie de justice. La recherche de la sainteté prépare non seulement les individus au retour imminent de Jésus, mais leur permet également de faire l'expérience d'une intimité plus profonde avec Dieu, d'une foi plus forte et d'une plus grande capacité à refléter son amour et sa vérité dans le monde.

Comprendre la promesse de la seconde venue de Jésus, les enseignements de préparation, la signification de la sainte Église et le rôle de la sainteté est vital pour les croyants. Cela éveille un sentiment d'urgence de s'aligner sur les desseins de Dieu, de rechercher une croissance spirituelle et de vivre une vie caractérisée par la sainteté et la justice. Alors que l'Église attend avec impatience le retour de Jésus, puissions-nous nous efforcer d'être un peuple saint, prêt à le rencontrer et à accomplir le but pour lequel nous avons été appelés.

1. Embrasser la sainteté : La sainteté n'est pas un ensemble de règles légalistes ou une simple apparence extérieure de justice. C'est une posture du cœur ; un profond désir de se conformer à l'image du Christ et de marcher dans l'obéissance aux commandements de Dieu. La sainteté englobe nos pensées, nos paroles et nos actions, imprégnant tous les aspects de notre vie.

2. Refléter le caractère de Dieu : La sainteté est enracinée dans la nature de Dieu lui-même. Il est saint et appelle son peuple à être saint (Lévitique 19 : 2). En tant que croyants, nous sommes appelés à refléter le caractère et les attributs de Dieu dans nos vies. La sainteté implique de cultiver des qualités telles que l'amour, la gentillesse, l'humilité, le pardon et l'intégrité. En incarnant ces vertus, nous devenons des témoignages vivants de la puissance et de la grâce transformatrice de Dieu.

3. Le rôle de la Parole de Dieu : Vivre une vie sainte nécessite de s'immerger dans la Parole de Dieu. Sa Parole est une lampe à nos pieds et une lumière sur notre chemin (Psaume 119 : 105). Cela révèle son caractère, sa volonté et ses normes en matière de vie sainte. En méditant sur les Écritures et en leur permettant de transformer notre esprit, nous sommes équipés pour faire des choix qui correspondent au cœur de Dieu.

4. Témoignage du monde : La sainteté est un puissant témoignage du monde. Lorsque les croyants mènent une vie sainte, cela remet en question les valeurs et les normes dominantes de la société. Nos paroles, nos actions et nos attitudes doivent refléter la lumière du Christ, attirant les autres à lui. La sainteté attire l'attention des incroyants et offre des opportunités de partager l'Évangile et de témoigner du pouvoir transformateur de l'amour de Jésus.

5. Renouveler l'esprit : Vivre une vie sainte commence par renouveler notre esprit. Comme l'apôtre Paul l'a exhorté : « Ne vous conformez pas à ce monde, mais laissez-vous transformer par le renouvellement de votre intelligence » (Romains 12 : 2). Le renouvellement de notre esprit implique de remplacer la pensée du monde par la vérité de Dieu, permettant à sa Parole de façonner nos perspectives, nos valeurs et nos priorités.

6. Se conformer à l'image du Christ : La sainteté est un processus de conformité à l'image du Christ. À mesure que nous grandissons dans notre relation avec lui, le Saint-Esprit œuvre en nous, nous transformant pour ressembler davantage à Jésus (2 Corinthiens 3 : 18). Cette transformation implique d'abandonner notre volonté et nos désirs à Dieu, lui permettant de nous façonner et de nous modeler. La sainteté requiert un véritable désir d'imiter l'amour, l'humilité, l'altruisme et l'obéissance du Christ.

7. Rechercher la direction du Saint-Esprit : Vivre une vie sainte n'est pas quelque chose que nous pouvons réaliser par nos propres forces. Nous avons besoin de la direction et de la puissance du Saint-Esprit. L'Esprit nous aide à discerner le bien du mal, nous convainc de péché et nous donne le pouvoir de vivre conformément à la volonté de Dieu. En nous appuyant sur la direction de l'Esprit, nous pouvons naviguer dans les complexités de la vie avec sagesse et intégrité.

8. Cultiver un style de vie pieux : La prière fait partie intégrante d'une vie sainte. C'est par la prière que nous communiquons avec Dieu, recherchons sa direction et exprimons notre dépendance à son égard. Un style de vie priant nous maintient connectés à la source de notre force et nous permet de surmonter la tentation et de grandir dans notre relation avec Dieu.

9. Vivre une vie sainte nécessite de fuir activement le péché et de rechercher la justice. Cela implique d'éviter intentionnellement les situations, les influences et les comportements qui nous éloignent des normes de Dieu. Au lieu de cela, nous nous efforçons d'adopter la vertu, l'intégrité et la pureté morale, en recherchant la justice. La sainteté implique également de nous séparer du péché et des influences corruptrices du

monde. Les croyants sont appelés à résister à la tentation, à fuir le mal et à rechercher la justice. Cela nécessite de faire des choix délibérés pour éviter les pratiques pécheresses, les influences impies et les situations compromettantes. En vivant une vie de sainteté, les croyants protègent leur cœur, leur esprit et leurs actions, restant fermes dans leur engagement envers les normes de Dieu.

10. Refléter l'amour et le caractère de Dieu : Vivre une vie sainte ne consiste pas seulement à éviter le péché, mais aussi à refléter l'amour et le caractère de Dieu dans le monde qui nous entoure. Comme Jésus l'a dit : « À ceci tous connaîtront que vous êtes mes disciples, si vous avez de l'amour les uns pour les autres » (Jean 13 :35). Notre sainteté doit se manifester par des actes de gentillesse, de compassion, de pardon et d'altruisme.

11. Anticiper l'Époux : La sainteté prépare les croyants à anticiper avec impatience le retour de Jésus en tant qu'Époux. Tout comme une épouse se prépare avec pureté et préparation pour le jour de son mariage, les croyants sont appelés à se préparer en tant qu'épouse du Christ (Éphésiens 5 : 27). Cette préparation implique de rechercher la sainteté, d'entretenir une relation dynamique avec Dieu et d'attendre avec impatience les glorieuses retrouvailles avec notre Sauveur.

Vivre une vie sainte est un voyage continu de croissance et de transformation. Cela n'est pas sans défis et difficultés, mais grâce à la grâce de Dieu et à la puissance du Saint-Esprit, nous pouvons marcher dans l'obéissance et poursuivre la sainteté avec ferveur et détermination.

Alors que nous sommes des croyants nés de nouveau, engageons-nous à vivre une vie sainte ; une vie qui honore Dieu, attire les autres à lui et nous prépare au retour glorieux de notre Sauveur. Puisse notre quête de sainteté être marquée par l'humilité, la grâce et un profond désir de refléter le caractère du Christ dans tout ce que nous faisons.

En conclusion, la sainteté joue un rôle important dans la préparation du retour de Jésus. Cela implique de refléter le caractère de Dieu, de se séparer du péché, de se conformer à l'image du Christ et d'être un témoin du monde. La sainteté prépare les croyants à anticiper avec impatience le retour de Jésus et à vivre prêts pour sa venue. En poursuivant la sainteté, les croyants participent activement au plan rédempteur de Dieu et lui démontrent leur amour et leur dévotion.

4.10 L'Importance de la Sainte Église

La sainte Église revêt une signification profonde par rapport au retour de Jésus. L'Église n'est pas simplement un bâtiment physique mais un corps collectif de croyants qui ont accepté Jésus-Christ comme leur Sauveur et s'engagent à vivre une vie de foi et d'obéissance. C'est au sein de cette communauté de foi que les croyants trouvent encouragement, soutien et nourriture spirituelle. L'église sert de phare de lumière, de lieu de culte et de témoignage de la grâce et de l'amour de Dieu dans le monde.

De plus, la sainte Église est destinée à être l'épouse du Christ, attendant son retour avec impatience. Tout comme une mariée se prépare pour le jour de son mariage, l'Église est appelée à se préparer spirituellement, en se revêtant de justice et de sainteté. La sainte Église représente une communauté qui s'efforce d'incarner les enseignements du Christ, reflétant son amour, sa grâce et sa vérité pour le monde.

Comprendre l'importance de la sainte Église aide les croyants à comprendre leur rôle dans le royaume de Dieu et la responsabilité qu'ils portent dans la préparation du retour de Jésus.

1. L'Église en tant que Corps du Christ : La sainte Église n'est pas un bâtiment physique, c'est le corps du Christ, avec Jésus comme tête (Éphésiens 5 : 23). Tout comme le corps fonctionne harmonieusement et chaque partie contribue à sa santé et à son bien-être global, l'Église est conçue pour fonctionner comme une communauté unifiée, chaque membre jouant un rôle unique. L'importance de la sainte Église réside dans sa capacité à manifester la présence du Christ sur Terre, en poursuivant son ministère et en étendant son amour et sa grâce au monde.

2. L'Église comme témoin : La sainte Église sert de témoin puissant au monde. Il est appelé à être une lumière dans les ténèbres, démontrant le pouvoir transformateur de l'Évangile à travers ses actions et son caractère collectifs. La mission de l'Église est de faire des disciples de toutes les nations, partageant la bonne nouvelle du salut de Jésus et invitant les autres à entrer en relation avec lui (Matthieu 28 : 19-20). L'importance de la sainte Église réside dans sa capacité à apporter l'espoir, la réconciliation et la guérison à un monde brisé, en attirant les gens vers la vérité et l'amour du Christ.

3. L'Église en tant que communauté de foi : La sainte Église offre une communauté de soutien, d'encouragement et de croissance spirituelle aux croyants. C'est un lieu où les croyants peuvent se rassembler, adorer Dieu, étudier sa Parole et communier les uns avec les autres. Au sein de l'Église, les croyants trouvent un sentiment d'appartenance et de responsabilité. Ils sont encouragés à grandir dans leur foi, à utiliser leurs dons spirituels et à se servir les uns les autres avec amour (1 Corinthiens 12 :12-27). L'importance de la sainte Église réside dans sa capacité à nourrir et équiper les croyants, favorisant ainsi la maturité spirituelle et l'unité.

4. L'Église en tant qu'épouse du Christ : La sainte Église est décrite comme l'épouse du Christ, attendant son retour comme ultime fête de noces (Apocalypse 19 : 7). Cette imagerie signifie la relation intime entre le Christ et son peuple. L'Église est appelée à se préparer comme une épouse pure et sans tache, vivant dans la sainteté et la fidélité au Christ. L'importance de la sainte Église réside dans son rôle d'épouse, attendant avec impatience le retour glorieux de l'Époux et la consommation de leur union.

En conclusion, la sainte Église revêt une importance significative par rapport au retour de Jésus et à l'accomplissement du plan de rédemption de Dieu. Il sert de corps au Christ, poursuivant son œuvre sur Terre. L'Église rend témoignage au monde, partageant la bonne nouvelle et étendant l'amour et la grâce du Christ. Il fournit une communauté de foi, nourrissant les croyants et favorisant la croissance spirituelle. Enfin, l'Église est l'épouse du Christ, attendant avec impatience son retour et vivant dans la disponibilité et la sainteté. Comprendre l'importance de la sainte Église incite les croyants à participer activement à sa mission et à se préparer au retour glorieux de Jésus.

4.11 Se Préparer à la Seconde Venue du Christ

L'urgence de naître de nouveau est directement liée au retour imminent de Jésus-Christ. En tant qu'âme, vous êtes appelé à recevoir Jésus-Christ pour votre rédemption, vous devez donc être sûr que Jésus-Christ est dans votre cœur en tant que Seigneur et Sauveur afin que vous puissiez vous préparer activement à sa seconde venue en tant que né de nouveau. Cette section explore l'importance de cette préparation et les étapes que nous pouvons suivre pour être prêts pour le retour glorieux de notre Seigneur.

1. Comprendre la promesse du retour du Christ : Les Écritures affirment à plusieurs reprises la promesse de la seconde venue du Christ. Jésus lui-même a assuré à ses disciples : « Je reviendrai et je vous prendrai avec moi » (Jean 14 : 3). Cette promesse nous donne de l'espoir et un sentiment d'urgence pour vivre en prévision de son retour.

2. Rester vigilant et vigilant : Jésus a exhorté ses disciples à être vigilants et attentifs à son retour, le comparant à un propriétaire qui reste éveillé, sachant qu'un voleur peut arriver à tout moment (Matthieu 24 : 42-44). Nous sommes appelés à être vigilants, à garder nos sens spirituels aiguisés et à discerner les signes des temps.

3. Cultiver l'amour pour sa venue : Se préparer à la seconde venue du Christ implique de cultiver un amour profond et d'aspirer à son retour. Nous attendons avec impatience le jour où nous serons unis à lui pour toujours, libres du péché et du chagrin. Cet amour pour sa venue nous motive à vivre une vie sainte et à le servir activement jusqu'à son retour.

4. Examiner nos cœurs : Se préparer au retour du Christ nécessite un examen sincère de nos cœurs. Nous devons évaluer nos attitudes, nos actions et nos motivations à la lumière de la Parole de Dieu. Y a-t-il des domaines dans notre vie qui nécessitent une repentance ou un réalignement avec Sa volonté ? C'est par une honnête réflexion personnelle et par un abandon à l'œuvre raffinée de Dieu que nous nous préparons à sa venue.

5. Investir dans les priorités du Royaume : Alors que nous attendons le retour du Christ, nous sommes appelés à investir notre temps, nos talents et nos ressources dans la construction du royaume de Dieu. Cela inclut partager l'Évangile, servir les autres et vivre la Grande Commission. Nous devrions nous concentrer sur des efforts éternels axés sur le Royaume, plutôt que sur des activités temporaires et mondaines.

6. Vivre avec une perspective éternelle : Se préparer à la seconde venue du Christ nécessite de vivre avec une perspective éternelle. Nous reconnaissons que le monde actuel est en train de disparaître et que notre demeure ultime est au ciel. Cette perspective influence nos valeurs, nos priorités et nos décisions, nous amenant à accumuler des trésors au ciel plutôt que sur terre.

7. Persévérer dans la foi : Le voyage de préparation au retour du Christ peut impliquer des défis, des épreuves et des persécutions. Cependant, nous sommes appelés à persévérer dans la foi, sachant que notre récompense est assurée en Christ. Nous avons confiance en sa fidélité et restons fermes, tenant fermement à notre confession d'espérance jusqu'à ce qu'il apparaisse.

8. S'encourager les uns les autres : Se préparer au retour du Christ n'est pas une entreprise individuelle. Nous sommes appelés à nous encourager et à nous exhorter les uns les autres dans la foi, en nous encourageant mutuellement à l'amour et aux bonnes œuvres (Hébreux 10 :24). Ensemble, nous construisons une communauté de croyants qui se soutiennent et se renforcent mutuellement alors que nous attendons avec impatience sa venue.

En tant que croyants nés de nouveau, l'urgence de naître de nouveau nous rappelle l'importance de prêcher le salut aux incroyants, afin qu'ils puissent se préparer à la seconde venue du Christ. Acceptons cette urgence, vivons dans une disponibilité constante et travaillons avec diligence à l'accomplissement des desseins de Dieu dans nos vies et dans le monde. Que nos cœurs soient remplis d'attente, que nos vies reflètent sa gloire et que notre témoignage brille avec éclat alors que nous attendons avec impatience le retour glorieux de notre Seigneur et Sauveur, Jésus-Christ.

4.12 Les Paraboles et les Enseignements de la Préparation

Tout au long de son ministère, Jésus a partagé des paraboles et des enseignements qui soulignaient l'importance de se préparer pour son retour. Les paraboles soulignent la nécessité d'être vigilant, fidèle et productif en attendant sa venue. Ces histoires nous rappellent qu'il faut donner la priorité à la croissance spirituelle, à l'intendance et à une vie fidèle en préparation au retour de Jésus.

Les paraboles sont des histoires avec une signification spirituelle plus profonde, pour transmettre des vérités profondes sur la nature du royaume et les attentes placées dans les croyants.

Une de ces paraboles est la Parabole des Dix Vierges (Matthieu 25 : 1-13). Dans cette parabole, Jésus compare le royaume des cieux à dix vierges attendant l'arrivée de l'époux. Cinq d'entre eux étaient préparés avec suffisamment d'huile pour leurs lampes, tandis que les cinq autres ne l'étaient pas. Lorsque l'époux arrivait, les vierges préparées pouvaient entrer dans le festin de noces, tandis que celles qui n'étaient pas préparées étaient laissées dehors. Cette parabole souligne la nécessité d'être spirituellement préparé et vigilant, car personne ne connaît l'heure exacte du retour de Jésus.

Une autre parabole importante est la Parabole des talents (Matthieu 25 : 14-30). Dans cette parabole, un maître confie différentes sommes d'argent (talents) à ses serviteurs avant de partir en voyage. À son retour, il évalue l'intendance de chaque serviteur. Les serviteurs qui avaient fidèlement multiplié les talents qui leur étaient donnés étaient félicités et récompensés, tandis que celui qui enfouissait son talent par peur était condamné. Cette parabole met l'accent sur l'importance d'une gestion fidèle, en utilisant ses dons et ses ressources pour faire avancer le royaume de Dieu et préparer le retour de Jésus.

Jésus n'a pas seulement enseigné à travers des paraboles, mais il a également souligné l'importance de la préparation et d'une vie fidèle. Il a exhorté ses partisans à être vigilants et préparés, comparant son retour à celui d'un voleur arrivant à l'improviste. Jésus a souligné l'importance d'être fidèle à ses responsabilités et de vivre une vie caractérisée par l'amour, la miséricorde et la justice. Ces enseignements obligent les croyants à s'engager activement dans leur foi et à vivre avec un sentiment d'urgence. Ils soulignent la nécessité d'entretenir une relation personnelle avec Dieu, de donner la priorité à la croissance spirituelle et d'appliquer fidèlement les enseignements du Christ dans tous les aspects de la vie. Les paraboles et les enseignements de préparation mettent les croyants au défi de faire une introspection, de réaligner leurs priorités et de se consacrer à une vie de disciple et de préparation à la venue du royaume de Dieu.

En conclusion, les paraboles et les enseignements de Jésus concernant la préparation fournissent des informations et des conseils précieux aux croyants. Ils appellent les croyants à être spirituellement préparés, à être des intendants fidèles et à être attentifs aux signes de sa venue. Ces enseignements soulignent l'importance de cultiver une relation personnelle avec Dieu, d'utiliser ses dons et ses ressources pour atteindre ses objectifs et de vivre une vie d'amour, de justice et de service. En tenant compte de ces enseignements, les croyants peuvent se préparer activement au retour glorieux de Jésus et à l'établissement de son royaume.

4.13 Discerner les Signes du Retour Imminent de Jésus

Reconnaître les signes du retour imminent de Jésus nécessite du discernement et une compréhension profonde des Écritures. Bien que nous ne puissions pas connaître le moment exact de son retour, Jésus a souligné l'importance d'être vigilant et de discerner les signes des temps.

En étudiant et en méditant la Parole de Dieu, les croyants peuvent mieux comprendre les signes et se préparer en conséquence. Cela implique d'être vigilant dans la prière, de maintenir une foi fervente et de vivre dans une perspective éternelle. Cela implique de rester enraciné dans la vérité des Écritures, de rester connecté au corps du Christ et de s'engager activement dans l'œuvre du Royaume.

Reconnaître les signes implique aussi de discerner le climat spirituel de notre époque. Cela implique d'être conscient de la montée des faux enseignements, de la décadence morale et de l'érosion des valeurs bibliques. Cela signifie garder un œil vigilant sur les événements géopolitiques, les progrès technologiques et les tendances mondiales qui correspondent aux prophéties bibliques. En fin de compte, reconnaître les signes du retour imminent de Jésus nécessite d'être spirituellement en phase, de rechercher la sagesse du Saint-Esprit et d'être prêt à répondre avec foi et obéissance.

Reconnaître les signes du retour imminent de Jésus nécessite du discernement et une compréhension profonde des Écritures. Bien que nous ne puissions pas connaître le moment exact de son retour, Jésus a souligné l'importance d'être vigilant et de discerner les signes des temps.

Voici plusieurs facteurs importants à prendre en compte :

1. Étudiez et méditez la Parole de Dieu : Le fondement pour reconnaître les signes réside dans une étude et une méditation assidues de la Parole de Dieu. La Bible fournit le cadre et les idées prophétiques nécessaires pour comprendre les signes des derniers jours. En nous plongeant dans les Écritures, nous acquérons la sagesse et le discernement nécessaires pour reconnaître les signes qui se déroulent autour de nous.

2. Discernement spirituel : Développer le discernement spirituel est essentiel pour reconnaître les signes des temps. Ce discernement vient du fait de cultiver une relation étroite avec Dieu, de marcher sous la direction du Saint-Esprit et de rester sensible à sa direction. Le Saint-Esprit peut éclairer les Écritures, révéler la vérité et nous aider à discerner entre ce qui vient de Dieu et ce qui est trompeur.

3. Comprendre le cadre prophétique : Familiarisez-vous avec le cadre prophétique décrit dans les Écritures. Cela inclut les prophéties concernant Israël, la montée des faux prophètes, la propagation mondiale de l'Évangile, l'augmentation de la méchanceté et d'autres signes décrits par Jésus et les apôtres. En comprenant ce cadre, nous pouvons évaluer les événements actuels et les aligner sur la chronologie prophétique.

4. Soyez attentif aux événements mondiaux : gardez un œil vigilant sur les événements mondiaux, en particulier ceux qui correspondent aux prophéties bibliques. Recherchez les développements géopolitiques, les tendances mondiales et les progrès technologiques qui peuvent avoir une signification prophétique. Par exemple, le rétablissement d'Israël, l'alignement des nations contre Jérusalem et la mondialisation du commerce sont des signes à considérer.

5. Évaluez le climat spirituel : Évaluez le climat spirituel de l'époque. Faites attention aux idéologies dominantes, aux changements culturels et à la condition spirituelle de la société. Recherchez des indicateurs de décadence morale, de montée de la laïcité, d'érosion des valeurs bibliques et d'hostilité croissante envers le christianisme.

6. Restez connecté au corps du Christ : engagez-vous avec d'autres croyants et restez connecté au corps du Christ. La camaraderie, la discussion et le partage d'idées avec d'autres croyants peuvent aider collectivement à discerner et à comprendre les signes des temps. Apprendre des perspectives et des expériences de chacun peut approfondir notre compréhension et nous préparer au retour de Jésus.

7. Maintenir une perspective éternelle : Vivez avec une perspective éternelle, en reconnaissant que ce monde n'est pas notre demeure ultime. En donnant la priorité au Royaume de Dieu et en investissant dans les questions éternelles, nous pouvons rester prêts pour le retour du Christ. Cela implique de participer activement à l'œuvre rédemptrice de Dieu, de partager l'Évangile et de vivre les valeurs du Royaume dans notre vie quotidienne.

N'oubliez pas que même s'il est important de reconnaître les signes, notre objectif principal doit être de nous concentrer sur notre croissance spirituelle personnelle, sur l'obéissance aux commandements de Dieu et sur l'accomplissement de notre rôle d'ambassadeurs de Dieu dans le monde. En fin de compte, notre préparation au retour de Jésus repose sur notre relation avec lui et sur notre engagement à vivre une vie de foi, d'amour et de justice.

L'accomplissement des prophéties bibliques et les signes des temps servent de signal d'alarme pour que tous les humains acceptent l'urgence de naître de nouveau et se préparent au retour de Jésus. Les prophéties des derniers jours, les signes esquissés par Jésus et les avertissements prophétiques trouvés dans les Écritures nous rappellent l'imminence de son retour. Reconnaître ces signes nécessite du discernement, une compréhension profonde des Écritures et une relation continue avec Dieu. En tant que croyants, nous sommes appelés à vivre dans l'anticipation, en restant fidèles à la Parole de Dieu et en participant activement à son plan rédempteur en attendant le retour glorieux de notre Seigneur et Sauveur, Jésus-Christ.

Tout au long de ce chapitre, nous avons exploré la promesse de la seconde venue de Jésus, les paraboles et les enseignements qui mettent l'accent sur la nécessité de la préparation, l'importance de la sainte Église et le rôle de la sainteté dans la préparation de son retour. Nous avons également approfondi l'accomplissement des prophéties bibliques, l'enlèvement, les signes des temps, les avertissements prophétiques et la reconnaissance des signes du retour imminent de Jésus.

Alors que nous anticipons le retour glorieux de notre Seigneur et Sauveur, Jésus-Christ, vivons avec un sentiment d'urgence, restons fidèles à sa Parole et participons activement à son plan rédempteur. Puissions-nous être une Église sainte et dynamique, brillant comme des lumières au milieu des ténèbres et proclamant l'Évangile à toutes les nations.

Puisse ce chapitre servir d'appel à l'action, nous exhortant à rechercher une relation personnelle avec Jésus, à naître de nouveau par son Esprit, et à vivre une vie de sainteté et de justice. Puissions-nous être trouvés fidèles, prêts et préparés pour le jour où Jésus viendra ramener son église à la maison. Que nos vies soient un témoignage de notre amour pour lui, de notre engagement envers sa Parole et de notre désir de voir son Royaume venir sur terre comme au ciel.

Puissions-nous toujours nous souvenir des paroles de Jésus dans Apocalypse 22 : 20 : « Certainement, je viens bientôt. » Et que notre réponse soit : « Amen. Viens, Seigneur Jésus !

Conclusion

Dans le contexte actuel, l'urgence du retour de Jésus est une question d'une grande importance. Le monde dans lequel nous vivons est marqué par divers défis, tant sur le plan moral que spirituel. Nous sommes témoins d'une montée des troubles, de la violence et d'un mépris pour les valeurs qui défendent la paix et la justice. Dans une telle période, le retour de Jésus devient encore plus urgent.

En tant que chrétiens, nous sommes appelés à être vigilants et perspicaces, sachant que le retour de notre Seigneur est imminent. Nous sommes invités à ne pas nous laisser aller à la complaisance ou à ne pas nous laisser consumer par les distractions du monde, mais à rechercher sincèrement sa présence et à vivre selon ses enseignements.

Les Écritures nous rappellent que le retour de Jésus viendra soudainement, prenant beaucoup de monde au dépourvu. Par conséquent, nous sommes exhortés à vivre une vie qui reflète notre anticipation et notre préparation à sa venue. Nous devons rester fermes dans notre foi, cultiver une relation profonde avec Dieu et vivre conformément à ses commandements.

De plus, l'urgence du retour de Jésus nous rappelle la brièveté et la fragilité de la vie. Chaque instant qui passe nous rapproche de l'accomplissement du plan de Dieu. Cela nous incite à donner la priorité à notre voyage spirituel, à la recherche du pardon et de la réconciliation avec Dieu en acceptant Jésus-Christ dans nos cœurs en tant que Seigneur et Sauveur.

À la lumière de l'urgence de son retour, nous sommes obligés de partager le message du salut avec les autres. Nous avons la responsabilité de proclamer la bonne nouvelle de Jésus-Christ, en étendant son amour et sa grâce à ceux qui n'ont pas encore fait l'expérience de sa puissance transformatrice. L'urgence de son retour devrait nous motiver à nous engager activement dans des actes de compassion, de justice et de miséricorde, ayant ainsi un impact positif sur la vie des autres.

En fin de compte, l'urgence du retour de Jésus nous appelle à vivre avec un sentiment d'espoir et d'anticipation, en faisant confiance à ses promesses et en attendant avec impatience l'accomplissement de son royaume.

Cela nous rappelle que notre objectif ultime va au-delà des préoccupations temporelles de ce monde, nous rapprochant de Dieu et nous invitant à vivre d'une manière qui reflète sa vérité et son amour éternels.

5 LA PORTE DU SALUT

    Dans ce chapitre, nous procédons à une exploration approfondie de Jésus en tant que porte du salut pour toute l'humanité, transcendant les croyances et les opinions. Dans notre monde actuel rempli de défis divers, il est essentiel de reconnaître l'universalité du sacrifice rédempteur de Jésus. Nous examinerons la signification du fait que Jésus est le point d'accès au salut éternel, comment quelqu'un peut entrer par cette porte et quand cette porte sera finalement fermée. De plus, nous inviterons les individus de toutes les religions et les athées à embrasser Jésus aujourd'hui pour leur salut personnel.

    Ce chapitre approfondit également la vérité sur la porte du salut, soulignant comment Jésus, en tant que porte, ouvre la voie du salut à tous les êtres, même à ceux résidant sur des planètes lointaines - s'il existe des existences d'autres êtres intelligents et la vie là-bas.

    Tout au long de l'histoire, l'humanité a cherché des réponses aux questions fondamentales de la vie. Qui sommes nous ? Pourquoi sommes-nous ici ? Que se passe-t-il après notre mort ? La recherche de vérité et de sens a conduit les individus sur diverses voies, aboutissant à la formation de différentes religions et systèmes de croyance. Même si ces systèmes peuvent différer dans leurs pratiques et leurs doctrines, il existe un fil conducteur qui les lie ensemble. C'est une aspiration au salut, à la délivrance du fardeau du péché et à la promesse de la vie éternelle. Divers chefs religieux et croyances spirituelles ont émergé, offrant différents chemins et portes vers le salut (de nombreuses croyances incluent la méditation transcendantale en vue de retourner en Eden). Cependant, le message de Jésus est d'une puissance unique. La Bible présente un message clair et convaincant : Jésus-

Christ est la seule porte par laquelle nous pouvons trouver un salut véritable et durable.

Le salut est un besoin fondamental pour tout être humain. Nous aspirons tous au pardon, à la restauration et à un lien profond avec notre Créateur. C'est dans ce contexte que Jésus est la figure centrale, la porte qui transcende les frontières, les croyances et même la vaste étendue de l'univers lui-même. Dans les pages qui suivent, nous découvrirons les implications théologiques du sacrifice de Jésus, en comprenant comment son expiation s'étend bien au-delà des limites de notre planète. Certains peuvent remettre en question le caractère exclusif de Jésus comme porte, se demandant s'il existe d'autres chemins vers le salut. Cependant, Actes 4 :12 déclare : « Le salut ne se trouve en personne d'autre, car il n'y a sous le ciel aucun autre nom donné à l'humanité par lequel nous devons être sauvés. » Ce verset renforce le rôle singulier de Jésus en tant que porte du salut.

Alors que nous entamons ce voyage, il est important d'aborder ce sujet avec un esprit et un cœur ouverts, en reconnaissant la signification du message d'amour, de grâce et de rédemption de Jésus. Nous explorerons la compréhension métaphorique de Jésus comme porte, non seulement comme point d'entrée physique, mais comme passerelle vers une vie transformée et utile.

De plus, nous discuterons des étapes nécessaires pour entrer par cette porte du salut. La foi et la repentance occuperont une place centrale alors que nous explorerons le pouvoir transformateur de l'acceptation de Jésus dans nos vies. Nous aborderons les questions et préoccupations courantes, clarifiant les idées fausses et invitant les lecteurs à faire l'expérience de l'amour de Jésus qui change leur vie.

Nous explorerons également la nature universelle de l'invitation au salut de Jésus. Le sacrifice aimant de Jésus sur la croix s'étend au-delà des frontières culturelles, géographiques ou des systèmes de croyance. Nous réfléchirons à la nature globale de l'amour de Dieu et à son désir que toute l'humanité fasse l'expérience du salut. De plus, l'invitation de Jésus à entrer par Lui s'étend au-delà des frontières culturelles, religieuses et géographiques. Il englobe l'intégralité de l'univers, englobant des individus de tous horizons et de tous horizons. En Lui, nous trouvons l'incarnation de l'amour, de la compassion et de la grâce divine qui satisfait les désirs les plus profonds de l'âme humaine.

De plus, nous serons confrontés à l'urgence de répondre à l'invitation du salut. Le temps est éphémère et la porte ne restera pas ouverte indéfiniment. Il est plus important d'envisager la fermeture éventuelle de la porte, en soulignant l'urgence de répondre à l'invitation de Jésus. Même si le salut est accessible à tous, il viendra un moment où la possibilité d'entrer par cette porte cessera d'exister. La fermeture de la Porte est un événement futur, comme le prédisent les prophéties bibliques, soulignant l'importance d'agir maintenant. En explorant ces prophéties et en examinant les références bibliques pertinentes, nous comprendrons mieux la signification de nos choix et la nécessité d'agir de manière décisive. Nous explorerons le concept de jugement et l'importance de prendre la décision d'accepter Jésus avant qu'il ne soit trop tard. Nous reconnaîtrons les conséquences potentielles du rejet de Jésus comme Porte. Cette compréhension nous incitera à saisir l'opportunité du salut tant qu'elle est encore disponible.

Enfin, nous invitons les individus de toutes les religions à réfléchir au message de Jésus. Avec humilité et respect, nous plongerons dans l'essence de ses enseignements, mettant en valeur l'harmonie que l'on peut trouver dans le cadre de divers systèmes de croyance lorsqu'on l'observe à travers le prisme du message universel de Jésus.

Le concept de porte est riche en symbolisme. Une porte représente un point d'entrée, une passerelle vers un domaine ou une expérience différente. Dans le cas du salut, Jésus est la porte qui nous mène d'une vie séparée de Dieu à une vie en relation intime avec Lui. Il est le point d'accès à la vie abondante et éternelle que Dieu offre.

Tout au long de la Bible, nous trouvons de nombreuses références à Jésus comme porte du salut. Ces passages révèlent son exclusivité, son œuvre rédemptrice et l'invitation qu'il adresse à toute l'humanité. En étudiant ces versets, nous comprendrons plus profondément la signification de Jésus en tant que porte et la manière dont nous pouvons entrer dans le salut qu'il nous offre.

En approfondissant cette exploration, gardons à l'esprit que notre objectif n'est pas de dénigrer les autres religions, mais de présenter la beauté et le caractère unique de Jésus comme la seule porte du salut. Le cœur ouvert et la soif de vérité, entrons au plus profond de ce message intemporel, appuyé par des références tirées des textes sacrés de la Bible.

Puisse ce voyage servir d'inspiration, d'invitation et de catalyseur pour une transformation personnelle alors que nous parvenons à comprendre Jésus comme la Porte du Salut pour toute l'humanité.

5.1 Le Salut pour Tous

Il n'y a qu'un seul Créateur qui puisse ressentir de la compassion pour l'humanité après la chute. Les anges connaissent la sévérité de Dieu concernant le péché, ils ont la preuve qu'après la chute des anges, Dieu les a bannis du ciel. Ainsi, lorsque l'homme est tombé, les anges ne pouvaient pas savoir ce qui se passerait réellement, puisqu'ils étaient seulement habitués au « bannissement après la chute », il est donc correct de dire que les anges ont juste pensé au bannissement de l'humanité (que les hommes seront également bannis comme eux) parce que c'était l'unique chose qu'ils ont vu Dieu faire. Cependant dans son plan divin, Dieu a aimé l'homme et Il a sacrifié son fils unique avant la fondation du monde, avant la création de l'homme, afin de pouvoir trouver un moyen de sauver son être bien-aimé sans briser sa sainteté et sa justice. Une âme pour une âme. Jésus s'est fait homme pour pouvoir satisfaire à cette exigence. Puisque Dieu n'a pas de sang humain et ne pouvait pas mourir, Jésus est devenu mortel avant la fondation du monde afin d'avoir du sang à donner à son père pour le salut de l'humanité. Dans l'éternité, Jésus a payé le prix à son père avant la création de l'homme, donc seuls Lui et le Père savaient ce qui s'est passé.

C'est pourquoi la Bible dit que s'ils le savaient, ils n'auraient pas crucifié le Seigneur de gloire. 1Corinthiens 2 :6-8 « Cependant, nous parlons de sagesse parmi ceux qui sont mûrs, mais pas de la sagesse de ce siècle, ni de celle des dirigeants de ce siècle, qui échouent. Mais nous parlons de la sagesse de Dieu dans un mystère, la sagesse cachée que Dieu a ordonnée avant les siècles pour notre gloire, et qu'aucun des dirigeants de ce siècle n'a connue ; car s'ils l'avaient su, ils n'auraient pas crucifié le Seigneur de gloire.

Lorsque les anges étaient attristés par la chute de l'homme, ils furent surpris de voir Jésus dire à son Père « Je suis prêt à descendre et à devenir la porte du salut pour toute l'humanité ». Le plan rédempteur de Dieu s'étend à tous les hommes, quelle que soient leur race, leur nationalité, leur origine ethnique, leur statut social ou leur origine religieuse, pour recevoir Son fils engendré pour leur salut.

Pour comprendre cela, nous devons regarder attentivement le moment où Dieu a créé l'homme. Il lui a donné un domaine où il peut exercer sa domination. Dans Genèse 1 :26, il est dit : « Alors Dieu dit : « Faisons l'humanité à notre image, selon notre ressemblance, afin qu'elle domine sur les poissons de la mer et les oiseaux du ciel, sur le bétail et sur toute l'humanité. » la terre, et sur toutes les créatures qui se meuvent sur la terre ». Au verset 28, Dieu les bénit et leur dit : « Soyez féconds et multipliez-vous ! Remplissez la terre et soumettez-la ». Il a dit de le soumettre, d'autres traductions disant : « mettez-le sous votre contrôle, remplissez la terre et soyez-en maître, remplissez la terre et régnez sur elle, remplissez la terre et soyez son maître », Dieu a donné ce genre de pouvoir et autorité uniquement à l'homme pour mettre la terre sous son contrôle, pour en être le maître, pour l'entretien de la terre.

Dieu dans Genèse 2 :15 a fait ce qui suit : L'Éternel Dieu a pris l'homme et l'a mis dans le jardin d'Éden pour le travailler et le garder. Dieu a donné à l'homme une autre dimension de pouvoir qui l'aidera à garder la terre. Lorsque l'homme est tombé ce jour-là, le diable a pris la domination de l'homme, mais pas cette dimension spécifique mentionnée ci-dessus. La survie de la terre (tous les univers) était liée au fait que l'homme garde la domination, mais le diable ne l'a pas compris. Avec la chute de l'homme, ce fut comme si un mode d'autodestruction s'activait. Tout a commencé à se dégrader. L'univers et tout ce qu'il contient sera détruit a la dernière seconde programmée par Dieu. Le diable ne peut pas l'arrêter, et ne pourra pas l'arrêter, car seul l'homme a pour rôle de garder et de préserver l'univers, et le diable ne peut pas rendre ce qu'il a pris à l'homme (la domination) pour sauver le monde, même s'il vouloir. C'est pourquoi la Bible dit dans Romains 8 :19-24 : « Car la création attend avec un désir ardent la révélation des fils de Dieu. Car la création a été soumise à la futilité, non pas volontairement, mais à cause de celui qui l'a soumise, dans l'espoir que la création elle-même sera libérée de l'esclavage de la corruption et obtiendra la liberté de la gloire des enfants de Dieu. Car nous savons que jusqu'à présent toute la création a gémi dans les douleurs de l'accouchement. Et non seulement la création, mais nous-mêmes, qui avons les prémices de l'Esprit, gémissons intérieurement alors que nous attendons avec impatience l'adoption comme fils, la rédemption de nos corps. Car dans cet espoir nous avons été sauvés. Maintenant, espérer que cela se voit n'est pas de l'espoir. Car qui espère ce qu'il voit ?

Le diable a pris la domination qui était sur l'homme, mais il ne peut pas être un homme ; il ne peut pas arrêter la destruction du monde. Tout périra, mais rappelez-vous que Dieu a de l'amour pour l'homme. C'est pourquoi Jésus est venu dans ce monde pour devenir la porte permettant à quiconque croit en lui d'avoir la vie éternelle. Dieu aime les hommes, vous pouvez être classé comme blanc, noir, jaune, rouge… vous pouvez naître dans une famille hindoue, une famille islamique, une famille adoratrice du diable, une famille athée, vous pouvez nommer toutes les catégories existantes dans lesquelles nous appartenons, mais cette vérité demeure : tu es toujours un être humain et Jésus est venu pour te sauver parce qu'il t'aime. C'est pourquoi dans ce livre je parle de « l'universalité du salut ». Cela signifie que Jésus est mort pour vous, peu importe où vous vous trouvez actuellement. C'est maintenant à vous de recevoir le don gratuit de la vie éternelle en recevant Jésus dans votre vie.

Base biblique :

Le salut pour tous trouve un solide soutien dans de nombreux passages de la Bible :

1. Jean 3 :16 : « Car Dieu a tant aimé le monde qu'il a donné son Fils unique, afin que quiconque croit en lui ne périsse pas mais ait la vie éternelle. » Ce verset déclare l'amour de Dieu pour le monde entier et son désir que tous les individus aient la possibilité d'être sauvés par la foi en Jésus-Christ.

2. Romains 10 :12-13 : « Car il n'y a pas de différence entre Juifs et Gentils, le même Seigneur est le Seigneur de tous et bénit abondamment tous ceux qui l'invoquent, car : « Quiconque invoquera le nom du Seigneur sera sauvés."' Ce passage souligne que le salut est accessible à tous, quelle que soit leur origine ethnique ou religieuse.

3. 1 Timothée 2 :3-4 : « Ceci est bien et plaît à Dieu notre Sauveur, qui veut que tous les hommes soient sauvés et parviennent à la connaissance de la vérité. » Ici, Paul souligne le désir de Dieu pour le salut de tous.

4. Apocalypse 7 : 9-10 : Ce passage dépeint une vision du ciel où une grande multitude de toutes nations, tribus, peuples et langues se tient devant le trône de Dieu, le louant. Ces images mettent en évidence l'universalité du salut, avec des personnes de tous horizons se réunissant pour adorer Dieu.

Implications :

Le salut pour tous comporte plusieurs implications significatives pour les chrétiens, que l'on retrouve partout où un né de nouveau peut être et dans toutes les sphères d'influence, politique, musique, sport, école, université, armée, police, médias, affaires, gardien de voiture, sécurité, chauffeurs, pilotes, restaurant… nous devons connaître ces implications :

1. Évangélisation et sensibilisation : Parce que le salut est pour tous, les chrétiens sont appelés à partager la bonne nouvelle de Jésus-Christ avec tout le monde ; ceux qui ont de l'argent doivent soutenir ceux qui prêchent publiquement le salut des âmes par Jésus. La Grande Commission dans Matthieu 28 : 19-20 demande aux croyants d'aller faire de toutes les nations des disciples, en les baptisant au nom du Père, du Fils et du Saint-Esprit.

2. Amour : Accepter l'universalité du salut met les croyants au défi de traiter tout le monde avec amour, respect et compassion, quelles que soient leurs origines ou leurs croyances. Il appelle les chrétiens à faire tomber les barrières et à construire des ponts de compréhension entre les diverses communautés. Nous ne pouvons pas diffuser le message d'amour de Dieu sans avoir Son cœur, nous devons laisser l'amour nous guider afin de pouvoir prêcher le salut à toute la création. Il n'y a pas de salut en dehors de Jésus, nous devons donc prêcher l'Évangile en paroles et en actions à toute l'humanité sans discrimination. L'amour est le sceau de Dieu sur chaque chrétien, et Dieu est heureux de vous voir partager son amour avec tout le monde. La meilleure façon de montrer que vous aimez Dieu est d'aimer les autres, et plus vous montrez de l'amour, plus Dieu vous remplit d'amour. 1 Jean 3 :16 dit : « Nous avons connu l'amour grâce à ceci : Jésus a donné sa vie pour nous ; nous devons donc donner notre vie pour les autres. Tous les chrétiens nés de nouveau doivent donner leur vie pour les autres en leur apportant la Bonne nouvelle du salut, et cela s'appelle l'amour.

3. Humilité et gratitude : Reconnaître que nous avons reçu le salut comme un don de grâce favorise l'humilité et la gratitude dans le cœur des croyants. Nous comprenons que nous ne sommes ni meilleurs ni plus méritants que les autres, et que notre salut est uniquement dû à la miséricorde de Dieu. Il est contraire aux normes de Dieu de voir de soi-disant chrétiens être fiers, pensant qu'ils sont meilleurs que l'incroyant et qu'ils ne peuvent pas s'associer au pécheur. Un vrai chrétien né de nouveau

reconnaît que le salut est un don de grâce et que nous ne sommes ni meilleurs ni méritants que les autres, notre salut est un produit de la miséricorde de Dieu. Ainsi, par humilité et gratitude, nous devons être l'instrument que Dieu utilise pour sauver les autres lorsque nous prêchons la bonne nouvelle.

4. Prière pour tous : L'universalité du salut oblige les croyants à prier pour le salut des peuples du monde entier. Les chrétiens intercèdent pour ceux qui n'ont pas encore reçu l'Évangile, demandant à Dieu d'ouvrir leur cœur à sa grâce salvatrice. Mais nous vivons dans un monde devenu froid pour les âmes. Beaucoup sont sur le chemin de la perdition, mais de nos jours les chrétiens sont tellement égoïstes qu'ils ont reçu Jésus pour eux-mêmes, dans le but d'avoir de l'argent ou de devenir une célébrité, alors que des millions d'âmes vont chaque jour en enfer.

Les églises sont froides, il n'y a pas d'amour, et elles prêchent et enseignent de la nourriture pourrie pour maintenir les gens dans leurs péchés. Vous n'êtes pas rempli de l'Esprit de Jésus si vous ne partagez pas son cœur et ses larmes pour les perdus qui courent sur le chemin qui mène à une éternité séparée de l'amour de Dieu. Nous péchons contre son amour lorsque nous refusons de vivre près de son cœur, de recevoir et de partager son désir de sauver les brebis perdues qui sont dehors. Nous devons ressentir l'amour qui a amené Jésus sur terre, ce même amour qui remplit son cœur sur le trône en ce moment où il intercède. Où sont les guerriers de la prière qui peuvent prier pour le salut de notre génération ?

DL Moody a déclaré : « Quand je vois des milliers et des milliers de jeunes sur le chemin qui mène à la mort, je tombe aux pieds de Jésus avec des larmes, le priant pour qu'il puisse venir les sauver ». Paul S. Rees a écrit : « Au nom de Dieu et pour l'amour des âmes, ne laissez jamais le désir insatiable de voir les hommes et les femmes sauvés se refroidir. Pouvons-nous être un vrai chrétien et ne pas être touché par la passion des âmes ? Ceux que Dieu utilisait de manière extraordinaire étaient ceux touchés et remplis par la passion des âmes.

John Knox portait constamment le fardeau de son pays. Nuit après nuit, il priait et sa femme lui demandait de dormir un peu, mais il disait : « comment puis-je dormir quand mon pays n'est pas sauvé ? Il a prié toute la nuit dans l'agonie en disant : « Seigneur, donne-moi l'Écosse ou je meurt ! » Dieu lui a donné l'Écosse. Dieu honore toujours la passion des âmes. Whitefield a prié "O Seigneur, donne-moi des âmes ou prends les miennes". Les gens disaient que son visage brillait comme celui de Moïse lorsqu'il faisait ce genre de prière avec des larmes. Lorsque le roi d'Angleterre a demandé à William Booth quelle était sa principale force dans la vie, il a répondu : « Monsieur, pour certains c'est l'or, pour d'autres la gloire, mais ma passion est pour les âmes ». John Hyde, également connu sous le nom de « l'homme de prière », était un véritable apôtre d'intercession. Il criait toujours « Père, donne-moi ces âmes ou je mourrai ». Où est ce genre de serviteurs de Dieu dans notre génération ? Seigneur, aide ma génération à être en prière, afin que les âmes puissent trouver et franchir la porte du salut qu'est ton fils JÉSUS.

Tout le monde n'est pas appelé à être Billy Graham, Reinhard Bonnke, Alexandre Ayidini Abala, Benson Iddahosa, TL Osborn, Whitefield, John Wesley et David Brainerd. Mais nous sommes tous appelés à sauver les âmes. Chers frères et sœurs, il n'y a pas de plus grande joie que d'amener quelqu'un à expérimenter le pouvoir transformateur de la nouvelle naissance en Christ. La meilleure façon de redonner à Dieu et à notre Seigneur Jésus est d'aimer les âmes comme Ils les font – avec un amour profond et vaste.

L'amour des âmes est un amour qui désire profondément le bien des gens. Celui qui aime les âmes avec l'amour de Dieu vivra sa vie dans un désir constant de les voir sauvées, c'est pourquoi il priera constamment pour les âmes. Lorsqu'un président d'université apprit qu'il mourrait probablement dans une demi-heure, il dit : « retirez-moi de ce lit et mettez-moi à genoux et laissez-moi passer ma dernière demi-heure à prier Dieu pour le salut de l'humanité ». "Monde". Il est mort à genoux en priant pour les âmes.

L'amour et l'intercession dans le Saint-Esprit sont les conditions nécessaires pour toucher le cœur de Dieu, afin qu'Il puisse envoyer la puissance pour la moisson des âmes.

- L'Universalité du Plan de Salut de Jésus

Nous examinerons comment Jésus a contacté des individus issus de divers horizons, remettant en question les normes sociétales et l'exclusivité religieuse.

Tout au long de son ministère terrestre, Jésus a donné l'exemple de l'inclusivité en s'adressant à des individus issus de divers horizons, en remettant en question les normes sociétales et en brisant l'exclusivité religieuse. Il a défié les conventions de son époque, démontrant que son plan de salut était universel et ne se limitait pas à un groupe spécifique de personnes.

1. Interactions avec les Samaritains :

Jésus a contesté l'exclusivité religieuse en s'engageant avec les Samaritains, considérés comme des étrangers par la communauté juive. Dans Jean 4, il s'est engagé dans une conversation transformatrice avec une Samaritaine au puits, lui offrant de l'eau vive et se révélant comme le Messie tant attendu. Cette rencontre a démontré que le salut ne se limitait pas à une ethnie ou à une tradition religieuse particulière.

2. Accueillir les pécheurs et les exclus :

Jésus s'est ouvertement associé à ceux considérés comme des pécheurs et des exclus de la société. Il a fait preuve d'une compassion et d'une grâce extraordinaires envers eux, reconnaissant que tous n'étaient pas à la hauteur des normes parfaites de Dieu (Romains 3 : 23). Il dînait avec les collecteurs d'impôts, profession méprisée par les Juifs ; des individus considérés comme des traîtres et des collaborateurs des oppresseurs romains et se tournèrent vers les prostituées et les exclus de la société. Ce faisant, Jésus a souligné la nature inclusive de son salut, offrant pardon et espoir à ceux qui étaient marginalisés par la société. Jésus n'a pas toléré le péché, mais il a accordé le pardon et la possibilité de transformation à tous ceux qui se repentaient et se tournaient vers lui.

3. Guérir les Gentils :

Jésus a étendu sa touche de guérison aux non-juifs, remettant en question l'idée selon laquelle le salut était exclusivement réservé au peuple juif. Dans Matthieu 8, Il guérit le serviteur d'un centurion romain, louant la foi du centurion et reconnaissant la capacité de croyance des Gentils. Cet acte de compassion illustrait que le salut transcendait les frontières culturelles et nationales.

4. Rencontre avec une femme souffrant d'un trouble de la coagulation :

Dans Marc 5, une femme souffrant d'un trouble chronique de la coagulation s'est approchée de Jésus pour chercher la guérison. Selon les lois juives, elle était considérée comme impure et son contact aurait souillé Jésus. Cependant, Jésus l'a accueillie, reconnaissant sa foi, et l'a guérie. Cette rencontre a mis en évidence le mépris de Jésus pour les normes sociétales et sa compassion pour ceux jugés impurs ou indignes.

5. Embrasser les enfants :

Dans une culture où les enfants étaient souvent sous-estimés, Jésus les a accueillis à bras ouverts, les bénissant et démontrant que le Royaume de Dieu appartenait à leurs semblables (Marc 10 : 13-16). Cet acte remettait en question l'idée répandue selon laquelle le salut était limité à certains groupes d'âge ou statuts sociaux.

Les interactions de Jésus avec des individus issus de divers horizons et positions sociétales ont remis en question l'exclusivité religieuse et les normes culturelles de son époque. Il a démontré que son plan de salut était global et accueillant pour les personnes de tous horizons. Le ministère de Jésus mettait l'accent sur l'amour, la compassion et l'acceptation, donnant l'exemple à ses disciples pour qu'ils adoptent une approche inclusive dans la diffusion de son message de salut à toute l'humanité. En tant que croyants, nous sommes appelés à suivre son exemple, en faisant tomber les barrières et en étendant l'invitation au salut à chaque personne, quels que soient son origine ou son statut social.

-Embrasser la Diversité dans le Royaume de Dieu

Le ministère de Jésus a été marqué par une profonde adhésion à la diversité, reflétant la nature inclusive du Royaume de Dieu. Il a accueilli des personnes de différents horizons, notamment des pécheurs, des exclus et des étrangers, brisant les barrières sociétales et démontrant l'universalité de son plan de salut.

1. Unité en Christ :

En Christ, tous les croyants font partie de la même famille spirituelle, transcendant les différences ethniques, sociales et culturelles (Galates 3 : 28). Jésus a prié pour que ses disciples soient un, tout comme lui et le Père sont un (Jean 17 : 20-23). Cette unité reflète le cœur de Dieu pour que son peuple se rassemble comme un seul en Christ.

2. La parabole du grand banquet :

Dans la parabole du Grand Banquet (Luc 14 : 15-24), Jésus a décrit le Royaume de Dieu comme un lieu d'inclusion. Lorsque les invités déclinèrent l'invitation, le maître envoya ses serviteurs inviter les pauvres, les estropiés, les aveugles et les boiteux des rues et des chemins de campagne. Cette parabole souligne que le Royaume est ouvert à tous, quel que soit leur statut sociétal.

3. L'universalité de l'Évangile :

Le message et le ministère de Jésus ont transcendé les frontières culturelles et géographiques, étendant son invitation à des personnes de toutes nations et de tous horizons. L'apôtre Pierre a eu une révélation importante lorsqu'il a réalisé que le message du salut par Jésus n'était pas limité aux Juifs mais s'étendait également aux Gentils (Actes 10 : 34-35).

Conclusion :

L'adhésion de Jésus à la diversité et ses enseignements sur le Royaume de Dieu comme lieu d'unité et d'inclusivité révèlent la portée universelle de son plan de salut. Il a accueilli les pécheurs, les exclus et les étrangers, démontrant que personne n'est à l'abri de son amour et de sa grâce. Le Royaume de Dieu se présente comme un lieu où tous sont invités à entrer par Jésus comme Porte, trouvant le pardon, la transformation et l'unité en Lui. En tant que disciples du Christ, nous sommes appelés à embrasser ce message, à briser les barrières et à étendre son invitation au salut aux personnes de tous horizons, faisant ainsi des disciples de toutes les nations (Matthieu 28 : 19-20). Ce faisant, nous poursuivons l'œuvre de Jésus, en proclamant l'Évangile et en introduisant les autres dans le Royaume de Dieu.

-Briser les Barrières

Dans notre cheminement pour embrasser Jésus comme Porte du Salut, il est crucial d'aborder les barrières et les préjugés qui peuvent empêcher les individus de L'accepter pleinement dans leur vie. Ces obstacles peuvent être profondément ancrés dans les normes sociétales, les préjugés culturels ou les expériences personnelles. Surmonter ces obstacles est essentiel pour embrasser le message universel de Jésus et expérimenter la puissance transformatrice de son salut.

1. Préjugés culturels et religieux :

Les gens peuvent être influencés par des préjugés culturels ou religieux qui les amènent à rejeter Jésus comme la Porte du Salut. Certains peuvent croire que leurs propres traditions culturelles ou religieuses sont les seuls chemins vers Dieu, ce qui conduit à une réticence à considérer le message inclusif de Jésus. Briser ces barrières nécessite l'aide du Saint-Esprit en prêchant un évangile précis qui touche les cœurs, afin qu'ils puissent comprendre que l'amour de Dieu s'étend au-delà des frontières culturelles et des affiliations religieuses.

2. Peur du rejet :

La peur du rejet de la part de la famille, des amis ou de la communauté peut empêcher les individus d'accepter ouvertement Jésus comme leur Sauveur. La peur d'être ostracisé ou de faire face à des conséquences négatives peut empêcher les gens d'accepter pleinement la vérité selon laquelle Jésus est la porte du salut. Répondre à cette peur nécessite une profonde conviction que l'amour et l'acceptation de Jésus dépassent toutes les relations terrestres et qu'il offre une nouvelle communauté de croyants qui les soutiendront et les aimeront inconditionnellement.

3. Doutes intellectuelles :

Les doutes et les questions intellectuelles peuvent constituer des obstacles importants à l'acceptation de Jésus comme porte du salut. Certaines personnes peuvent avoir du mal à concilier leurs croyances avec certains aspects de la foi chrétienne. Pour surmonter ces doutes, il faut chercher des réponses par l'étude, la prière et la discussion avec des croyants bien informés et compréhensifs. Reconnaître que la foi et la raison peuvent coexister peut conduire à une compréhension plus profonde du message universel de Jésus.

4. Blessures et déceptions passées :

Les blessures passées, les déceptions ou les expériences négatives avec la religion ou les institutions religieuses peuvent créer des obstacles à l'acceptation de Jésus comme Porte. Guérir de ces blessures peut prendre du temps et de la patience, mais reconnaître que Jésus offre une relation différente, aimante et transformatrice peut aider les individus à surmonter leur douleur passée.

5. Matérialisme et attachements matériels :

L'attrait des biens matériels et les distractions du monde peuvent empêcher les individus d'embrasser pleinement Jésus comme la Porte du Salut. Abandonner le matérialisme et les attachements au monde nécessite un changement de priorités, reconnaissant que le véritable accomplissement et le véritable but se trouvent dans une relation avec Jésus, plutôt que dans les possessions ou les réalisations.

-Embrasser le Message Universel de Jésus

Pour embrasser pleinement le message universel de Jésus en tant que Porte du Salut, vous devez être prêt à ouvrir votre cœur et votre esprit à Son amour et à sa grâce qui englobent tout.

1. Rechercher la vérité à cœur ouvert :

Aborder Jésus avec un cœur ouvert et une volonté de rechercher la vérité vous permettra de faire l'expérience de son amour et de sa présence dans votre vie.

2. Embrasser l'amour et le pardon :

Comprendre que Jésus offre le pardon et l'acceptation à tous ceux qui viennent à lui vous aide à vous libérer de la culpabilité et de la honte, vous permettant ainsi de ressentir pleinement sa puissance rédemptrice.

3. S'engager dans la communauté :

Faire partie d'une communauté chrétienne solidaire peut vous aider à surmonter les obstacles en offrant camaraderie, compréhension et encouragement dans votre cheminement de foi.

4. Vivre le message :

Mettre les enseignements de Jésus en pratique en faisant preuve d'amour et de compassion envers les autres reflète son message universel dans nos vies.

Conclusion :

Surmonter les barrières et les préjugés qui empêchent les individus d'accepter Jésus comme la Porte du Salut est un processus de transformation qui nécessite de l'ouverture d'esprit, du courage et une volonté de rechercher la vérité. En surmontant ces obstacles, les individus peuvent pleinement embrasser le message universel de Jésus, expérimenter son amour universel et la transformation qui vient du fait d'entrer par lui en tant que porte du salut. En tant que croyants, nous sommes appelés à étendre cette invitation aux autres, en démontrant le caractère inclusif du plan de salut de Jésus et en incarnant son amour et sa grâce dans nos interactions avec le monde.

-Jésus comme Moyen Exclusif du salut

Jésus, à travers son ministère terrestre, nous a montré l'importance d'adopter une approche inclusive pour diffuser la bonne nouvelle du salut. Cependant, nous devons comprendre Jésus-Christ comme le moyen « exclusif » du salut. Lorsque nous prêchons avec un cœur inclusif, nous devons savoir que Jésus est l'unique Sauveur de l'humanité.

Plusieurs aspects clés affirment Jésus comme le chemin exclusif vers le salut :

1. L'Incarnation : Jésus-Christ est l'incarnation de Dieu, pleinement divine et pleinement humaine. Il est le Fils de Dieu qui a pris forme humaine pour racheter l'humanité.

2. La mort sacrificielle de Jésus : La crucifixion de Jésus sur la croix est un élément central du salut ; par sa mort sacrificielle, Jésus a expié les péchés de l'humanité. Sa mort a servi de sacrifice de substitution, payant le prix des péchés humains et réconciliant les hommes avec Dieu. Seul le sacrifice de Jésus satisfait à l'exigence de salut de ceux qui croient en lui. Il n'y a pas d'autre moyen pour que les hommes soient sauvés. Les gens veulent retourner à l'Eden au moyen de la méditation transcendante, mais nous devons le savoir dès aujourd'hui ; c'est seulement le sang de Jésus que Dieu le Père reconnaît. Nous pouvons avoir de nombreux enseignements et religions qui mentionnent le nom de Jésus, allant même jusqu'à dire qu'Il est un grand maître ou un grand prophète qui ait jamais vécu, mais tout cela ne donne pas le salut aux âmes.

3. Résurrection de Jésus : La résurrection de Jésus est un autre aspect essentiel de son rôle exclusif dans le salut. Jésus a vaincu la mort et est ressuscité du tombeau, démontrant ainsi sa puissance sur le péché et offrant l'espoir de la vie éternelle à tous ceux qui croient en lui. Sans la résurrection de Jésus, le fondement de la foi chrétienne et du salut serait incomplet.

4. Les propres affirmations de Jésus : de nombreux chefs religieux, au cours de leur quête du salut, n'ont pas pu restaurer le lien perdu avec Dieu le Père. Ils étaient assez honnêtes pour le dire dans leurs enseignements. Ils ne connaissent pas la vérité et ils ne peuvent pas sauver les autres, parce qu'eux-mêmes ne sont pas sauvés. Pourtant, les gens essaient toujours de les suivre et périssent. Tout au long du Nouveau Testament, Jésus lui-même a fait des affirmations qui affirment son rôle exclusif de Sauveur. Il a déclaré : « Je suis le chemin, la vérité et la vie. Personne ne vient au Père que par moi » (Jean 14 :6). Cette déclaration établit sans équivoque Jésus comme le seul chemin vers Dieu et le salut.

5. Enseignement apostolique : Les premiers apôtres de Jésus et les écrivains du Nouveau Testament ont constamment souligné Jésus comme le moyen exclusif de salut. Leurs enseignements renforçaient le caractère central de l'œuvre rédemptrice de Jésus, exhortant les croyants à placer leur foi en Lui seul.

6. Enseignement chrétien historique : Tout au long de l'histoire du christianisme, la croyance en Jésus comme Sauveur exclusif a été une doctrine fondamentale dans diverses dénominations chrétiennes. Cette croyance fondamentale unit les chrétiens du monde entier dans leur compréhension du salut.

Il est important de noter que la nature exclusive de Jésus comme moyen de salut n'implique pas un manque d'amour ou de compassion pour les personnes d'autres confessions ou croyances. Au contraire, cela met en évidence le rôle unique de Jésus dans le salut. Personne ne peut être sauvé en dehors de Jésus, car Il est le seul moyen choisi par Dieu pour sauver l'humanité. Nous sommes appelés à partager ce message avec amour, humilité et respect envers tous les individus, reconnaissant que la grâce de Dieu s'étend à tous et qu'il désire que chacun soit sauvé (1 Timothée 2 : 4).

5.2 Jésus : le Sauveur Universel
-Comprendre la Nature Universelle du Sacrifice de Jésus

L'histoire de Jésus ne se limite pas aux frontières d'une seule planète ou d'un groupe particulier de personnes. C'est un récit qui transcende le temps, l'espace et tous les univers connus. Le sacrifice de Jésus sur la croix ne se limite pas à un événement localisé ; au contraire, il revêt une signification éternelle pour tous les êtres, quelle que soit leur origine.

Le sacrifice de Jésus sur la croix était un acte d'amour profond, motivé par son désir de réconcilier toute la création avec Dieu. La Bible déclare : « Car Dieu a tant aimé le monde qu'il a donné son Fils unique, afin que quiconque croit en lui ne périsse pas, mais qu'il ait la vie éternelle » (Jean 3 : 16). Ce « monde » englobe chaque planète habitée et chaque être sensible dans l'immensité du cosmos.

L'apôtre Paul, dans sa lettre aux Colossiens, souligne les implications cosmiques du sacrifice de Jésus : « Car Dieu a voulu que toute sa plénitude habite en lui et, par lui, se réconcilie toutes choses, que ce soit les choses sur terre ou les choses dans le monde. Ciel, en faisant la paix par son sang versé sur la croix » (Colossiens 1 : 19-20). Cette réconciliation cosmique garantit que chaque être a la possibilité de faire l'expérience du salut à travers Jésus.

-Les Implications de l'Expiation de Jésus pour tous les Etres

La signification théologique de l'expiation de Jésus ne peut être surestimée. Sa mort sacrificielle sur la croix constitue l'accomplissement ultime du plan de rédemption de Dieu, qui s'étend bien au-delà de la compréhension humaine. Le livre des Hébreux éclaire cette profonde vérité en déclarant : « Mais nous voyons Jésus, qui a été fait un peu inférieur aux anges, maintenant couronné de gloire et d'honneur parce qu'il a souffert la mort, afin que, par la grâce de Dieu, il goûte la mort pour tout le monde » (Hébreux 2 :9).

L'universalité de l'expiation de Jésus remet en question notre perspective limitée et nous appelle à adopter une compréhension plus globale de l'amour et de la miséricorde de Dieu. Il nous enseigne que le plan rédempteur de Dieu n'est pas limité à nos frontières terrestres mais englobe tous les recoins de l'univers.

-L'Amour et la Grâce Infinis de Jésus comme Porte du Salut

Au cœur de Jésus, porte du salut, se trouvent son amour infini et sa grâce sans limites. Jésus a dit : « Je suis la porte. Si quelqu'un entre par moi, il sera sauvé, il entrera et sortira et trouvera du pâturage » (Jean 10 :9). Cette déclaration profonde révèle que Jésus n'est pas simplement une option parmi tant d'autres ; Il est plutôt la porte singulière par laquelle le salut peut être obtenu.

L'amour illimité de Jésus n'est pas sélectif, il englobe tout. Quels que soient nos antécédents, nos croyances ou notre origine, Jésus tend sa main aimante pour nous accueillir dans ses bras. L'apôtre Paul, dans sa lettre aux Romains, nous rassure sur cette vérité en déclarant : « Car j'ai l'assurance que ni la mort ni la vie, ni les anges ni les démons, ni le présent ni l'avenir, ni aucune puissance, ni la hauteur ni la profondeur, ni rien d'autre dans toute la création ne pourra nous séparer de l'amour de Dieu manifesté en Jésus-Christ notre Seigneur » (Romains 8 : 38-39).

Dans ce chapitre, nous avons commencé à découvrir la portée universelle du sacrifice de Jésus, en explorant les implications théologiques de son expiation pour tous les êtres. De plus, nous avons été émerveillés par l'amour et la grâce infinis qui découlent de Jésus comme porte d'accès au salut. À mesure que nous progressons, ouvrons nos cœurs au pouvoir transformateur de cette vérité divine et préparons-nous à franchir la porte qui mène à la vie éternelle.

5.3 Jésus, la Porte du Salut
-La Signification Métaphorique de Jésus comme Porte dans le contexte du Salut

Tout au long des Écritures, nous rencontrons des métaphores profondes qui transmettent des vérités spirituelles au-delà des limites des simples mots. Parmi ces métaphores se trouve l'image de Jésus comme porte ; un symbole chargé d'une profonde signification spirituelle.

Dans le monde antique, une porte n'était pas simplement un point d'entrée, mais une frontière séparant différents espaces. De la même manière, Jésus sert de seuil qui sépare l'humanité du péché et de la séparation éternelle d'avec Dieu. Il comble le fossé entre l'humanité déchue et la perfection de la présence divine de Dieu. L'évangile de Jean présente les propres paroles de Jésus : « Je suis le chemin, la vérité et la vie. Personne ne vient au Père que par moi » (Jean 14 : 6). Cette déclaration souligne le rôle indispensable de Jésus comme porte qui mène au Père.

A travers cette métaphore, nous sommes invités à reconnaître que sans Jésus, nous restons séparés de l'amour éternel et de la vie abondante de Dieu. L'embrasser comme porte nous donne accès à la transformation spirituelle, au pardon et à la promesse d'une communion éternelle avec notre Créateur.

-Le Caractère Unique de Jésus comme Seul chemin vers la Vie Eternelle

À notre époque, où le diable travaille à plein temps comme autrefois pour tromper beaucoup de personnes en multipliant dans ce monde diverses croyances et philosophies, l'exclusivité de Jésus comme seul chemin vers la vie éternelle peut paraître controversée. Cependant, la Bible confirme résolument cette vérité. Le livre des Actes proclame : « Le salut ne se trouve en personne d'autre, car il n'y a sous le ciel aucun autre nom donné aux humains par lequel nous devons être sauvés » (Actes 4 : 12).

Le caractère unique de Jésus découle de sa nature divine, à la fois pleinement Dieu et pleinement homme. Dans sa vie parfaite, sa mort sacrificielle et sa résurrection triomphale, Jésus a réalisé ce qu'aucun autre être ne pouvait accomplir ; il a apporté la délivrance du péché et le don de la vie éternelle. Son expiation constitue le seul moyen de réconciliation entre un Dieu saint et l'humanité déchue.

Bien que cette affirmation puisse remettre en question les notions pluralistes dominantes, comme le diable le souhaite, elle nous invite à explorer la signification sans précédent de la vie et de la mission de Jésus. Embrasser Jésus comme porte du salut ne signifie pas exclure les autres, mais reconnaître le don sans précédent que Dieu a prévu pour tous.

-L'Invitation Globale Etendue à Travers Jésus comme Porte

L'image de Jésus comme porte porte une profonde invitation, un appel à toutes les personnes de toutes origines, cultures et systèmes de croyance. L'apôtre Pierre a proclamé : « En vérité, je comprends que Dieu ne fait preuve d'aucune partialité, mais que dans toute nation, quiconque le craint et pratique la justice lui est agréable » (Actes 10 : 34-35).

L'invitation de Jésus ne se limite pas à quelques privilégiés, mais s'étend à tous, sans distinction d'origine ethnique, de nationalité. Son amour sacrificiel ne connaît pas de limites et atteint même les coins les plus reculés de l'univers. Jésus lui-même nous fait signe : « Venez à moi, vous tous qui êtes fatigués et chargés, et je vous donnerai du repos » (Matthieu 11 :28).

Lorsque nous acceptons Jésus comme la porte du salut, nous reconnaissons que l'invitation n'est pas basée sur notre mérite, nos connaissances ou nos réalisations. Il s'agit plutôt d'une offre de la grâce de

Dieu, d'un don offert gratuitement, qui attend que nous l'acceptions.

Nous avons approfondi la signification métaphorique de Jésus en tant que porte, comprenant Son caractère unique comme le seul chemin vers la vie éternelle. Nous avons également accueilli l'invitation globale lancée par Jésus, reconnaissant que le salut est accessible à tous ceux qui répondent à son appel. À mesure que nous avançons, approfondissons notre compréhension de ce que signifie franchir cette porte du salut et expérimenter le pouvoir transformateur de l'amour et de la grâce sans limites de Jésus.

- Explorer la Métaphore Biblique de la Porte

La métaphore biblique de la porte est un symbole puissant et profond utilisé dans les Écritures pour transmettre diverses vérités et réalités spirituelles. Cela sert d'analogie qui nous aide à comprendre des aspects importants de notre relation avec Dieu, notamment concernant le salut et l'accès à sa présence. Explorons cette métaphore et ses implications :

1. Accès à Dieu : Dans l'Ancien Testament, le tabernacle et plus tard le temple étaient des lieux où la présence de Dieu habitait parmi Son peuple. L'entrée de ces espaces sacrés se faisait par une porte ou un portail. Cela symbolisait que l'accès à la présence de Dieu était limité et réglementé. Cependant, avec la déclaration de Jésus : « Je suis la porte » (Jean 10 : 9), un changement transformateur s'est produit. Il est devenu le moyen par lequel les gens pouvaient entrer en relation directe et personnelle avec Dieu. Jésus est devenu la porte du Père, offrant un accès sans entrave au divin.

2. Salut et Rédemption : Le concept de porte signifie également salut et rédemption. Dans l'histoire de l'Exode, les Israélites reçurent l'ordre d'appliquer le sang d'un agneau sacrificiel sur les montants de leurs portes, ce qui les marqua pour être délivrés du jugement de Dieu. Cet événement préfigurait la mort sacrificielle de Jésus sur la croix, où son sang devint l'expiation ultime pour les péchés de l'humanité. Par la foi en Lui, les croyants sont sauvés du châtiment du péché et reçoivent la vie éternelle.

3. Protection divine : La porte sert de symbole de protection divine. Dans l'Ancien Testament, le sang de l'agneau pascal sur les montants des portes protégeait les Israélites du destructeur (Exode 12 : 13). De la même manière, le rôle de porte de Jésus assure la sûreté et la sécurité des croyants. Il est le Bon Berger qui garde et protège ses brebis du mal spirituel (Jean 10 : 11-15).

4. Choix et invitation : La métaphore de la porte présente également un choix et une invitation. Dans Apocalypse 3 :20, Jésus se tient à la porte et frappe, invitant les individus à lui ouvrir leur cœur. Il adresse une invitation à tous, mais c'est à chacun d'y répondre et d'ouvrir la porte de son cœur pour le recevoir. Cela met en évidence l'importance de la responsabilité

personnelle dans le chemin du salut.

5. Transition et transformation : Les portes représentent les transitions d'un endroit à un autre. De même, accepter Jésus comme porte du salut marque une transition profonde dans la vie d'une personne. Cela signifie passer des ténèbres spirituelles à la lumière, de la mort à la vie et de la séparation à la réconciliation avec Dieu. Cette transition entraîne également un processus de transformation dans lequel les croyants se conforment continuellement à l'image du Christ.

6. Exclusivité de Jésus : La métaphore de Jésus comme Porte met l'accent sur son rôle unique et exclusif en tant que moyen d'accès à Dieu et au salut. Actes 4 : 12 renforce encore cette exclusivité, en déclarant : « Le salut ne se trouve en personne d'autre, car il n'y a sous le ciel aucun autre nom donné à l'humanité par lequel nous devons être sauvés. » L'affirmation de Jésus comme étant la seule porte vers le salut remet en question les notions de pluralisme ou de chemins multiples vers Dieu.

7. Réconciliation avec Dieu : La métaphore de la porte symbolise le chemin permettant à l'humanité de se réconcilier avec Dieu. Le péché a créé une séparation entre l'humanité et Dieu, mais à travers la mort sacrificielle et la résurrection de Jésus, il a fourni le moyen de combler cette séparation. En entrant par la porte – en acceptant Jésus comme Sauveur et Seigneur – nous sommes réconciliés avec Dieu et faisons l'expérience d'une communion restaurée avec Lui.

8. Accès à la vie éternelle : Tout comme une porte permet d'entrer dans une maison, Jésus, en tant que Porte, donne accès à la vie éternelle et à la vie abondante qu'il a promise. Par la foi en Lui, nous recevons le pardon des péchés et l'assurance d'une relation éternelle avec Dieu, s'étendant au-delà de cette existence temporelle.

9. Libération de l'esclavage : Grâce à Jésus comme porte, nous faisons l'expérience de la liberté de l'esclavage du péché et de ses conséquences. Il nous libère de la culpabilité, de la honte et du pouvoir du péché, nous permettant de vivre une vie de victoire et de détermination.

6. Invitation à la relation : La métaphore de la porte lance une invitation à une relation personnelle avec Jésus. Il n'est pas simplement un concept abstrait, mais un Sauveur vivant qui désire une connexion intime avec chaque individu. En entrant par la Porte, nous nous embarquons dans un voyage de disciple, grandissant dans notre amour pour Dieu et pour les autres.

En conclusion, la métaphore biblique de la porte véhicule de profondes vérités spirituelles, encapsulant les concepts d'accès à Dieu, de salut, de protection, de choix et de transformation. Jésus-Christ, en tant que Porte du Salut, offre à l'humanité un moyen unique et exclusif de trouver la rédemption, la réconciliation et la vie éternelle. L'embrasser comme porte est la clé d'une relation plus profonde et plus intime avec Dieu, fournissant un fondement sûr à notre foi et à notre espérance.

-Jésus comme Porte : le Fondement Biblique

Le concept de Jésus comme Porte est profondément enraciné dans le récit biblique, couvrant à la fois l'Ancien et le Nouveau Testament. Il s'agit d'une métaphore puissante qui révèle le rôle unique et indispensable de Jésus dans le plan de salut de Dieu pour l'humanité.

1. Préfiguration de l'Ancien Testament :

La préfiguration de l'Ancien Testament fait référence aux éléments prophétiques ou symboliques des Écritures hébraïques qui anticipent et préfigurent des événements, des personnes ou des thèmes trouvés dans le Nouveau Testament, particulièrement en relation avec Jésus-Christ et son œuvre rédemptrice. Ces préfigurations fournissent une compréhension plus profonde de la continuité et de l'accomplissement du plan de salut de Dieu à travers l'Ancien et le Nouveau Testament. Plusieurs préfigurations de l'Ancien Testament désignent Jésus comme la Porte et son rôle dans l'accès à Dieu et au salut :

a. La porte d'Éden : Dans Genèse 3 : 24, après qu'Adam et Ève aient été bannis du jardin d'Éden à cause du péché, un chérubin armé d'une épée flamboyante était stationné à l'est du jardin pour garder le chemin vers l'arbre de vie. Cette imagerie peut être considérée comme une « porte » symbolique qui séparait l'humanité de la présence de Dieu. Jésus, en tant que Porte, offre à l'humanité un moyen de se réconcilier avec Dieu, tout comme les chérubins gardaient le chemin du retour vers l'Éden.

b. L'agneau pascal et les montants de porte : Lors de la première Pâque en Égypte, les Israélites reçurent l'ordre d'appliquer le sang d'un agneau sur les montants de porte de leurs maisons (Exode 12 : 7). Cet acte d'obéissance les protégeait du jugement de Dieu et ouvrait la voie à leur libération de l'esclavage. Jésus est souvent considéré comme l'Agneau pascal ultime dont le sang apporte la délivrance de l'esclavage du péché et du jugement.

c. L'entrée du Tabernacle : Lors de la construction du Tabernacle, Dieu a demandé aux Israélites de créer un voile pour séparer le Saint des Saints du reste du sanctuaire (Exode 26 : 31-33). Ce voile représentait la barrière entre la sainteté de Dieu et l'humanité pécheresse. Lorsque Jésus mourut sur la croix, l'Évangile de Matthieu (27 : 51) rapporte que le voile du temple fut déchiré de haut en bas, symbolisant la suppression de la barrière entre Dieu et l'humanité par le sacrifice du Christ.

Celles-ci préfigurant l'Ancien Testament, entre autres, anticipent l'œuvre rédemptrice de Jésus en tant que Porte. Ils mettent en lumière le plan divin du salut tissé tout au long de l'histoire biblique et démontrent l'intention de Dieu de réconcilier l'humanité avec lui-même à travers Jésus-Christ.

L'Ancien Testament fournit une riche tapisserie d'indications prophétiques qui trouvent leur accomplissement et leur signification dans la vie, la mort et la résurrection de Jésus-Christ dans le Nouveau Testament.

2. Déclarations de Jésus :

Les déclarations de Jésus se considérant comme la Porte servent d'affirmations significatives et explicites de son rôle exclusif dans l'accès à Dieu et à la vie éternelle. Ces déclarations, trouvées dans le Nouveau Testament, ont de profondes implications théologiques pour comprendre la nature du salut et la signification de l'œuvre rédemptrice de Jésus. Deux déclarations principales se démarquent :

1. Jean 10 :9 – « Je suis la porte. Si quelqu'un entre par moi, il sera sauvé, il entrera et sortira et trouvera du pâturage. »

Dans cette déclaration puissante, Jésus s'identifie comme la Porte ; l'unique moyen d'accès au salut et à une relation restaurée avec Dieu. La métaphore de la porte signifie que ce n'est qu'à travers Lui que les individus peuvent trouver la rédemption, le pardon et la vie éternelle. La déclaration de Jésus met en évidence son exclusivité en tant que chemin vers Dieu et souligne qu'il n'y a pas d'autre voie vers le salut. Par la foi en Lui, les croyants sont sauvés des conséquences du péché et bénéficient d'une vie abondante, symbolisée par le fait d'entrer et de sortir et de trouver du pâturage.

2. Jean 14 :6 – « Je suis le chemin, la vérité et la vie. Personne ne vient au Père que par moi. »

Cette déclaration profonde renforce la vérité présentée dans Jean 10 : 9. Jésus déclare non seulement qu'Il est la Porte, mais aussi le Chemin exclusif vers le Père. Il est l'incarnation de la vérité et de la vie, et Lui seul donne accès à Dieu. Cette déclaration souligne le rôle unique de Jésus comme seul chemin vers le salut et la vérité ultime. Aucune autre personne ni aucun système religieux ne peut conduire l'humanité à Dieu ; ce n'est que grâce à une relation personnelle avec Jésus-Christ que les individus peuvent expérimenter la vie éternelle et la connaissance de la vérité de Dieu.

Ces déclarations sont fondamentales pour la théologie et la sotériologie chrétiennes (l'étude du salut). Ils affirment la centralité de Jésus dans le plan de rédemption de Dieu et soulignent que le salut est un don de grâce par la foi en Lui. Les déclarations explicites de Jésus se décrivant comme la porte et le chemin vers le Père appellent les gens à répondre à son invitation à venir à lui dans la foi, la repentance et l'abandon, ouvrant ainsi la porte à une relation transformatrice de vie avec Dieu et à l'espérance de l'éternité. vie.

-Métaphores Bibliques de la Porte

La Bible utilise diverses métaphores et images liées aux portes pour transmettre des vérités spirituelles et souligner le rôle de Jésus en tant que porte du salut et d'une relation restaurée avec Dieu. Ces métaphores donnent un aperçu plus profond de la signification de Jésus en tant que point d'accès exclusif à la rédemption de l'humanité. Explorons quelques-unes de ces métaphores bibliques :

1. Le gardien (Jean 10 : 3) :

Dans Jean 10 : 3, Jésus se présente comme le gardien des brebis. Cette métaphore dépeint Jésus comme celui qui guide, protège et prend soin de ses disciples, les « brebis ». En tant que gardien de la porte, Jésus conduit ses brebis en sécurité, leur fournit une nourriture spirituelle et les protège du mal. Cette métaphore souligne son rôle aimant et protecteur de Bon Pasteur, qui connaît intimement ses brebis et les conduits vers de verts pâturages.

2. Le Bon Pasteur (Jean 10 : 11) :

S'appuyant sur le concept du Gardien de la Porte, Jésus se déclare comme le Bon Berger dans Jean 10 : 11. En tant que Bon Pasteur, Jésus donne sa vie pour ses brebis, symbolisant son amour sacrificiel et son souci de ses disciples. Cette métaphore met en évidence la volonté de Jésus de se donner pour le salut et la protection de son peuple, signifiant la profondeur de son amour et de son engagement envers son bien-être.

3. Le chemin, la vérité et la vie (Jean 14 : 6) :

Dans Jean 14 :6, Jésus déclare : « Je suis le chemin, la vérité et la vie. Personne ne vient au Père que par moi. » Cette métaphore puissante dépeint Jésus comme le chemin exclusif vers Dieu et la vie éternelle. Il est la Voie qui donne accès à Dieu ; la Vérité révélant la vraie nature de Dieu et son plan rédempteur ; et l'offrande de vie du don de la vie éternelle par la foi en Lui. Cette métaphore met l'accent sur le rôle global de Jésus dans le voyage spirituel de l'humanité.

4. La pierre angulaire (Éphésiens 2 :20) :

Dans Éphésiens 2 : 20, Jésus est décrit comme la pierre angulaire sur laquelle est bâtie l'Église, son corps, formé par les croyants. La pierre angulaire est la pierre angulaire qui fixe l'alignement et la stabilité d'un bâtiment. Jésus est la force unificatrice qui maintient l'unité de l'Église, apportant cohérence et orientation au corps des croyants. Cette métaphore souligne le rôle vital de Jésus dans l'unification de ses disciples en tant qu'Église, demeure de l'Esprit de Dieu.

Ces métaphores bibliques de la Porte, du Portier, du Bon Pasteur, du Chemin, de la Vérité, de la Vie et de la Pierre angulaire offrent des perspectives multiples sur l'importance de Jésus dans le plan rédempteur de Dieu. Ils révèlent son rôle exclusif en donnant accès à Dieu, en guidant et en protégeant ses disciples, en offrant la vérité sur l'amour et le salut de Dieu et en unissant les croyants en un seul corps en Lui. Adopter ces métaphores approfondit notre compréhension de la position unique et indispensable de Jésus dans la vie de chaque croyant.

-L'Exclusivité de Jésus comme Porte

L'exclusivité de Jésus comme Porte fait référence à l'enseignement biblique selon lequel le salut et l'accès à Dieu sont disponibles uniquement par la foi en Jésus-Christ. Cela signifie qu'il n'existe aucun autre moyen ou chemin alternatif par lequel l'humanité peut se réconcilier avec Dieu ou atteindre la vie éternelle.

Support biblique clé pour l'exclusivité de Jésus comme porte :

1. Jean 10 :9 – « Je suis la porte. Si quelqu'un entre par moi, il sera sauvé, il entrera et sortira et trouvera du pâturage. » Dans cette déclaration claire, Jésus déclare explicitement que Lui seul est le moyen de salut et d'accès à la vie éternelle. Il n'y a pas d'autre porte, pas d'autre chemin vers Dieu.

2. Actes 4 :12 – « Le salut ne se trouve en personne d'autre, car il n'y a sous le ciel aucun autre nom donné à l'humanité par lequel nous devons être sauvés. » La proclamation de l'apôtre Pierre renforce l'exclusivité de Jésus en tant qu'unique Sauveur. Aucun autre nom ou personne ne peut apporter le salut ; ce n'est que par Jésus que l'humanité peut être sauvée.

3. Jean 14 :6 – « Je suis le chemin, la vérité et la vie. Personne ne vient au Père que par moi. » Dans cette déclaration profonde, Jésus souligne son rôle exclusif comme seul chemin vers Dieu le Père. Il n'est pas seulement une option parmi tant d'autres ; Il est le seul chemin vers Dieu.

Raison derrière l'Exclusivité :

L'exclusivité de Jésus comme Porte est enracinée dans la compréhension biblique du péché et du plan rédempteur de Dieu. La Bible enseigne que toute l'humanité a péché et n'a pas atteint le standard parfait de Dieu (Romains 3 :23). À cause du péché, il y a une séparation entre l'humanité et Dieu (Ésaïe 59 : 2). Aucun effort humain ni aucune bonne œuvre ne peut combler cet écart (Éphésiens 2 : 8-9).

Cependant, l'amour et la grâce de Dieu apportent une solution : la personne de Jésus-Christ. Jésus, qui est pleinement Dieu et pleinement humain, a vécu une vie sans péché et s'est offert comme sacrifice parfait pour le péché par sa mort sur la croix (Hébreux 4 :15 ; 1 Pierre 2 :24). Par sa résurrection, Jésus a vaincu le péché et la mort, offrant le don du salut à tous ceux qui croient en lui (1 Corinthiens 15 : 3-4).

L'exclusivité de Jésus comme Porte n'est pas un message d'exclusion ou d'intolérance mais un message d'espoir et d'invitation. C'est une invitation à tous à venir à Jésus dans la foi, la repentance et l'abandon. Jésus lui-même a dit : « Venez à moi, vous tous qui êtes fatigués et chargés, et je vous donnerai du repos » (Matthieu 11 :28). Il offre le pardon, la réconciliation avec Dieu et la promesse de la vie éternelle à tous ceux qui l'acceptent comme Seigneur et Sauveur.

-L'Invitation Universelle

L'invitation universelle fait référence à la nature inclusive de l'appel de Dieu au salut, étendu à tous, quels que soient leur origine, leur nationalité, leur appartenance ethnique ou leurs statuts sociaux. C'est une invitation de Dieu à chaque individu, l'invitant à entrer dans une relation personnelle avec Lui par la foi en Jésus-Christ. L'invitation universelle est enracinée dans l'amour de Dieu et dans son désir du salut de toute l'humanité (Jean 3 :16 ; 1 Timothée 2 :4).

Plusieurs aspects clés définissent l'invitation universelle :

1. Amour universel : L'invitation universelle est une expression de l'amour universel de Dieu pour sa création. L'amour de Dieu ne se limite pas à un groupe restreint, mais s'étend à chaque personne sur Terre. L'invitation est ouverte à des personnes de tous horizons, sans exception ni discrimination.

2. Personne n'est exclu : L'invitation est offerte à tous, quels que soient leur passé, leurs erreurs ou leurs péchés. Personne n'est à l'abri de la grâce et de la miséricorde de Dieu. L'apôtre Paul affirme qu'« il n'y a pas de distinction, car tous ont péché et sont privés de la gloire de Dieu » (Romains 3 :22-23). Ainsi, l'invitation universelle est ouverte à tous les pécheurs qui ont besoin de rédemption.

3. Disponible pour chaque nation : L'invitation universelle transcende les frontières culturelles et géographiques. C'est un appel aux gens de toutes nations, tribus et langues à venir expérimenter la puissance transformatrice de l'amour de Dieu. La grâce de Dieu n'est pas limitée par les divisions humaines ; au contraire, il unit des personnes d'horizons divers en une seule famille en Christ (Galates 3 :28).

4. La Grande Commission : Jésus, avant de monter au ciel, a confié la Grande Commission à ses disciples, leur demandant « d'aller faire de toutes les nations des disciples » (Matthieu 28 : 19). Ce mandat reflète l'invitation universelle, exhortant les croyants à partager l'Évangile avec des personnes de tous les coins du monde.

5. L'offre de grâce : L'invitation universelle est une offre de grâce et de pardon de Dieu par la foi en Jésus-Christ. C'est une reconnaissance que personne ne peut gagner le salut par ses propres efforts, mais c'est un don librement accordé par Dieu à ceux qui croient en Son Fils (Éphésiens 2 : 8-9).

6. Réponse individuelle : Même si l'invitation est universelle, la réponse est individuelle. Chaque personne a la liberté d'accepter ou de refuser l'invitation. Dieu ne force personne à croire, mais Il invite tout le monde à

venir expérimenter son amour et son salut.

-La Signification du Sacrifice de Jésus pour toute l'Humanité

La signification du sacrifice de Jésus pour toute l'humanité est profonde et de grande portée. Sa mort sur la croix et sa résurrection ultérieure sont au cœur de la foi chrétienne, transmettant des vérités essentielles sur l'amour de Dieu, la condition de l'humanité et les moyens de rédemption. Voici quelques aspects clés de la signification du sacrifice de Jésus :

1. Expiation pour les péchés : Le sacrifice de Jésus fournit l'expiation pour les péchés de l'humanité. La Bible enseigne que tous ont péché et sont privés de la gloire de Dieu (Romains 3 :23). Le péché crée une séparation entre les humains et Dieu, mais la mort sacrificielle de Jésus sert d'acte de réconciliation, comblant le fossé et permettant aux gens d'être pardonnés et de retrouver une bonne relation avec Dieu.

2. L'amour et la grâce de Dieu : Le sacrifice de Jésus est la démonstration ultime de l'amour et de la grâce de Dieu envers l'humanité. L'apôtre Paul écrit : « Mais Dieu démontre en ceci son propre amour pour nous : alors que nous étions encore pécheurs, Christ est mort pour nous » (Romains 5 : 8). La volonté de Jésus de mourir pour ceux qui ne le méritent pas reflète la profondeur de l'amour de Dieu et l'étendue de son désir de réconciliation avec sa création.

3. Rédemption et délivrance : Le sacrifice de Jésus apporte la rédemption et la délivrance de l'esclavage du péché et de ses conséquences. Par sa mort, les croyants sont libérés du pouvoir du péché et ne sont plus esclaves de son influence destructrice. Le sacrifice de Jésus offre le moyen d'être sauvé de la domination des ténèbres et transféré dans le royaume du Fils bien-aimé de Dieu (Colossiens 1 : 13).

4. Expiation de substitution : La mort de Jésus est considérée comme une expiation de substitution, ce qui signifie qu'il a subi le châtiment que l'humanité méritait. Il est volontairement devenu l'Agneau sacrificiel, supportant le châtiment du péché au nom de tous. L'apôtre Pierre écrit : « Car Christ aussi a souffert une fois pour les péchés, le juste pour les injustes, afin de nous amener à Dieu » (1 Pierre 3 : 18).

5. Offre universelle de salut : La signification du sacrifice de Jésus réside dans son offre universelle de salut. Elle n'est pas limitée par l'origine ethnique, la culture ou le statut social. L'invitation à recevoir le salut par la foi en Jésus-Christ est étendue à tous, reflétant le désir de Dieu que personne ne périsse mais que tous parviennent à la repentance (2 Pierre 3 : 9).

6. Espoir éternel : Le sacrifice de Jésus offre l'espoir de la vie éternelle. Par la foi en Lui, les croyants ont l'assurance de vivre au-delà de la mort physique. Jésus a déclaré : « Je suis la résurrection et la vie. Celui qui croit en moi, même s'il meurt, vivra » (Jean 11 :25). La résurrection de Jésus donne

aux croyants l'espoir de la victoire sur la mort et la promesse d'une communion éternelle avec Dieu.

En conclusion, la signification du sacrifice de Jésus pour toute l'humanité est profonde et multiforme. Il représente l'amour, la grâce et le désir de réconciliation de Dieu avec sa création. La mort de Jésus sur la croix expie le péché, rachète l'humanité et offre l'espoir de la vie éternelle. L'offre universelle de salut par la foi en Jésus-Christ constitue une invitation à tous à embrasser le pouvoir transformateur de son sacrifice et à expérimenter la plénitude de l'amour et du pardon de Dieu.

-L'Universalité de l'Amour de Dieu et son Désir que Tous Soient Sauvés (1 Timothée 2 : 4)

Dans 1 Timothée 2 : 4, l'apôtre Paul souligne l'universalité de l'amour de Dieu et son désir de salut pour tous. Le verset déclare : « qui [Dieu] désire que tous les hommes soient sauvés et parviennent à la connaissance de la vérité ».

Ce verset résume un aspect profond du caractère de Dieu et de son plan rédempteur pour l'humanité :

1. L'amour de Dieu s'étend à tous : Le verset souligne que l'amour de Dieu ne connaît pas de frontières. Elle s'étend à chaque individu, quel que soient son origine, son origine ethnique ou son statut social. Son amour ne se limite pas à quelques privilégiés, mais embrasse tout le monde. Cette inclusivité reflète le cœur de Dieu, qui « ne souhaite pas qu'aucun périsse, mais que tous parviennent à la repentance » (2 Pierre 3 :9).

2. Volonté salvifique universelle : Le texte affirme le désir de Dieu pour le salut de tous. Il ne prend aucun plaisir à détruire les méchants, mais désire que chacun se tourne vers lui avec foi et trouve la rédemption. La volonté salvifique de Dieu est universelle, s'étendant à chaque cœur, les invitant à trouver le pardon, la réconciliation et la vie éternelle à travers Jésus-Christ.

3. La connaissance de la vérité : Le verset indique également que le désir de Dieu est que tous parviennent à la connaissance de la vérité. Cette connaissance fait référence à la révélation du plan de salut de Dieu à travers Jésus-Christ. Dieu désire que tous les hommes comprennent la vérité sur son amour et la voie du salut, afin qu'ils puissent répondre avec foi et trouver la vie éternelle.

4. L'Évangile inclusif : Ce verset souligne la nature universelle du message évangélique. La Bonne Nouvelle de Jésus-Christ s'adresse à tous, et il n'y a aucune exception quant à ceux qui peuvent recevoir la grâce et le pardon de Dieu. L'apôtre Paul affirme ailleurs qu'« il n'y a pas de distinction entre Juifs et Grecs ; car le même Seigneur est le Seigneur de tous, accordant ses richesses à tous ceux qui l'invoquent » (Romains 10 : 12).

5. Amour inconditionnel : Le désir de Dieu que tous soient sauvés est une expression de son amour inconditionnel. Il aime l'humanité malgré ses imperfections, ses échecs et ses péchés. Cet amour n'est pas basé sur le mérite, mais découle de la nature même de Dieu, qui est amour (1 Jean 4 : 8).

5.4 Entrer par la Porte

Franchir la porte du salut, qui est Jésus-Christ, implique une réponse de foi et un abandon à Lui. C'est une décision qui entraîne un voyage transformationnel dans la vie d'une personne. Voici les étapes clés pour franchir la porte du salut :

1. Reconnaître le besoin : La première étape pour franchir la porte du salut est d'en reconnaître le besoin. Reconnaître son état de péché, son brisement et sa séparation d'avec Dieu est essentiel. Comprendre que nous ne pouvons pas nous sauver nous-mêmes et que nous avons besoin d'un Sauveur est le point de départ du voyage.

2. Croire en Jésus : La prochaine étape consiste à placer la foi en Jésus-Christ en tant que Sauveur et Seigneur. La croyance implique non seulement un assentiment intellectuel, mais aussi une confiance sincère dans la mort sacrificielle de Jésus sur la croix pour le pardon des péchés et sa résurrection, qui accorde la vie éternelle. Croire en Jésus est la clé qui ouvre la porte du salut.

3. Repentance et se tourner vers Dieu : La repentance est un aspect crucial pour franchir la porte du salut. Cela implique un véritable changement de cœur et d'esprit, se détournant d'une vie de péché et se tournant vers Dieu. C'est une décision d'abandonner les anciennes habitudes et d'embrasser la nouvelle vie offerte par Jésus-Christ.

4. Accepter la grâce de Dieu : Le salut est un don de la grâce de Dieu. Nous ne pouvons pas l'obtenir par de bonnes actions ou par des efforts religieux. Franchir la porte du salut nécessite d'accepter le don gratuit de la grâce de Dieu, en reconnaissant que c'est son amour et sa miséricorde qui rendent le salut possible.

5. S'abandonner à Jésus comme Seigneur : Franchir la porte du salut signifie abandonner sa vie à Jésus comme Seigneur et Maître. Cela implique de céder le contrôle et de permettre à Jésus de diriger et de guider tous les aspects de la vie. S'abandonner à Jésus signifie suivre ses enseignements, obéir à ses commandements et chercher à vivre selon sa volonté.

6. Devenir une nouvelle création : Quand quelqu'un franchit la porte du salut, il devient une nouvelle création en Christ (2 Corinthiens 5 : 17). Le vieil homme, avec sa nature pécheresse, est mis à mort et une nouvelle vie en Christ commence. Cette transformation est une œuvre du Saint-Esprit dans la vie du croyant.

7. Grandir dans la relation : franchir la porte du salut n'est que le début

d'un voyage de toute une vie avec Jésus. Cela implique de grandir en relation avec Lui par la prière, l'étude de Sa Parole, la participation à la communion fraternelle avec d'autres croyants et la possibilité pour le Saint-Esprit de nous façonner et de nous modeler.

Franchir la porte du salut est une décision personnelle que chaque individu doit prendre. C'est une invitation de Dieu à expérimenter son amour, son pardon et sa nouvelle vie en Jésus-Christ. Comme Jésus lui-même l'a dit : « Je suis la porte. Si quelqu'un entre par moi, il sera sauvé » (Jean 10 :9). Répondre à cette invitation mène à une vie pleine de sens, d'espoir et de signification éternelle.

-La Foi en Jésus comme Clé pour Entrer par la Porte

La foi en Jésus-Christ est la clé qui ouvre la porte du salut. C'est la réponse essentielle requise pour entrer dans une relation personnelle avec Dieu et recevoir le don de la vie éternelle. Voici les raisons pour lesquelles la foi en Jésus est cruciale pour franchir la porte du salut :

1. Le dessein de Dieu pour la rédemption : Dès le début, le plan de rédemption de Dieu impliquait la foi. Tout au long de l'Ancien Testament, les individus étaient justifiés par leur foi dans les promesses de Dieu. Ce modèle a culminé dans la promesse ultime accomplie à travers Jésus-Christ, et la foi reste le moyen par lequel nous nous approprions le don du salut de Dieu (Galates 3 :6-9, Romains 3 :22).

2. Réponse à l'initiative de Dieu : Le salut est l'initiative de Dieu, offerte gratuitement à travers le sacrifice de Jésus sur la croix. La foi est la réponse appropriée à cette offre divine de grâce et d'amour. Il ne s'agit pas d'un effort humain pour gagner le salut, mais d'une confiance sans réserve dans les dispositions de Dieu en matière de pardon et de réconciliation.

3. Croire en l'identité de Jésus : La foi en Jésus implique de croire en son identité de Fils de Dieu et de Sauveur du monde. Jésus est le Messie, celui qui est venu sauver l'humanité du péché (Jean 4 : 25-26, Jean 11 : 25-27). Croire en sa divinité et en son œuvre sacrificielle sur la croix est fondamental pour le salut.

4. Recevoir le don de Dieu : Le salut n'est pas quelque chose que nous obtenons grâce à de bonnes œuvres ou à des efforts religieux ; c'est un don de la grâce de Dieu reçu par la foi (Éphésiens 2 : 8-9). Nous sommes justifiés par la foi, non par notre propre mérite, et c'est l'acte d'amour généreux de Dieu qui rend le salut possible.

5. La voie d'accès : Jésus a dit : « Je suis le chemin, la vérité et la vie. Personne ne vient au Père que par moi » (Jean 14 : 6). La foi en Jésus est le moyen exclusif par lequel nous accédons à Dieu et trouvons la réconciliation avec Lui. Il est la porte, et la foi est la clé de cette porte.

6. Confiance en la résurrection : La foi en Jésus inclut la confiance en sa

résurrection. Croire que Jésus est ressuscité des morts est important, Jésus a la victoire sur le péché et la mort et offre l'espérance de la vie éternelle à tous ceux qui croient en lui (Romains 10 : 9).

7. Pouvoir transformateur : Une foi authentique en Jésus entraîne une expérience transformatrice. Lorsque nous lui faisons confiance, le Saint-Esprit œuvre dans nos vies, apportant le renouveau, la conviction et la capacité de vivre selon les desseins de Dieu (2 Corinthiens 5 : 17).

En conclusion, la foi en Jésus-Christ est la clé qui ouvre la porte du salut. C'est la réponse confiante à l'offre de grâce de Dieu et la reconnaissance que le salut ne se trouve qu'en Jésus. En plaçant notre foi en Lui, nous entrons dans une relation personnelle avec Dieu, recevons le pardon des péchés et faisons l'expérience du don de la vie éternelle. La foi n'est pas simplement un assentiment mental à certaines vérités, mais un abandon sincère à Jésus comme Seigneur et Sauveur, conduisant à une vie transformée et à une espérance qui perdure au-delà de ce monde.

-La Repentance et le Détournement du Péché comme Condition Préalable

La repentance et le détournement du péché sont des conditions préalables essentielles pour franchir la porte du salut et expérimenter une véritable transformation en Christ. Ce sont des éléments indissociables d'une véritable réponse au message évangélique. Voici pourquoi la repentance est cruciale pour franchir la porte du salut :

1. Reconnaissance du péché : La repentance implique la reconnaissance de la réalité du péché dans notre vie. C'est un aveu honnête d'actes répréhensibles, de rébellion contre Dieu et la reconnaissance de notre besoin de pardon et de restauration.

2. Contrition et chagrin : La vraie repentance inclut un sentiment de tristesse divine pour nos péchés. L'apôtre Paul écrit : « La tristesse selon Dieu amène une repentance qui mène au salut et ne laisse aucun regret » (2 Corinthiens 7 : 10). Cette profonde tristesse nous motive à nous détourner du péché et à rechercher le pardon de Dieu.

3. Changement de cœur : La repentance est un changement de cœur et d'esprit qui conduit à un changement d'actions. Il ne s'agit pas seulement de regretter le péché, mais de prendre la ferme décision de s'en détourner et de rechercher la justice en Christ.

4. Fruit du salut : La repentance est la preuve d'un cœur qui a été touché par la grâce de Dieu. C'est le fruit d'un véritable désir de se réconcilier avec Dieu et de vivre dans son obéissance. La Bible dit : « Produisez du fruit conforme à la repentance » (Matthieu 3 : 8).

5. Réponse à l'amour de Dieu : La repentance est une réponse à l'amour et à la miséricorde de Dieu. C'est reconnaître que la grâce de Dieu n'est pas

méritée et qu'il offre le pardon et la réconciliation par Jésus-Christ.

6. Message clé de Jésus : Jésus lui-même a commencé son ministère public par un appel à la repentance : « Repentez-vous, car le royaume des cieux est proche » (Matthieu 4 : 17). La repentance est la réponse appropriée à l'invitation de Jésus à entrer dans le royaume de Dieu.

7. Préparation au Saint-Esprit : La repentance prépare le cœur à la demeure du Saint-Esprit. Lorsque nous nous détournons du péché, nous créons un espace pour que le Saint-Esprit agisse dans nos vies, nous convainque de justice et nous donne le pouvoir de vivre selon la volonté de Dieu (Actes 2 : 38).

-S'Abandonner à Jésus comme Seigneur et Sauveur

S'abandonner à Jésus comme Seigneur et Sauveur est une étape essentielle pour franchir la porte du salut et expérimenter la plénitude du plan rédempteur de Dieu. Cela implique un abandon complet de sa vie, de sa volonté et de ses désirs à Jésus, en reconnaissant sa seigneurie et en l'acceptant comme le seul Sauveur. Voici pourquoi il est essentiel de s'abandonner à Jésus en tant que Seigneur et Sauveur :

1. Reconnaître sa seigneurie : S'abandonner à Jésus en tant que Seigneur signifie reconnaître son autorité et sa suprématie sur nos vies. C'est une reconnaissance qu'Il est le dirigeant légitime de nos cœurs et que nous nous soumettons à Sa volonté et à Sa direction divine.

2. Reconnaître notre besoin : S'abandonner à Jésus comme Sauveur nécessite de reconnaître notre besoin de salut. C'est admettre que nous sommes incapables de nous sauver nous-mêmes et que nous avons besoin que Jésus nous délivre du pouvoir du péché et de ses conséquences.

3. Accepter son sacrifice : S'abandonner à Jésus comme Sauveur signifie accepter sa mort sacrificielle sur la croix comme paiement pour nos péchés. Cela implique d'accepter la vérité selon laquelle la mort et la résurrection de Jésus constituent le seul moyen de pardon et de réconciliation avec Dieu.

4. Le choisir avant tout : S'abandonner à Jésus signifie le choisir au-dessus de toutes les autres allégeances et idoles de nos vies. Cela implique de le placer au centre de nos affections, de nos priorités et de nos décisions.

5. Mourir à soi : S'abandonner à Jésus nécessite de mourir à soi, d'abandonner ses désirs égoïstes et de prendre sa croix pour le suivre (Luc 9 : 23). Cela signifie mettre de côté nos propres ambitions et nous soumettre aux desseins de Dieu pour nos vies.

6. Transformé par son Esprit : L'abandon à Jésus ouvre la porte à l'œuvre du Saint-Esprit dans nos vies. L'Esprit nous donne le pouvoir de vivre une vie qui honore Dieu, porte du fruit et reflète le caractère du Christ (Galates 5 : 22-23).

7. Embrasser une nouvelle identité : L'abandon à Jésus mène à une nouvelle identité d'enfant de Dieu. Nous devenons partie intégrante de la

famille de Dieu, adoptés dans son royaume et cohéritiers de Christ (Romains 8 : 15-17).

S'abandonner à Jésus est un processus continu, à mesure que nous grandissons dans notre relation avec Lui et mûrissons dans la foi. Il ne s'agit pas d'un événement ponctuel, mais d'un engagement continu à suivre Jésus de tout cœur. Cela implique de rechercher sa présence quotidiennement, de vivre dans l'obéissance à sa Parole et de compter sur sa grâce pour surmonter les défis de la vie.

S'abandonner à Jésus en tant que Seigneur et Sauveur est une étape profonde qui mène à une vie pleine de sens, d'espoir et de signification éternelle. C'est la porte d'entrée pour expérimenter la vie abondante promise par Jésus (Jean 10 : 10) et trouver la vraie liberté, la joie et la paix en sa présence.

-Le Salut par Jésus Seul

Le salut par Jésus seul est une vérité centrale et décisive. Jésus-Christ est le moyen exclusif de réconciliation entre l'humanité et Dieu. Voici les aspects clés du salut par Jésus seul :

1. Sauveur unique : Jésus-Christ est le Sauveur unique du monde. Actes 4 : 12 déclare : « Le salut ne se trouve en personne d'autre, car il n'y a sous le ciel aucun autre nom donné à l'humanité par lequel nous devons être sauvés. » Cette déclaration affirme que Jésus est le seul chemin pour trouver le pardon, la rédemption et la vie éternelle.

2. Incarnation divine : Jésus est pleinement Dieu et pleinement humain, ce qui le rend particulièrement qualifié pour combler le fossé entre l'humanité et la divinité.

3. Expiation sacrificielle : Le cœur du salut par Jésus est l'expiation sacrificielle. La mort de Jésus sur la croix est l'acte ultime d'amour et de rédemption, accordant le pardon des péchés et réconciliant l'humanité avec Dieu.

4. Résurrection et vie : La résurrection de Jésus est la pierre angulaire de la foi chrétienne. Sa victoire sur la mort affirme son identité de Sauveur vivant, offrant la vie éternelle à tous ceux qui croient en lui (Jean 11 : 25-26).

5. Déclaration de Jésus : Tout au long du Nouveau Testament, Jésus a parlé de son rôle unique en tant que porte du salut. Il a proclamé : « Je suis le chemin, la vérité et la vie. Personne ne vient au Père que par moi » (Jean 14 :6). Ces déclarations soulignent son exclusivité en tant que Sauveur.

6. Enseignement apostolique : Les enseignements des apôtres dans le Nouveau Testament affirment systématiquement le salut par Jésus seul. Ils soulignent l'importance de la foi en Christ et en son œuvre rédemptrice comme fondement de la foi chrétienne.

7. Croyance chrétienne historique : La croyance au salut par Jésus seul a été un principe fondamental du christianisme tout au long de son histoire. Il a été soutenu par diverses traditions et confessions chrétiennes.

En conclusion, le salut par Jésus seul est une doctrine fondamentale du christianisme. Cela souligne le rôle unique de Jésus en tant que Sauveur, son expiation sacrificielle et l'importance de la foi en lui pour la vie éternelle. Embrasser Jésus comme moyen exclusif de salut est au cœur de la foi chrétienne, offrant espoir et réconciliation avec Dieu à tous ceux qui croient en lui.

-Répondre aux Objections et aux Points de Vue Alternatifs sur le Salut

Il est essentiel de répondre aux objections et aux points de vue alternatifs sur le salut pour favoriser la compréhension et un dialogue respectueux. Voici quelques objections courantes et points de vue alternatifs, ainsi que des réponses d'un point de vue chrétien :

1. Universalisme : L'universalisme est la conviction que tous les individus seront finalement sauvés, quelle que soit leur foi ou leurs convictions. Bien que cette idée puisse sembler inclusive et compatissante, elle contredit l'enseignement biblique du salut par la foi en Jésus-Christ. La Bible dit clairement que le salut vient par la foi en Jésus seul (Jean 14 : 6 ; Actes 4 : 12). Les chrétiens devraient répondre en affirmant l'enseignement biblique, tout en maintenant une attitude aimante et respectueuse envers ceux qui ont des croyances différentes.

2. Pluralisme religieux : Le pluralisme religieux affirme que toutes les religions mènent à la même vérité ultime ou au même salut. Cela suggère que différents chemins religieux sont également valables et mènent à la même destination. Cela contredit l'enseignement biblique du salut par la foi en Jésus-Christ seul ; il n'y a qu'un seul chemin vers le salut. C'est avec un cœur plein d'amour que je dis à tous que le moment est venu d'arrêter de gaspiller l'unité de vie (le temps qui vous est imparti) en suivant un chemin qui n'est pas celui de Jésus, en croyant qu'un jour vous serez sauvés. Jésus est la voie d'accès : Jésus a dit : « Je suis le chemin, la vérité et la vie. Personne ne vient au Père que par moi » (Jean 14 : 6). Les chrétiens devraient mettre l'accent sur les revendications uniques de Jésus en tant que Fils de Dieu et Sauveur. Ils peuvent également engager un dialogue interreligieux, tout en expliquant respectueusement les raisons pour lesquelles ils croient au caractère exclusif du sacrifice de Jésus.

3. Auto-salut : Certaines personnes croient qu'elles peuvent atteindre le salut grâce à leurs propres bonnes actions ou à leurs efforts moraux. Cette perspective contredit l'enseignement biblique selon lequel le salut est un don de la grâce de Dieu, reçu par la foi en Jésus (Éphésiens 2 : 8-9). Les

chrétiens devraient souligner que personne ne peut gagner son chemin vers le ciel et que le salut dépend entièrement de la miséricorde de Dieu.

4. Réincarnation et karma : Certaines croyances religieuses proposent un cycle de réincarnation, dans lequel les individus renaissent en fonction de leur karma (actions) dans des vies antérieures. En revanche, le christianisme enseigne une vision linéaire de la vie et une seule opportunité de salut. La Bible dit dans Hébreux 9 :27 : « Et comme il est réservé à l'homme de mourir une seule fois, après quoi vient le jugement ». Au moment de la mort, l'état final de chaque homme est déterminé ; il n'y a pas de « retour » sous d'autres formes pour que vous puissiez changer ce que vous avez fait. Par conséquent, tant que vous êtes encore en vie, il est temps de faire un choix judicieux et de recevoir Jésus dans votre vie. Dans Jean 3 : 16-18, la Bible dit : « Car Dieu a tant aimé le monde qu'il a donné son Fils unique, afin que quiconque croit en lui ne périsse pas mais ait la vie éternelle. Car Dieu n'a pas envoyé son Fils dans le monde pour condamner le monde, mais pour que le monde soit sauvé par lui. Celui qui croit en lui n'est pas condamné, mais celui qui ne croit pas est déjà condamné, parce qu'il n'a pas cru au nom du Fils unique de Dieu ». Les chrétiens doivent discuter respectueusement des différences entre ces croyances et présenter la compréhension chrétienne de la vie éternelle par la foi en Jésus-Christ.

5. Athéisme et agnosticisme : Les athées nient l'existence de Dieu, tandis que les agnostiques remettent en question ou manquent de croyance en Dieu. Ces points de vue remettent complètement en question la notion de salut. Les chrétiens peuvent répondre à ces objections en partageant des témoignages personnels, des preuves historiques de la vie et de la résurrection de Jésus, ainsi que des arguments philosophiques en faveur de l'existence de Dieu.

6. Inclusivisme : L'inclusivisme suggère que les personnes d'autres religions peuvent être sauvées par Christ sans expliciter leur foi en Lui. Bien que cette perspective reconnaisse le rôle unique de Jésus, elle contredit l'enseignement biblique du salut par la foi en Jésus. Il n'y a pas de possibilité de salut sans une croyance consciente en Jésus. Les chrétiens devraient affirmer la centralité de la foi en Jésus pour le salut.

En répondant aux objections et aux points de vue alternatifs sur le salut, les chrétiens devraient donner la priorité à l'amour, au respect et à l'humilité. S'engager dans un dialogue honnête et compatissant peut favoriser la compréhension et semer les graines de la foi. Les chrétiens sont appelés à partager l'Évangile avec audace en laissant les résultats entre les mains de Dieu (1 Pierre 3 : 15). Ce faisant, ils peuvent représenter le cœur du Christ, qui désire que tous les hommes parviennent à la repentance et expérimentent la puissance transformatrice de sa grâce (2 Pierre 3 : 9).

-Explorer le Caractère Unique de l'œuvre Rédemptrice de Jésus

Le caractère unique de l'œuvre rédemptrice de Jésus réside dans plusieurs aspects distinctifs qui le distinguent de toute autre figure religieuse ou spirituelle. Comprendre ces aspects uniques nous aide à saisir la signification profonde du sacrifice de Jésus pour l'humanité :

1. Incarnation divine : L'œuvre rédemptrice de Jésus est unique, car elle implique l'Incarnation, ce qui signifie que Dieu a pris chair humaine et est devenu pleinement humain tout en restant pleinement divin. Cet acte sans précédent démontre l'amour de Dieu et sa volonté de combler le fossé entre les royaumes divin et humain.

2. Vie sans péché : Jésus a vécu une vie sans péché, ce qui le distingue de tous les autres êtres humains. Son absence de péché fait de lui l'Agneau parfait et sans tache de Dieu, qualifié pour s'offrir comme sacrifice ultime pour les péchés de l'humanité.

3. Expiation de substitution : La mort de Jésus sur la croix est une expiation de substitution, ce qui signifie qu'il a pris sur lui le châtiment que l'humanité méritait pour ses péchés. Sa mort sacrificielle apporte le pardon et la réconciliation avec Dieu à tous ceux qui croient en Lui.

4. Résurrection : La résurrection de Jésus d'entre les morts est un événement unique dans l'histoire de l'humanité. Sa victoire sur la mort démontre sa puissance sur le péché et l'assurance de la vie éternelle pour tous ceux qui ont confiance en lui.

5. Sauveur exclusif : L'œuvre rédemptrice de Jésus met l'accent sur son rôle exclusif de Sauveur du monde. Il a proclamé : « Je suis le chemin, la vérité et la vie. Personne ne vient au Père que par moi » (Jean 14 :6). Cette déclaration met en évidence le rôle central de Jésus dans le plan rédempteur de Dieu.

6. Offre universelle : Bien que l'œuvre rédemptrice de Jésus soit exclusive, elle est également universellement offerte à tous. L'invitation à recevoir le salut par la foi en Jésus est étendue aux personnes de toutes nations et de toutes origines (Jean 3 :16 ; Apocalypse 7 :9).

7. Impact éternel : L'œuvre rédemptrice de Jésus a une signification éternelle. Par la foi en Lui, les croyants sont non seulement pardonnés de leurs péchés, mais ils reçoivent également la vie éternelle avec Dieu. Le sacrifice de Jésus offre l'espoir d'une résurrection et d'un avenir au-delà de cette vie terrestre.

8. Amour sans précédent : L'œuvre rédemptrice de Jésus révèle l'amour sans précédent de Dieu pour l'humanité. Cela montre la volonté de Dieu de souffrir et de mourir pour nous, démontrant la profondeur de son amour et de sa grâce.

9. Vérification historique : La vérification historique de la vie, de la mort et de la résurrection de Jésus distingue son œuvre rédemptrice de nombreuses figures mythiques ou légendaires. La vie, la mort et la

résurrection de Jésus sont des événements historiques bien documentés.

En conclusion, le caractère unique de l'œuvre rédemptrice de Jésus réside dans son incarnation divine, sa vie sans péché, son expiation de substitution, sa résurrection, son rôle exclusif de Sauveur, son offre universelle de salut, son impact éternel, son amour sans précédent et sa vérification historique. Ces aspects révèlent la profondeur de l'amour de Dieu pour l'humanité et la nature extraordinaire du sacrifice de Jésus pour la rédemption et la réconciliation de tous ceux qui croient en lui.

-Déclaration de Jésus : « Je suis le chemin, la vérité et la vie. Personne ne vient au Père que par moi » (Jean 14 :6)

La déclaration de Jésus dans Jean 14 :6 est une déclaration profonde de son rôle unique en tant que seul moyen d'accès à Dieu le Père et source de la vie éternelle. Explorons la signification de cette déclaration :

"Je suis le chemin" : Jésus a dit qu'Il est le chemin exclusif vers Dieu. Il ne s'agit pas seulement d'une voie parmi tant d'autres ; au contraire, Il est le seul chemin vers le Père. Cette déclaration affirme que le salut et la réconciliation avec Dieu peuvent être trouvés uniquement à travers une relation personnelle avec Jésus.

« Je suis la vérité » : Jésus n'est pas seulement le chemin, mais aussi l'incarnation de la vérité. Il est la Parole vivante de Dieu (Jean 1 :1), et sa vie, ses enseignements et son caractère révèlent la vérité absolue sur la nature, l'amour et le plan de Dieu pour l'humanité. Dans un monde rempli de croyances et d'idéologies contradictoires, Jésus est la source de vérité immuable et fiable.

« Je suis la vie » : Jésus est la source et le donneur de la vie éternelle. Il est venu offrir une vie abondante et éternelle à tous ceux qui croient en lui (Jean 10 : 10). En dehors de Jésus, il n'y a pas de vie véritable et durable, car tous les efforts humains ne parviennent pas à fournir une signification et un but éternels.

« Nul ne vient au Père que par moi » : cette affirmation souligne le caractère exclusif du rôle de Jésus en tant que médiateur entre Dieu et l'humanité. Il affirme qu'il n'existe pas d'autre moyen de réconciliation avec Dieu ; ce n'est que par la foi dans la mort sacrificielle et la résurrection de Jésus que nous pouvons avoir accès au Père.

-La Signification de cette Déclaration est Profonde pour Plusieurs Raisons :

1. Caractère unique de Jésus : La déclaration de Jésus le distingue de tous les autres chefs religieux ou spirituels. Son autorité et sa divinité sont sans égal, faisant de lui la figure centrale du plan de salut de Dieu.

2. Le salut par la grâce : La déclaration affirme que le salut est un don de la grâce de Dieu, reçu par la foi en Jésus, plutôt que quelque chose gagné par l'effort ou le mérite humain.

3. Déclarations exclusives : Cette déclaration remet en question le relativisme et le pluralisme religieux, qui suggèrent que tous les chemins mènent à Dieu. La déclaration de Jésus montre clairement qu'Il est le seul chemin vers le Père.

4. Assurance du salut : Le rôle exclusif de Jésus en tant que chemin, vérité et vie offre aux croyants l'assurance de la vie éternelle et d'une relation personnelle avec Dieu.

5. Appel à la foi : Cette déclaration invite les gens à placer leur confiance et leur foi en Jésus-Christ comme leur Sauveur et Seigneur. Cela appelle une réponse d'abandon et d'acceptation de son œuvre rédemptrice sur la croix.

En tant que disciples de Jésus, les chrétiens considèrent cette déclaration comme un principe central de leur foi. Ils croient que les revendications exclusives de Jésus ne sont pas censées être exclusives au sens d'un rejet, mais sont enracinées dans le désir de Dieu que tous les hommes soient réconciliés avec lui par la foi en son Fils (2 Pierre 3 : 9). Embrasser Jésus comme le chemin, la vérité et la vie ouvre la porte à une vie transformée, à une relation restaurée avec Dieu et à l'espérance de la vie éternelle en sa présence.

5.5 Il est Temps d'Entrer par la Porte du Salut

Le moment est venu de franchir la porte du salut. La Bible souligne l'urgence de répondre à l'appel de Dieu au salut et de ne pas retarder cette décision vitale. Plusieurs raisons soulignent l'importance de faire ce choix sans tarder :

1. Incertitude de la vie : La vie est imprévisible et aucun de nous ne sait ce que demain nous réserve. La Bible nous rappelle que nos vies sont comme une brume qui apparaît pendant un court instant puis disparaît (Jacques 4 :14). Procrastiner sur la décision de suivre le Christ risque de rater l'opportunité du salut ; vous pouvez mourir à tout moment, vous devez donc recevoir Jésus dans votre vie maintenant et assurer votre éternité.

2. Conséquences éternelles : La décision d'accepter ou de rejeter Jésus comme Sauveur a des conséquences éternelles. La Bible enseigne que ceux qui croient en Jésus ont la vie éternelle, tandis que ceux qui le rejettent

seront confrontés à une séparation éternelle d'avec Dieu (Jean 3 :36). Reconnaître la gravité de ce choix nous incite à réagir rapidement.

3. L'invitation de Dieu est pour aujourd'hui : L'invitation de Dieu au salut n'est pas limitée par le temps ou l'âge. Il appelle les gens à venir à lui tels qu'ils sont, et son offre de pardon et de rédemption est accessible à tous ceux qui croient. Cependant, plus nous tardons, plus nous risquons de devenir insensibilisés ou endurcis à son appel.

4. Préparation pour l'éternité : Franchir la porte du salut implique de naître de nouveau et de recevoir une vie transformée. Plus tôt nous franchirons cette porte, plus nous aurons le temps de grandir dans notre relation avec Christ et de nous conformer à sa ressemblance.

5. Éviter les regrets : Retarder la décision de suivre Jésus peut conduire à des regrets dans le futur. De nombreux croyants témoignent qu'ils auraient aimé s'être abandonnés au Christ plus tôt dans leur vie, en raison des bénédictions abondantes et du pouvoir transformateur qu'ils ont expérimentés grâce à leur relation avec Lui.

6. Se rapprocher de Dieu : Dieu désire une relation personnelle et intime avec chacun de nous. Franchir la porte du salut nous permet de nous rapprocher de lui, de faire l'expérience de son amour et de recevoir ses conseils et sa direction pour nos vies.

7. Restauration : Pour ceux qui sont accablés par la culpabilité, la honte ou les erreurs passées, franchir la porte du salut offre la promesse du pardon, de la guérison et de la restauration. C'est une opportunité de faire l'expérience de l'amour rédempteur de Dieu et de trouver un but et de l'espoir en Christ.

En conclusion, le moment est venu de franchir la porte du salut. L'invitation de Dieu est étendue à chacun, et Il attend avec impatience que tous viennent à Lui avec foi par Jésus-Christ. Retarder cette décision risque de passer à côté de la vie abondante, de la paix et de la joie qui découlent d'une relation avec le Sauveur. Répondre à l'appel de Dieu au salut apporte l'assurance de la vie éternelle et le privilège de marcher avec Lui dans cette vie et dans la vie à venir.

-Le Temps du Salut : Quand la Porte sera-t-elle Fermée ?

Un jour, la « porte du salut » sera fermée. Le passage prophétique d'Ésaïe 61 : 1-2 contient une vision qui inclut à la fois « l'année de la faveur du Seigneur » et « le jour de la vengeance de notre Dieu ». En lisant ce passage de Luc 4 : 18-19, axé sur la proclamation de « l'année de la faveur du Seigneur » pendant son ministère terrestre, mettant l'accent sur la grâce de Dieu et le salut disponible pour les hommes, l'Église, en tant que corps du Christ sur Terre, joue un rôle en prolongeant "l'année de la faveur du Seigneur",

Concernant cette mission et ce but dans le monde : Ambassadeurs de la grâce de Dieu : L'Église est l'instrument de Dieu pour diffuser son message de grâce, d'amour et de salut dans le monde. Tout comme Jésus a proclamé « l'année de la faveur du Seigneur » au cours de son ministère terrestre, l'Église poursuit cette mission en partageant l'Évangile et en offrant la grâce de Dieu à tous ceux qui la recevront. Nous sommes maintenant à la fin de l'ère de l'Église : bientôt l'Église ira à la rencontre de Jésus. L'Enlèvement marque la conclusion de l'ère de l'Église, qui est l'ère caractérisée par la présence et le travail de l'Église sur Terre. Au moment de l'Enlèvement, tous les vrais chrétiens seront amenés à être avec Jésus au ciel.

Il est important de noter que même si l'Église a un rôle à jouer dans l'extension de l'offre de la grâce de Dieu, le moment ultime du « jour de vengeance » et du jugement final est entre les mains de Dieu et fait partie de son plan divin. Lorsque Jésus est venu sur Terre, il a rempli le rôle décrit dans « l'année de la faveur du Seigneur ». Son ministère se caractérisait par l'offre de la grâce, du pardon et du salut de Dieu à tous ceux qui croyaient en lui. Cela représentait le début de l'accomplissement de la vision prophétique. L'Église n'est pas seulement une institution, mais une entité vivante et dynamique ayant pour mission de transmettre le message de la grâce et du salut de Dieu au monde, augmentant ainsi potentiellement l'opportunité pour les gens de recevoir Sa faveur. Mais nous sommes au dernier instant de la dernière heure, l'Église doit jouer son rôle de tout son cœur, car la parenthèse de la grâce se ferme ; Jésus est prêt à appeler Son Église, il est temps pour chacun de prendre une décision et de recevoir Jésus dans son cœur comme son Seigneur et Sauveur.

La fermeture de la porte du salut n'est pas associée à une date ou une heure précise. Matthieu 24 :36 :

"Mais à propos de ce jour ou de cette heure, personne ne le sait, pas même les anges du ciel, ni le Fils, mais seulement le Père." Il symbolise l'idée qu'il viendra un moment où l'offre de salut de Dieu à l'humanité ne sera plus disponible. Bien que la Bible contienne diverses références à ce concept, elle ne précise pas le moment précis où cela se produira.

Certains passages bibliques, comme Luc 13 :25, suggèrent un moment où le propriétaire de la maison (représentant Dieu) ferme la porte et où ceux qui sont dehors ne peuvent pas entrer.

La référence à l'arche de Noé dans Genèse 7 : 16 illustre une époque où le Seigneur ferma la porte de l'arche, signifiant que le salut n'était plus disponible pour ceux qui étaient à l'extérieur.

2 Corinthiens 6 : 2 souligne l'importance de répondre à l'offre de salut de Dieu dans le moment présent, car le jour du salut est maintenant.

La « fermeture de la porte du salut » rappelle l'urgence d'accepter l'offre de pardon et de vie éternelle de Dieu, mais elle ne précise pas de date ni d'heure particulière pour cet événement. Il encourage les individus à se tourner vers Dieu et à accepter le salut tant qu'il est disponible, plutôt que de tergiverser.

La porte du salut est actuellement ouverte et la grâce de Dieu est accessible à tous ceux qui se tournent vers lui dans la repentance et la foi. 2 Pierre 3 : 9 nous assure que Dieu est patient, ne voulant pas que quiconque périsse, mais désirant que tous parviennent à la repentance. La Bible met également en garde contre le fait de retarder ou de négliger l'appel au salut, car la vie est incertaine et nous ne savons pas quand notre séjour sur terre prendra fin.

La vie de chaque personne a une durée limitée et incertaine, et la possibilité de salut existe au cours de notre existence terrestre. Ainsi, l'appel à répondre à l'invitation au salut de Dieu est urgent. Chaque individu est encouragé à embrasser Jésus comme la Porte, à l'accepter comme son Sauveur et Seigneur et à entrer dans une relation qui transforme sa vie avec Dieu.

La Bible nous rappelle de vivre chaque jour avec un sentiment de préparation, sachant que l'avenir est incertain et que le retour du Christ ou notre propre départ de ce monde pourraient survenir à tout moment. Par conséquent, la sage ligne de conduite consiste à accepter aujourd'hui le don du salut de Dieu à travers Jésus-Christ et à expérimenter l'assurance de la vie éternelle en Lui.

-L'Urgence de Répondre à l'Invitation du Salut

L'urgence de répondre à l'invitation du salut découle de plusieurs raisons importantes :

1. Incertitude de la vie : La vie est éphémère et imprévisible. Aucun de nous ne sait combien de temps nous vivrons ni quand notre séjour sur Terre prendra fin. La Bible nous avertit que nos vies sont comme une vapeur qui apparaît un instant puis disparaît (Jacques 4 : 14). Nous ne pouvons pas nous permettre de reporter la décision de suivre le Christ, car demain n'est jamais garanti.

2. L'appel de Dieu est aujourd'hui : L'invitation de Dieu au salut nous est adressée aujourd'hui. La Bible souligne qu'aujourd'hui est le jour du salut (2 Corinthiens 6 : 2). Dieu nous appelle à répondre à son offre de grâce et de pardon maintenant, pendant que nous en avons l'occasion.

3. Conséquences éternelles : La décision d'accepter ou de rejeter l'invitation au salut a des conséquences éternelles. La Bible enseigne que ceux qui croient en Jésus auront la vie éternelle, tandis que ceux qui le rejettent seront confrontés à une séparation éternelle d'avec Dieu (Jean 3 :36). L'urgence réside dans la garantie de notre destinée éternelle en plaçant notre foi en Christ.

4. La patience de Dieu a une limite : Même si Dieu est patient, il arrive un moment où sa patience ne dure plus. La Bible met en garde contre un

jour de jugement et la fermeture de la porte du salut (2 Pierre 3 :9-10). Retarder notre réponse à l'invitation de Dieu risque de passer à côté de sa grâce et de sa miséricorde.

5. Saisir l'opportunité de transformation : Accepter l'invitation au salut de Dieu entraîne une expérience de transformation. Elle offre la possibilité d'être pardonné, renouvelé et restauré par l'amour et la grâce de Dieu. Plus nous tardons, plus nous risquons de rester piégés dans l'esclavage du péché et de manquer l'occasion de croissance et de renouveau spirituels.

6. Vivre avec un but : Répondre à l'invitation du salut donne un but et un sens à la vie. Cela nous permet d'aligner notre vie sur le plan de Dieu et de faire partie de son œuvre rédemptrice dans le monde. Accepter l'invitation de Dieu apporte l'épanouissement et un sentiment de dessein divin à nos vies.

7. Réponse aimante à l'amour de Dieu : L'urgence de répondre à l'invitation de Dieu est enracinée dans notre amour pour Lui. Dieu nous a aimé le premier et a envoyé son Fils mourir pour nos péchés (1 Jean 4 :10). Répondre à son invitation est une expression de gratitude et d'amour pour le sacrifice consenti en notre faveur.

À la lumière de ces raisons, l'urgence de répondre à l'invitation au salut ne peut être surestimée. Chaque instant compte et la décision de suivre le Christ ne doit pas être retardée. L'invitation de Dieu est une invitation à l'amour et à la grâce, et Il aspire à ce que tous viennent à Lui avec foi. Accepter cette invitation apporte l'assurance de la vie éternelle et la possibilité de vivre dans la plénitude de la présence de Dieu, maintenant et pour toujours.

-Soulignant l'Incertitude de l'Avenir et la Nécessité d'une Action Immédiate

L'incertitude de l'avenir souligne la nécessité d'une action immédiate pour répondre à l'invitation du salut. Plusieurs aspects soulignent l'importance de ne pas retarder cette décision cruciale :

1. Nature temporelle de la vie : La vie sur Terre est temporaire et éphémère. Nous n'avons aucun contrôle sur la durée de nos journées, et la brièveté de la vie devrait nous inciter à donner la priorité à ce qui compte vraiment ; notre relation avec Dieu et notre destinée éternelle.

2. Risques imminents : L'incertitude abonde dans le monde : les catastrophes naturelles, les accidents ou les circonstances inattendues peuvent changer le cours de nos vies en un instant. Nous ne pouvons pas prédire quand de tels événements pourraient survenir, il est donc essentiel de se préparer pour l'éternité.

3. L'urgence de l'éternité : L'éternité attend chaque individu, et la décision de suivre le Christ détermine notre destination éternelle. Retarder la réponse à l'invitation de Dieu risque de ne pas avoir l'opportunité de faire

ce choix qui changera votre vie.

4. Inévitabilité de la mort : La mort est une réalité qui nous attend tous. Nous ne pouvons pas prédire quand cela arrivera, mais nous pouvons nous y préparer en assurant notre avenir éternel par la foi en Jésus-Christ.

5. Éviter les regrets : Retarder une décision aux conséquences aussi éternelles peut conduire à des regrets à l'avenir. L'opportunité du salut se présente maintenant, et choisir d'y répondre immédiatement garantit que nous ne manquerons pas l'occasion du pardon, de la rédemption et de la vie éternelle.

6. Opportunités inconnues : Nous ne savons pas quelles opportunités pourraient se présenter à l'avenir, mais la plus grande opportunité est celle présentée par l'invitation au salut de Dieu. L'adopter maintenant garantit l'espoir et l'assurance d'un avenir en Sa présence.

7. Opportunité de transformation : Franchir la porte du salut apporte la transformation et la vie abondante que Jésus a promise (Jean 10 : 10). Plus tôt nous répondons, plus nous avons le temps d'expérimenter la puissance de son amour et de sa grâce dans nos vies.

8. Conduire les autres au Christ : Répondre à l'invitation du salut de Dieu nous permet également d'être des témoins efficaces et de partager l'Évangile avec les autres. Nos vies transformées deviennent un témoignage de l'amour de Dieu et attirent les autres à Lui.

En conclusion, l'incertitude de l'avenir et la brièveté de la vie exigent une action immédiate pour répondre à l'invitation au salut de Dieu. L'offre de grâce et de vie éternelle de Dieu est accessible à tous ceux qui croient en Jésus-Christ. L'urgence réside dans la garantie de notre destinée éternelle et dans l'expérience du pouvoir transformateur de l'amour et du pardon de Dieu. Retarder cette décision risque de manquer l'occasion de réconciliation avec Dieu et l'espérance de la vie éternelle. Comme la Bible le recommande : « Aujourd'hui, si vous entendez sa voix, n'endurcissez pas votre cœur » (Hébreux 3 : 15). Accepter l'invitation au salut de Dieu garantit désormais que nous vivons avec un but, de l'espoir et l'assurance d'un avenir avec Lui.

-Encouragement à Saisir l'Opportunité Pendant que la Porte du salut est Encore Ouverte

Saisissez l'opportunité du salut pendant que la porte est encore ouverte ! La Bible parle de l'invitation gracieuse de Dieu à tous les hommes, les appelants à venir à lui par la foi en Jésus-Christ. Voici quelques raisons encourageantes pour répondre sans tarder à cette invitation :

1. L'amour indéfectible de Dieu : L'amour de Dieu pour vous est inconditionnel et inébranlable. Il désire une relation personnelle avec vous et vous offre le pardon, la rédemption et la vie éternelle par Jésus-Christ (Jean 3 : 16). Embrassez son amour et laissez-le transformer votre vie.

2. Un rendez-vous divin : Le moment du salut est un rendez-vous divin orchestré par Dieu. Répondre à son invitation aligne votre vie sur son plan et son dessein parfaits. Ne manquez pas cette occasion de faire l'expérience de sa présence et de ses conseils.

3. Assurance du pardon : Dieu promet un pardon complet par Jésus-Christ. Quels que soient vos erreurs, péchés ou défauts passés, sa grâce est suffisante pour vous purifier et vous restaurer (1 Jean 1 : 9). Embrassez Son pardon et expérimentez la liberté de la culpabilité et de la honte.

4. Vie abondante : Jésus est venu pour vous donner une vie abondante (Jean 10 :10). Grâce au salut, vous pouvez expérimenter la vraie joie, la paix et l'épanouissement qui viennent du fait de vivre en harmonie avec le dessein de Dieu pour votre vie.

5. L'espoir dans des temps incertains : Dans un monde rempli d'incertitudes et de défis, le salut offre un espoir inébranlable. Faites confiance aux promesses de Dieu et sachez qu'Il tient votre avenir entre ses mains.

6. Une communauté de croyants : Embrasser le salut ouvre la porte à une communauté de croyants aimants et solidaires. Vous trouverez encouragement, camaraderie et croissance spirituelle tout en cheminant ensemble dans la foi.

7. Sécurité éternelle : Le salut fournit l'assurance d'une sécurité éternelle. Savoir que vous êtes éternellement sous la garde de Dieu apporte réconfort et confiance en toutes circonstances.

8. Personne n'est hors de portée de Dieu : quels que soient vos antécédents ou votre passé, l'invitation de Dieu s'étend à tous. Il vous rencontre là où vous êtes, prêt à transformer votre vie et à vous utiliser à ses fins.

9. Le pouvoir de transformation : Par le Saint-Esprit, Dieu vous donne le pouvoir de surmonter les défis et de grandir à l'image du Christ. Faites l'expérience de la puissance transformatrice de Dieu dans votre vie.

10. La grâce de Dieu est suffisante : Ne laissez pas les doutes ou les sentiments d'incapacité vous retenir. La grâce de Dieu suffit à répondre à tous vos besoins (2 Corinthiens 12 : 9). Abandonnez-vous à lui et laissez sa grâce vous porter.

Saisir l'opportunité du salut est la décision la plus importante que vous puissiez prendre. N'attendez pas un « meilleur » moment et ne supposez pas que la porte sera toujours ouverte. Répondez dès maintenant à l'invitation de Dieu et entrez dans la vie abondante qu'il a préparée pour vous. Embrassez l'amour, l'espoir et le but trouvés en Jésus-Christ et expérimentez la joie de marcher avec lui à chaque étape du chemin.

5.6 La Fermeture de la Porte
-L'Inévitabilité de la Fermeture de la Porte du Salut

Alors que nous poursuivons notre voyage à travers la profonde vérité de Jésus en tant que porte du salut, nous devons faire face à la triste réalité : les opportunités d'entrer par cette porte ne sont pas illimitées. Même si l'invitation de Jésus est globale et intemporelle, la Bible nous rappelle qu'un jour viendra où la porte sera fermée.

L'apôtre Paul, dans sa deuxième lettre aux Corinthiens, prévient : « Je vous le dis, c'est maintenant le temps de la faveur de Dieu, c'est maintenant le jour du salut » (2 Corinthiens 6 : 2). Ce rappel poignant souligne l'urgence de répondre sans délai à l'invitation de Jésus. La fermeture de la porte n'est pas un acte arbitraire mais un aspect essentiel du plan divin de Dieu, un moment où l'opportunité de rédemption touche à sa fin.

-Comprendre le Concept de Jugement et son Rôle dans la Détermination de la Fermeture de la Porte

Le concept de jugement est intimement lié à la fermeture de la porte du salut. Dieu, étant juste et vertueux, a fixé un jour de jugement où tous les êtres seront tenus responsables de leurs actions et de leurs choix. Le livre des Hébreux déclare : « De même que les hommes sont destinés à mourir une seule fois, et ensuite à subir le jugement » (Hébreux 9 :27).

Le but du jugement est d'apporter la justice et de séparer ceux qui sont par la porte du salut de ceux qui l'ont rejetée. Jésus lui-même a parlé du jour du jugement en disant : « Quand le Fils de l'homme viendra dans sa gloire, et tous les anges avec lui, il s'assiéra sur son trône glorieux. Toutes les nations seront rassemblées devant lui, et il se séparera. Les gens les uns des autres, comme un berger sépare les brebis des boucs » (Matthieu 25 : 31-32).

Il est important de comprendre que fermer la porte n'est pas une décision prise par une divinité dure et inflexible. Au lieu de cela, c'est le point culminant de la poursuite patiente et aimante de Dieu envers l'humanité, un moment où les choix faits dans cette vie détermineront la destinée éternelle de chacun.

-Urgence et Importance d'Accepter Jésus Avant qu'il ne soit Trop Tard

La fermeture imminente de la porte du salut souligne l'urgence de répondre à l'invitation de Jésus avec le plus grand sérieux. La Bible nous rappelle : « Cherchez l'Éternel pendant qu'il se trouve ; invoquez-le pendant qu'il est proche » (Ésaïe 55 :6). Le moment est venu d'accepter Jésus et d'entrer par la porte du salut, alors que nous avons encore du souffle et de l'opportunité.

La parabole des dix vierges dans l'évangile de Matthieu illustre cette urgence. Cinq des vierges étaient sages et préparées, tandis que les cinq autres étaient insensées et non préparées. Lorsque l'époux arriva, la porte fut fermée et ceux qui n'étaient pas préparés furent laissés dehors (Matthieu 25 : 1-13).

En tant que disciples de Jésus, nous sommes appelés à partager son message de salut avec les autres, en leur disant d'accepter Jésus dans leur vie et de franchir la porte avant qu'il ne soit trop tard. L'apôtre Pierre nous exhorte : « Mais n'oubliez pas cette chose, chers amis : avec le Seigneur, un jour est comme mille ans, et mille ans sont comme un jour. Le Seigneur ne tarde pas à tenir sa promesse, comme Certains comprennent la lenteur. Au contraire, il est patient envers vous, voulant non que personne périsse, mais que chacun parvienne à la repentance » (2 Pierre 3 :8-9).

Dans ce chapitre, nous avons exploré le caractère inévitable de la fermeture de la porte du salut, le rôle du jugement dans ce processus et l'urgence d'accepter Jésus avant qu'il ne soit trop tard. Alors que nous avançons, soyons vigilants dans notre foi et résolus à partager la bonne nouvelle de Jésus, en disant aux autres d'entrer par la porte du salut et d'expérimenter la puissance transformatrice de sa grâce.

-La Porte Fermée

Le concept de la porte qui se ferme dans le contexte du salut a une signification biblique. Bien que l'invitation de Dieu au salut soit ouverte à tous au cours de leur vie, il arrive un moment où l'opportunité du salut prend fin et la porte est fermée. La Bible met en lumière cette vérité et rappelle solennellement l'urgence de répondre à l'invitation de Dieu pendant qu'il est encore temps.

Voici quelques références bibliques et aperçus sur la fermeture de la porte :

1. Parabole des dix vierges (Matthieu 25 :1-13) : Dans cette parabole, Jésus parle de dix vierges attendant l'arrivée de l'époux. Cinq étaient sages et avaient assez d'huile pour leurs lampes, tandis que cinq étaient insensés et n'en avaient pas. Quand l'époux arriva, les sages entrèrent au festin de noces, mais la porte était fermée pour les vierges folles qui n'étaient pas préparées. La porte fermée représente la finalité de l'opportunité de salut.

2. Pas de seconde chance après la mort (Hébreux 9 :27) : La Bible déclare clairement qu'« il est réservé à l'homme de mourir une seule fois, et après quoi vient le jugement ». Il n'y a pas de seconde chance après la mort pour changer sa destinée éternelle. Le salut est une décision à prendre dans cette vie.

3. L'Arche de Noé (Genèse 7 :16) : Lorsque le moment du jugement arriva, Dieu ferma la porte de l'arche dans laquelle Noé et sa famille étaient entrés. La porte de l'arche représentait la sécurité et le salut du déluge, mais une fois fermée, ceux qui étaient dehors n'avaient plus aucune possibilité de

délivrance.

4. La porte étroite (Matthieu 7 : 13-14) : Jésus enseigne la porte étroite qui mène à la vie et le chemin large qui mène à la destruction. La porte étroite représente le chemin du salut par la foi en Jésus-Christ. Bien que la porte soit désormais ouverte, il est essentiel d'entrer par cette porte tant qu'elle est accessible.

5. La parabole du figuier (Luc 13 :6-9) : Dans cette parabole, un homme plante un figuier et vient chercher des fruits, mais n'en trouve pas. Il dit au jardinier de l'abattre, mais le jardinier lui demande un an de plus pour s'occuper de l'arbre et lui donner une chance de porter ses fruits. La parabole illustre la grâce de Dieu qui nous donne le temps de répondre, mais il y a un moment fixé où le jugement peut venir.

6. Le Jour du Seigneur (1 Thessaloniciens 5 : 2-3) : La Bible parle du Jour du Seigneur venant de manière inattendue comme un voleur dans la nuit. Ceux qui ne sont pas préparés seront jugés lorsque la porte de l'opportunité de salut se sera fermée.

Même si Dieu est patient et désire que tous parviennent à la repentance (2 Pierre 3 : 9), nous ne devrions pas présumer de sa grâce et retarder la réponse à son invitation. La Bible nous encourage à chercher le Seigneur pendant qu'il se trouve (Ésaïe 55 : 6) et à répondre sans délai à son appel au salut. La porte fermée signifie le sérieux de la décision et l'importance de la prendre tant que l'opportunité demeure. Tenons compte de l'urgence de l'appel de Dieu et franchissons la porte du salut par la foi en Jésus-Christ.

-Discuter de la Future Fermeture de la Porte du Salut

Le concept de la fermeture future de la porte du salut est un enseignement biblique qui souligne l'urgence de répondre à l'invitation de Dieu pendant qu'il est encore temps. La Bible parle d'un moment futur où l'offre de grâce et de salut de Dieu prendra fin et où la porte de la réconciliation avec Lui sera fermée. Cet aspect eschatologique sert d'avertissement solennel et de motivation pour que les gens se tournent vers Dieu et acceptent son don du salut avant qu'il ne soit trop tard.

Plusieurs passages et thèmes bibliques pointent vers la fermeture future de la porte du salut :

1. Le jugement final : La Bible parle d'un futur jour de jugement où tous les hommes se tiendront devant Dieu pour rendre compte de leur vie (Apocalypse 20 : 11-15). Ceux qui ont accepté Jésus comme leur Sauveur entreront dans la vie éternelle, mais ceux qui l'ont rejeté seront confrontés à une séparation éternelle d'avec Dieu.

2. Paraboles de Jésus : Comme mentionné précédemment, Jésus a utilisé des paraboles pour illustrer l'importance de la préparation et de la préparation à son retour. La parabole des dix vierges (Matthieu 25 : 1-13) et la parabole des noces (Matthieu 22 : 1-14) mettent toutes deux en évidence

la réalité d'une porte fermée pour ceux qui n'étaient pas préparés.

3. Le temps de la patience de Dieu : Dieu est patient, désirant que tous les hommes parviennent à la repentance (2 Pierre 3 : 9). Cependant, il viendra un moment où sa patience atteindra ses limites et la porte du salut sera fermée.

4. La venue du Fils de l'homme : Jésus lui-même a parlé de sa seconde venue lorsqu'il reviendra juger les vivants et les morts (Matthieu 24 : 30-31). À ce moment-là, l'opportunité du salut prendra fin et la porte sera fermée.

Il est crucial de noter que la fermeture future de la porte du salut n'est pas due au refus de Dieu de sauver, mais aux conséquences de nos choix. L'offre de salut de Dieu est accessible à tous au cours de leur vie, et Il désire que chacun vienne à Lui par la foi en Jésus-Christ. Cependant, Dieu respecte notre libre arbitre, et si quelqu'un rejette continuellement son invitation et sa grâce, il y aura un moment où l'opportunité de salut prendra fin.

Je vous encourage à répondre sans tarder à l'invitation de Dieu, car aujourd'hui est le jour du salut (2 Corinthiens 6 :2). Je vous exhorte à chercher le Seigneur pendant qu'il se trouve (Ésaïe 55 :6) et à ne pas endurcir notre cœur lorsque nous entendons sa voix (Hébreux 3 :15). La fermeture future de la porte du salut sert d'appel à prendre maintenant la décision la plus importante de notre vie, à placer notre foi en Jésus-Christ comme notre Sauveur et Seigneur, et à vivre en étant prêt pour son retour. Tenons compte de cet avertissement et acceptons l'invitation au salut de Dieu avec un cœur de repentance et de foi.

-Examiner des Passages Bibliques Faisant Référence au Jugement Final

La Bible contient plusieurs passages qui font référence au jugement final, où tous les hommes se tiendront devant Dieu pour rendre compte de leur vie. Cet événement est également connu sous le nom de « Jour du Jugement » ou de « Jugement du Grand Trône Blanc ». Examinons quelques passages bibliques clés qui parlent de cet événement important :

1. Apocalypse 20 : 11-15 : « Puis je vis un grand trône blanc et celui qui était assis dessus. De devant sa présence, la terre et le ciel s'enfuirent, et il ne fut trouvé aucune place pour eux. Et je vis les morts, grands et petits, debout devant le trône, et des livres furent ouverts. Puis un autre livre fut ouvert, qui est le livre de vie. Et les morts furent jugés d'après ce qui était écrit dans les livres, selon ce qu'ils avaient fait. Et la mer rendit Les morts qui y étaient, la Mort et l'Hadès rendirent les morts qui étaient en eux, et ils furent jugés, chacun d'eux, selon ce qu'ils avaient fait. Puis la Mort et l'Hadès furent jetés dans l'étang de feu. La seconde mort, l'étang de feu. Et si quelqu'un ne trouvait pas son nom écrit dans le livre de vie, il était jeté dans l'étang de feu.

2. Matthieu 25 :31-46 : Dans ce passage, Jésus décrit le jugement des « brebis et des chèvres ». Le Fils de l'homme vient dans la gloire, et toutes les nations sont rassemblées devant lui. Il sépare les justes (les brebis) des injustes (les boucs) en fonction de la manière dont ils traitaient les autres, en particulier les plus petits d'entre eux. Les justes héritent de la vie éternelle, tandis que les injustes subissent le châtiment éternel.

3. 2 Corinthiens 5 : 10 : « Car nous devons tous comparaître devant le tribunal du Christ, afin que chacun reçoive ce qui lui est dû pour ce qu'il a fait dans le corps, soit bien soit mal. »

4. Romains 14 : 10-12 : « Pourquoi juges-tu ton frère ? Ou toi, pourquoi méprises-tu ton frère ? Car nous comparaîtrons tous devant le tribunal de Dieu ; car il est écrit : « Comme je vis », dit l'Éternel, tout genou fléchira devant moi, et toute langue confessera Dieu. Alors chacun de nous rendra compte à Dieu pour lui-même. »

5. Matthieu 12 :36-37 : « Je vous le dis, le jour du jugement, les gens rendront compte de toute parole imprudente qu'ils prononceront, car par vos paroles vous serez justifiés, et par vos paroles vous serez condamnés.

6. Ecclésiaste 12 : 14 : « Car Dieu amènera en jugement toute action, tout ce qui est secret, qu'il soit bon ou mauvais. »

Ces passages soulignent que le jugement final est un événement réel et inévitable où chaque personne, croyants et non-croyants, rendra compte de sa vie devant Dieu. Le jugement sera impartial et basé sur les actes de chaque personne et sur l'acceptation ou le rejet de Jésus-Christ comme son Sauveur.

Pour les croyants en Christ, le jugement n'est pas une condamnation, mais une récompense basée sur leur fidélité et leur obéissance à la volonté de Dieu. D'un autre côté, pour ceux qui n'ont pas accepté Jésus, le jugement conduit à une séparation éternelle d'avec Dieu dans l'étang de feu, souvent appelé l'enfer.

Comprendre la réalité du jugement final devrait nous inciter à vivre notre vie conformément à la volonté de Dieu, à rechercher son pardon et sa grâce à travers Jésus-Christ et à partager le message de l'Évangile avec les autres pour les aider à trouver le salut et la vie éternelle en lui.

-Comprendre les Conséquences du Rejet de Jésus comme Porte

Rejeter Jésus comme porte du salut entraîne des conséquences importantes et éternelles. La Bible enseigne que Jésus est le seul chemin vers Dieu et que refuser de l'accepter comme Sauveur signifie passé à côté du pardon, de la réconciliation et de la vie éternelle qu'il offre. Voici quelques conséquences cruciales du rejet de Jésus comme porte :

1. Séparation éternelle d'avec Dieu : la déclaration de Jésus : « Je suis le chemin, la vérité et la vie. Personne ne vient au Père que par moi » (Jean

14 : 6), montre clairement que sans la foi en Lui, il n'y a pas d'accès à Dieu. Rejeter Jésus signifie rester séparé de la présence de Dieu pour l'éternité.

2. Pas de pardon des péchés : La mort sacrificielle de Jésus sur la croix constitue l'expiation de nos péchés. Le rejeter signifie rejeter le seul moyen d'avoir nos péchés pardonnés et effacés. Sans le pardon trouvé en Christ, nous restons accablés par la culpabilité et séparés de la grâce de Dieu.

3. Pas de réconciliation avec Dieu : Grâce à Jésus, nous pouvons être réconciliés avec Dieu, rétablissant ainsi notre relation brisée avec Lui. Rejeter Jésus signifie rester dans un état de rébellion contre Dieu, perdant ainsi l'opportunité de réconciliation et de restauration.

4. Aucun espoir de vie éternelle : Jésus offre le don de la vie éternelle à tous ceux qui croient en lui (Jean 3 : 16). Rejeter Jésus signifie renoncer à l'espoir de vivre au-delà de cette existence terrestre et affronter une séparation éternelle d'avec Dieu dans un endroit que la Bible appelle l'enfer.

5. Autonomie pour le salut : Le rejet de Jésus amène souvent les gens à compter sur leurs propres efforts, leur moralité ou leurs pratiques religieuses pour leur salut. Cependant, la Bible enseigne que personne ne peut accéder au ciel grâce à de bonnes œuvres (Éphésiens 2 : 8-9). S'appuyer sur soi pour son salut conduit finalement à la déception et au vide spirituel.

6. Absence de la puissance transformatrice de Dieu : Accepter Jésus permet au Saint-Esprit d'habiter dans les croyants et d'œuvrer dans leur vie, produisant le fruit de l'Esprit (Galates 5 : 22-23). Rejeter Jésus signifie passer à côté de la puissance transformatrice de Dieu dans nos vies.

7. Jugement au jour du jugement : La Bible parle d'un futur jour de jugement où tous les hommes rendront compte de leur vie devant Dieu (Apocalypse 20 : 11-15). Ceux qui rejettent Jésus seront jugés sans être couverts par sa justice.

8. La perte de l'amour insondable de Dieu : Rejeter Jésus signifie refuser l'amour de Dieu, démontré par la mort sacrificielle de son Fils. C'est un rejet de l'expression d'amour la plus profonde jamais connue.

Même si l'invitation au salut de Dieu s'adresse à tous, elle est aussi un appel à faire un choix. Embrasser Jésus comme porte du salut mène à la vie éternelle, au pardon, à la réconciliation et à la plénitude de l'amour et de la grâce de Dieu. Cependant, rejeter Jésus conduit à la séparation d'avec Dieu et aux conséquences du péché. La Bible nous exhorte à choisir la vie en acceptant Jésus et en faisant l'expérience de la vie abondante qu'il offre (Jean 10 : 10). Répondons à l'invitation au salut de Dieu avec humilité, repentance et foi, reconnaissant Jésus comme la seule porte vers une espérance véritable et durable.

-Résumer les Points Clés Abordés tout au long du Chapitre

« La Porte du Salut » : dans ce chapitre, nous avons exploré le thème central de Jésus-Christ comme moyen exclusif de salut pour toute l'humanité. Le chapitre approfondit le concept biblique de la porte comme métaphore pour entrer dans une relation avec Dieu et présente Jésus comme la porte ouverte qui mène à la vie éternelle et à la réconciliation avec Dieu. Il souligne l'urgence et l'importance de répondre à l'invitation de Dieu alors que la porte du salut reste ouverte.

Points clés :

1. L'importance du salut dans la foi chrétienne : Le chapitre établit le rôle central du salut dans le christianisme, soulignant le besoin de rédemption et de restauration en raison de la nature déchue de l'humanité.

2. Jésus comme moyen exclusif de salut : il souligne que Jésus est le seul chemin vers Dieu, comme il l'a clairement dit : "Je suis le chemin, la vérité et la vie. Personne ne vient au Père que par moi". (Jean 14 : 6).

3. Explorer la métaphore biblique de la porte : Le chapitre aborde l'imagerie biblique de la porte comme point d'entrée dans une relation avec Dieu et la relie au concept de salut à travers Jésus.

4. Le sacrifice de Jésus pour toute l'humanité : il met en évidence l'importance de la mort sacrificielle de Jésus sur la croix, qui apporte le pardon et la rédemption à tous ceux qui croient en lui.

5. L'universalité de l'amour de Dieu et son désir que tous soient sauvés : Le chapitre met l'accent sur l'amour de Dieu pour tous les hommes et son désir que chacun parvienne à la repentance et reçoive le salut.

6. L'invitation universelle : elle présente le salut comme une invitation adressée aux personnes de toutes nations et de tous horizons, reflétant la nature inclusive et aimante de Dieu.

7. Entrer par la porte : Le chapitre décrit les étapes pour franchir la porte du salut, y compris la foi en Jésus, la repentance et l'abandon à Lui en tant que Seigneur et Sauveur.

8. Le salut par Jésus seul : Cela souligne le caractère unique de l'œuvre rédemptrice de Jésus et son rôle sans précédent en tant que Sauveur du monde.

9. Répondre aux objections et aux points de vue alternatifs : Le chapitre aborde les objections courantes et les croyances alternatives concernant le salut, en fournissant des réponses bibliques pour clarifier les idées fausses.

10. L'urgence de répondre à l'invitation du salut : Le chapitre met l'accent sur la nature temporelle de la vie et l'incertitude de l'avenir, exhortant les lecteurs à répondre sans délai à l'invitation de Dieu.

11. La future fermeture de la porte du salut : il aborde les passages bibliques qui font référence au jugement final et aux conséquences du rejet de Jésus comme porte, soulignant l'importance de prendre une décision alors qu'il y a encore une opportunité.

Dans l'ensemble, « La Porte du Salut : est une exploration convaincante de la nature unique et inclusive de l'invitation de Dieu au salut à travers Jésus-Christ. Il appelle les lecteurs à répondre à l'amour de Dieu, à embrasser la porte ouverte du salut et à expérimenter la vie abondante trouvée dans Christ seul.

-Encouragement à Embrasser Jésus comme Porte du Salut

Embrassez Jésus comme la porte du salut ! Il se tient devant vous, vous lançant une invitation à l'amour, à la grâce et à la vie éternelle. Il n'y a pas de plus grand cadeau que vous puissiez recevoir que l'offre de réconciliation avec Dieu par la foi en Jésus-Christ. Voici des raisons impérieuses de saisir cette opportunité qui changera votre vie :

1. Un amour sans précédent : la mort sacrificielle de Jésus sur la croix démontre la profondeur de l'amour de Dieu pour vous. Sa volonté de donner sa vie prouve que vous êtes valorisé, chéri et que vous valez la peine d'être sauvé. Embrasser Jésus signifie embrasser l'amour illimité de Dieu.

2. Le seul chemin : Jésus a proclamé : « Je suis le chemin, la vérité et la vie. Personne ne vient au Père que par moi » (Jean 14 : 6). Il n'y a pas d'autre porte, pas d'autre chemin vers la présence de Dieu. Embrasser Jésus, c'est choisir le chemin sûr et sécurisé vers la vie éternelle.

3. Pardon et rédemption : En Jésus, vous trouvez le pardon complet de vos péchés et la rédemption de vos erreurs passées. Son sang vous purifie et sa grâce vous transforme en une nouvelle création.

4. Restauration de la relation : Le péché a créé une division entre l'humanité et Dieu, mais Jésus comble ce fossé. L'embrasser apporte la restauration et la réconciliation avec votre Créateur, vous permettant de ressentir la joie d'être en sa présence.

5. Vie abondante : Jésus a promis une vie abondante à tous ceux qui le suivent (Jean 10 : 10). L'embrasser signifie entrer dans une vie remplie de but, d'espoir et de joie, quelles que soient les circonstances de la vie.

6. Espoir pour l'avenir : En Jésus, vous avez une espérance sûre pour l'avenir. L'incertitude de ce monde contraste avec la sécurité éternelle trouvée en Lui.

7. Libération de la culpabilité et de la honte : Embrasser Jésus vous libère du poids de la culpabilité et de la honte. Il vous offre une table rase et vous invite à marcher en liberté.

8. Pouvoir transformateur : Le Saint-Esprit vient habiter en vous lorsque vous embrassez Jésus. Sa présence vous permet de vivre une vie qui plaît à Dieu et reflète son caractère.

9. Compagnie et orientation : Jésus devient votre compagnon constant et votre guide tout au long du voyage de la vie. Il promet de ne jamais vous quitter ni vous abandonner (Hébreux 13 : 5).

10. Vie éternelle : Le plus grand don d'embrasser Jésus est l'assurance de

la vie éternelle. Par la foi en Lui, vous avez la promesse de passer l'éternité en présence de Dieu.

N'oubliez pas que la porte du salut vous est ouverte maintenant, mais cette opportunité ne durera pas éternellement. Répondre à l'invitation de Dieu à travers Jésus est une décision qui transforme votre vie maintenant et pour toute l'éternité. Ne tardez pas ; saisissez ce précieux don du salut aujourd'hui. Embrassez Jésus comme porte et entrez dans une vie remplie d'amour, d'espoir et de but. Placez-lui votre confiance et laissez sa grâce et sa miséricorde déborder dans votre vie.

Maintenant, le moment est venu de faire de Jésus le Seigneur et le Sauveur de la vie, lisez cette prière comme vos propres mots.

Dieu,
Je viens devant vous avec un cœur humble, reconnaissant mon besoin de salut et de délivrance. Je reconnais que je suis un pécheur et que je n'ai pas atteint ta gloire. Je comprends que j'ai besoin d'un Sauveur et je crois que Jésus-Christ est votre Fils, qui est venu sur terre, est mort sur la croix pour mes péchés et est ressuscité le troisième jour.

Seigneur Jésus, je confesse mes péchés devant toi et je demande ton pardon. S'il te plaît, purifie-moi avec ton sang précieux et lave toutes mes iniquités. Je t'accepte comme mon Seigneur et Sauveur, et je t'invite dans mon cœur et ma vie. Je t'abandonne tout ce que je suis.

Au nom de Jésus, je renonce à tout mauvais esprit, influence démoniaque et malédiction générationnelle qui pourraient avoir une emprise sur ma vie ou sur la lignée de ma famille. Je plaide pour le sang de Jésus sur ma vie et demande votre protection et votre délivrance.

Je déclare que je suis un enfant de Dieu, racheté par le sang de l'Agneau. Je suis né de nouveau et refait nouveau en Jésus-Christ. Je t'appartiens et je suis libéré de l'esclavage du péché et des ténèbres.

Merci, Seigneur, pour ton amour, ta grâce et ta miséricorde. Merci de m'avoir accepté dans votre famille. Je m'engage à vous suivre, à étudier votre Parole et à grandir dans ma relation avec vous. Remplis-moi de ton Saint-Esprit et guide-moi dans tes voies.

Au nom de Jésus, je prie. Amen.

Maintenant, vous êtes un citoyen né de nouveau et céleste. Si vous avez besoin d'aide, envoyez-moi un e-mail à : propheteholytresor@gmail.com

-Inciter les Lecteurs à Partager le Message du Salut avec les Autres

En acceptant le don du salut qui change votre vie grâce à Jésus-Christ, vous êtes devenu témoin de son amour et de sa grâce. Le monde a besoin d'entendre ce message d'espoir et de réconciliation. Voici des raisons impérieuses de partager la bonne nouvelle du salut :

1. L'amour en action : Partager le message du salut est une expression de l'amour pour les autres. Tout comme Jésus s'est sacrifié de manière désintéressée pour nous, nous pouvons faire preuve d'amour en prenant soin du bien-être éternel de ceux qui nous entourent.

2. Obéir à la Grande Commission : Jésus a demandé à ses disciples « d'aller faire de toutes les nations des disciples » (Matthieu 28 : 19). En partageant le message, vous participez à l'accomplissement de ce mandat divin.

3. Un monde dans le besoin : Le monde est rempli de brisement, de désespoir et d'incertitude. Partager le message du salut offre espoir et paix au milieu du chaos.

4. Impact éternel : En partageant le message, vous avez la possibilité d'avoir un impact sur l'éternité de quelqu'un. Vos paroles peuvent amener d'autres personnes à accepter Jésus comme leur Sauveur, assurant ainsi leur place dans le royaume de Dieu pour toujours.

5. Transformer des vies : L'Évangile a le pouvoir de transformer des vies. En partageant le message, vous contribuez à apporter des changements positifs dans le cœur et la vie des gens.

6. Joie dans l'évangélisation : Partager la bonne nouvelle apporte joie et épanouissement. Il n'y a pas de plus grande satisfaction que de voir quelqu'un embrasser Jésus et expérimenter son amour transformateur.

7. Honorer Dieu : Partager le message du salut honore le cœur de Dieu pour tous. Il désire que personne ne périsse, mais qu'il parvienne à la repentance (2 Pierre 3 : 9).

8. Réveil et renouveau : Le réveil commence souvent par une étincelle d'enthousiasme de la part de ceux qui partagent l'Évangile. À mesure que davantage de personnes entendent le message, cela peut conduire à un éveil spirituel généralisé.

9. Suivre les traces de Jésus : Jésus était l'évangéliste ultime, tendant la main aux perdus et aux brisés avec compassion et grâce. En partageant l'Évangile, vous imitez son exemple.

10. Construire le Royaume de Dieu : Chaque âme qui vient à Christ renforce le royaume de Dieu. Vos efforts contribuent à la croissance du corps du Christ dans le monde entier.

11. Multiplication des disciples : à mesure que d'autres acquièrent la foi grâce à votre témoignage, eux aussi peuvent partager le message, créant ainsi une réaction en chaîne de disciple.

12. Réponse à la prière : De nombreuses personnes prient pour le salut et recherchent des réponses. Votre obéissance pour partager le message pourrait être la réponse à la prière de quelqu'un.

N'oubliez pas que partager le message du salut ne nécessite pas d'éloquence ou de vastes connaissances bibliques. Il s'agit d'être un témoin fidèle de ce que Jésus a fait dans votre vie. Votre véritable amour, votre compassion et votre volonté d'écoute peuvent créer des opportunités de partager l'Évangile.

Le monde a besoin de votre voix. Alors, soyez audacieux et partagez la bonne nouvelle du salut avec amour, humilité et un cœur qui désire voir des vies transformées par la puissance de Jésus-Christ. En marchant avec foi, sachez que vous êtes partenaire de Dieu dans son œuvre rédemptrice et que vous faites une différence éternelle dans la vie de ceux qui vous entourent.

Références bibliques :
- Jean 10:9 - "Je suis la porte. Si quelqu'un entre par moi, il sera sauvé."
- 1 Timothée 2:4 - "Dieu désire que tous les hommes soient sauvés et parviennent à la connaissance de la vérité."
- Jean 14:6 - "Je suis le chemin, la vérité et la vie. Personne ne vient au Père que par moi."

6. CONCLUSIONS

En conclusion, le processus de la nouvelle naissance est un événement unique ; nous naissons une fois. Cela commence par reconnaître notre besoin de la grâce de Dieu, par la repentance de nos péchés et par l'acceptation du don du salut par la foi en Jésus-Christ. Ce voyage de transformation se poursuit alors que nous marchons dans la plénitude du dessein de Dieu, vivant comme témoins de son amour et de sa grâce envers le monde.

En comprenant le désir universel de renouveau spirituel, nous réalisons que nos désirs les plus profonds ne peuvent être satisfaits que par une relation personnelle avec Jésus, la Porte du Salut. Son amour sacrificiel sur la croix et sa résurrection victorieuse nous ouvrent la voie à l'expérience d'une véritable transformation et d'une vie abondante.

Tout au long de ce voyage, nous explorons la richesse de la Parole de Dieu, embrassant la vérité selon laquelle nous sommes créés à l'image de Dieu et possédons une dignité et une valeur inhérentes. Nous sommes confrontés à la réalité de notre fragilité et à l'impact du péché sur nos vies, mais nous trouvons également de l'espoir dans la rédemption offerte par Jésus-Christ.

À mesure que nous abordons la signification de la repentance et du pardon, nous découvrons la liberté et la joie qui découlent du fait d'être libérés de la condamnation et d'embrasser le pouvoir transformateur de l'amour de Dieu. Nous sommes appelés à étendre ce pardon aux autres, en favorisant une atmosphère de grâce et de réconciliation.

Marcher dans l'amour et le service devient notre réponse naturelle alors que nous expérimentons l'impact transformateur de l'amour de Jésus dans nos vies. Nous reconnaissons que vivre en tant que témoins de l'amour et de la grâce du Christ n'est pas une option, mais un appel sacré à avoir un impact sur le monde avec l'Évangile.

Tout au long de ce voyage, nous nourrissons notre esprit par la prière, l'étude, l'adoration et la communion avec Dieu. Nous reconnaissons le rôle vital du Saint-Esprit pour nous guider et nous donner les moyens de vivre en accord avec les enseignements du Christ.

Alors que nous poursuivons ce voyage de renouveau qui dure toute une vie, nous rencontrons des défis, des revers et des moments de doute. Cependant, nous persévérons, sachant que la grâce de Dieu nous suffit et que sa puissance se révèle parfaite dans nos faiblesses.

En conclusion, le processus de naitre de nouveau est un voyage magnifique et transformatrice. C'est une invitation à expérimenter la plénitude de l'amour, de la grâce et du dessein de Dieu. C'est un voyage d'espérance, de rédemption et de croissance en Christ. Puissions-nous entreprendre ce voyage avec un cœur ouvert, en recherchant continuellement la transformation en présence de notre Sauveur, Jésus-Christ. Marchons avec audace et confiance, vivant comme témoins de son amour et impactant le monde avec la puissance de son Évangile.

-Résumer les Principes Bibliques Clés et les Etapes pour Expérimenter la Renaissance Spirituelle.

Faire l'expérience d'une renaissance spirituelle, naître de nouveau, est un voyage transformateur de renouveau et de réconciliation avec Dieu. Voici les principes bibliques clés et les étapes de cette expérience profonde :

1. Reconnaître le besoin de la grâce de Dieu : Reconnaître notre état de péché et notre besoin du pardon et de la grâce de Dieu (Romains 3 :23 ; Éphésiens 2 :8-9).

2. Croire en Jésus-Christ : Placer notre foi en Jésus en tant que Fils de Dieu, mort pour nos péchés et ressuscité (Jean 3 :16 ; Romains 10 :9-10).

3. Se repentir et se tourner vers Dieu : Repentez-vous, en vous détournant du péché et en vous tournant vers Dieu, avec un véritable désir de changement (Actes 3 :19 ; 1 Jean 1 :9).

4. Accepter l'amour et le pardon de Dieu : Acceptez l'amour inconditionnel et le pardon de Dieu à travers la mort sacrificielle de Jésus (1 Pierre 2 :24 ; Éphésiens 1 :7).

5. Recevoir le Saint-Esprit : Invitez le Saint-Esprit dans nos vies pour nous guider, nous responsabiliser et nous transformer (Actes 2 :38 ; Galates 5 :22-23).

6. Vivre comme de nouvelles créations : Embrassez notre nouvelle identité en Christ, devenant de nouvelles créations et enfants de Dieu (2 Corinthiens 5 :17 ; Galates 3 :26).

7. Marcher dans l'obéissance et la condition de disciple : suivez les

enseignements et les commandements de Jésus, en vivant comme ses disciples (Matthieu 28 :19-20 ; Jean 15 :14).

8. Vivre une vie d'amour et de service : Reflétez l'amour du Christ en servant les autres de manière désintéressée (Marc 10 :45 ; Galates 5 :13).

9. Nourrir l'Esprit intérieur : Cultivez une vie spirituelle dynamique par la prière, l'étude et l'adoration (Colossiens 3 :16 ; Éphésiens 6 :18).

10. Marcher en tant que témoins : Proclamer l'Évangile par nos paroles et nos actions, en étant témoins de l'amour et de la grâce du Christ (Actes 1 : 8 ; Matthieu 5 : 16).

11. Croissance et renouveau continus : Embrassez le voyage de toute une vie de croissance, de renouveau et de persévérance dans la foi (2 Pierre 3 : 18 ; Romains 12 : 2).

Le processus de renaissance spirituelle implique une réponse du cœur à l'amour et à la grâce de Dieu, une foi active en Jésus-Christ, une véritable repentance et l'œuvre continue du Saint-Esprit. En marchant dans l'obéissance, en servant les autres et en entretenant notre relation avec Dieu, nous devenons des témoignages vivants de sa puissance transformatrice et faisons l'expérience de la vie abondante trouvée en Jésus-Christ. Puissions-nous continuer à grandir dans sa grâce et marcher avec confiance dans la vérité de notre renaissance spirituelle.

-Encourager les Lecteurs à Embrasser une Relation Continue avec Dieu et à Poursuivre une Croissance Continue.

Alors que vous traversez l'expérience transformatrice de la nouvelle naissance, je vous encourage à embrasser une relation continue avec Dieu et à poursuivre une croissance continue dans votre foi. Votre décision de suivre Jésus n'est que le début d'un Voyage de toute une vie avec Lui. Voici quelques informations clés pour vous guider dans cette quête :

1. Demeurez dans la Parole de Dieu : Faites de la Parole de Dieu une partie quotidienne de votre vie. Lisez et méditez régulièrement les Écritures, en leur permettant de façonner vos pensées, vos attitudes et vos actions (Psaume 119 :105 ; Josué 1 :8).

2. Développer une vie de prière : Cultivez une vie de prière dynamique. Passez du temps en communication sincère avec Dieu, en déversant vos joies, vos luttes et vos désirs devant Lui (1 Thessaloniciens 5 :17 ; Philippiens 4 :6-7).

3. Assister au culte et à la communion fraternelle : Participez à des rassemblements de culte réguliers et à la communion fraternelle avec d'autres croyants. En communauté, vous trouverez des encouragements, du soutien et des opportunités de servir ensemble (Hébreux 10 :25 ; Actes 2 :42-47).

4. Abandonnez-vous et recherchez la sainteté : abandonnez continuellement votre vie à Dieu, lui permettant de vous façonner pour devenir la personne qu'il a conçu pour que vous soyez. Recherchez la sainteté, en vivant conformément à sa volonté (1 Pierre 1 :15-16 ; Romains 12 :1-2).

5. Embrassez le Saint-Esprit : comptez sur les conseils et la puissance du Saint-Esprit. Invitez-le à œuvrer en vous et à travers vous, produisant le fruit de l'Esprit dans votre vie (Galates 5 :22-23 ; Éphésiens 5 :18).

6. Servir avec amour : Recherchez des occasions de servir les autres avec amour et compassion. Le service semblable à celui du Christ reflète le cœur de Dieu et lui apporte gloire (Marc 10 :45 ; Galates 5 :13).

7. Recherchez la maturité spirituelle : engagez-vous à grandir dans votre foi. Poursuivez votre maturité spirituelle en étudiant des vérités théologiques plus profondes, en devenant disciples et en recherchant de sages conseils (Éphésiens 4 :11-16 ; Colossiens 1 :9-10).

8. Surmontez les défis avec foi : Attendez-vous à des défis et des épreuves, mais abordez-les avec une foi inébranlable. Ayez confiance que Dieu est avec vous et que sa force vous guidera (Jacques 1 :2-4 ; 1 Pierre 1 :6-7).

9. Restez ancré dans la gratitude : cultivez un cœur de gratitude. Souvenez-vous de la fidélité de Dieu dans votre vie et remerciez-le pour son amour et sa grâce (Colossiens 3 :15 ; Psaume 100 :4).

10. Partagez votre foi : Soyez audacieux en partageant votre foi avec les autres. Votre témoignage et l'amour dont vous faites preuve peuvent avoir un impact sur la vie de ceux qui vous entourent (Matthieu 28 :19-20 ; 1 Pierre 3 :15).

N'oubliez pas que votre voyage avec Dieu est unique et qu'il y aura des hauts et des bas tout au long du chemin. Mais en vous approchant de Lui et en recherchant une croissance continue, vous expérimenterez la joie de connaître Dieu intimement et de marcher selon Son dessein pour votre vie. Embrassez l'aventure d'une relation continue avec Dieu et laissez son amour transformateur vous guider à chaque étape du chemin. Puissiez-vous être une lumière dans le monde, reflétant le pouvoir transformateur de la nouvelle naissance à travers Jésus, la Porte du Salut.

-Le Voyage pour Naître de Nouveau est un Engagement Permanent à Marcher à la Lumière de l'Amour et de la Grâce de Dieu.

Alors que vous vous lancez dans le voyage de la nouvelle naissance, il est essentiel de vous rappeler que cet engagement est une marche de toute une vie à la lumière de l'amour et de la grâce de Dieu. Tout comme une graine devient un arbre, votre nouvelle foi en Christ nécessite de l'éducation, des soins et une croissance continue.

1. Nourrissez votre âme : Tout comme une plante a besoin d'eau et de soleil, votre âme a besoin de se nourrir de la Parole et de la prière de Dieu. Passez régulièrement du temps en présence de Dieu, recherchant ses conseils et sa sagesse (Psaume 1 :2 ; 2 Timothée 3 :16-17).

2. Restez connecté à la vigne : Tout comme les sarments restent connectés à la vigne pour porter du fruit, restez connecté à Jésus, la vraie vigne. Demeurez en Lui, et Il vous soutiendra dans toutes les saisons de la vie (Jean 15 : 4-5).

3. Marchez dans l'obéissance : obéissez aux commandements de Dieu comme expression de votre amour pour lui. L'obéissance est la preuve d'une véritable relation avec Dieu (Jean 14 :15 ; 1 Jean 2 :3-6).

4. Étendez la grâce et le pardon : Comme vous avez reçu la grâce et le pardon de Dieu, étendez-les aux autres. Laissez l'amour être la marque de vos interactions avec ceux qui vous entourent (Éphésiens 4 :32 ; Colossiens 3 :13).

5. Persévérer dans la foi : Il peut y avoir des défis en cours de route, mais rappelez-vous que Dieu est fidèle. Persévérez dans votre foi, sachant qu'Il est avec vous en toute circonstance (Hébreux 10 :23 ; Jacques 1 :12).

6. Appuyez-vous sur le Saint-Esprit : Le Saint-Esprit est votre aide et votre défenseur. Comptez sur ses conseils, sa force et son réconfort pour naviguer dans les complexités de la vie (Jean 14 :26 ; Galates 5 :16).

7. Recherchez la croissance et la maturité : Efforcez-vous d'atteindre la croissance et la maturité spirituelles. Permettez à Dieu de vous affiner et de transformer votre caractère pour qu'il ressemble davantage à Christ (2 Pierre 3 :18 ; Romains 8 :29).

8. Marchez dans la lumière : Marchez dans la lumière de la vérité et de la justice de Dieu. Que sa Parole soit une lampe à vos pieds et une lumière sur votre chemin (Psaume 119 :105 ; 1 Jean 1 :7).

9. Trouvez le repos en Dieu : Au milieu des activités et des défis de la vie, trouvez le repos dans la présence de Dieu. Il offre paix et rafraîchissement à votre âme (Matthieu 11 :28-30 ; Psaume 62 :1).

10. Partagez l'amour de Dieu : Laissez l'amour et la grâce dont vous avez fait l'expérience déborder sur les autres. Partagez la Bonne Nouvelle du salut et soyez témoin de la puissance transformatrice de Dieu (Matthieu 5 :16 ; 1 Pierre 3 :15).

Pendant que vous marchez dans la lumière de l'amour et de la grâce de Dieu, rappelez-vous qu'il est fidèle pour achever l'œuvre qu'il a commencée en vous (Philippiens 1 : 6). Le chemin de la nouvelle naissance n'est pas sans épreuves, mais il est marqué par l'assurance de l'amour de Dieu et l'espérance de la vie éternelle en Christ.

Laissez votre vie être le reflet de Son amour et que le monde puisse voir le pouvoir transformateur de la nouvelle naissance à travers vos paroles, vos actions et votre cœur. À chaque pas que vous faites, sachez que Dieu vous guide, vous soutient et approfondit votre compréhension de son amour infini. Acceptez cet engagement de toute une vie avec joie et détermination, car vous êtes un enfant bien-aimé de Dieu, marchant dans la lumière de sa grâce.

7 BIBLIOGRAPHIES

- "Le pouvoir de la croix" de Dag Heward-Mills (2013)
- "Comment naître de nouveau" de Billy Graham (1977)
- "Alerte Rapture : Préparez-vous à rencontrer votre Dieu" d'Enoch Adejare Adeboye (2005)
- "Le salut : le don de l'amour de Dieu" de Mensa Otabil (2000)
- "Né de nouveau et j'adore ça!" de Sam Adeyemi (2009)
- « La Croix : une perspective prophétique » de David Oyedepo (2003)
- « La repentance : le chemin vers le cœur de Dieu » de Chris Oyakhilome (2017)
- « Jour du jugement : la réalité ultime » de Daniel Kolawole Olukoya (2018)
- « Le salut : une nouvelle perspective » de Lazarus Muoka (2014)
- « Born Again : Vivre une vie pleine de sens » de Matthew Amoateng (2010)
- « La croix et la couronne : embrasser la vie chrétienne » de Temitope Talabi (2020)
- « Rapture Ready : La fin des temps dévoilée » de Tunde Bakare (2019)
- « Born Again : Un voyage de foi » d'Obinnaya Uruakpa (2011)
- « Jour du jugement : un temps de réflexion » de David Ibiyeomie (2009)
- « Born Again : Un témoignage personnel » d'Enoch Adejare Adeboye (2017)

- "Comprendre le salut" de Dag Heward-Mills (2007)
- « La Croix du Christ : notre espoir de salut » de Chris Oyakhilome (2007)
- "Rapture : le passé, le présent et le futur" de David Oyedepo (2010)
- « Jour du jugement dernier : vivrez-vous ou mourrez-vous ? » de Matthew Ashimolowo (2002)
- « Sauvés par la grâce seule : une perspective pastorale sur le salut » par Ayo Ajani (2019)
- « Vivre une vie de feu : une autobiographie » de Reinhard Bonnke (2014)
- "L'appel de l'Évangile et la véritable conversion" de Paul Washing (2013)
- "La Croix du Christ" de John MacArthur (1986)
- "La marque du chrétien" de Francis Schaeffer (1970)
- "Plus qu'un charpentier" de Josh McDowell (1977)
- "La vie motivée par un but" de Rick Warren (2002)
- "La vie chrétienne normale" de Watchman Nee (1957)
- "La Passion et la Croix" de Ronald Rolheiser (2015)
- "Paix avec Dieu" de Billy Graham (1953)
- "La Croix du Christ" de RA Torrey (1902)
- "Revival Fire" de Wesley L. Duewel (1995)
- "Né de nouveau" de Charles Finney (1879)
- "La fin des temps simplifiée" de Samuel E. Waldron (2016)
- "Qu'est-ce qu'il y a de si étonnant chez Grace ?" de Philip Yancey (1997)
- "La seconde venue du Christ" de Clarence Larkin (1918)
- "Né de nouveau" de Charles Colson (1976)
- "La Sainteté de Dieu" de RC Sproul (1985)
- "L'homme céleste" de frère Yun (2002)
- "Désirer Dieu" de John Piper (1986)
- "Laissé pour compte" de Tim LaHaye et Jerry B. Jenkins (1995)
- "Paradis" de Randy Alcorn (2004)
- "La quête finale" de Rick Joyner (1996)
- "Le jour où le Christ est mort" de Jim Bishop (1957).
- e-Sword 10.4 Par : Rick Meyers www.e-Sword.net 2000-2016
- theWord Costas Stergiou 2003-2015 http://www.theword.net

À PROPOS DE L'AUTEUR

Holly Van Usele n'est pas seulement un auteur ; il est un vaisseau à travers lequel circule la sagesse divine, un ministère de prophète dont le cœur résonne de l'amour du Saint-Esprit et une lueur d'espoir dans un monde aspirant au retour de Jésus-Christ.

Né en République démocratique du Congo, le voyage spirituel de Holly a commencé par une rencontre profonde qui a changé le cours de sa vie. C'est au cœur de la RDC qu'il a vécu l'événement bouleversant de sa nouvelle naissance, un moment qui a non seulement enflammé son profond amour pour le Saint-Esprit, mais l'a également mis sur la voie de l'accomplissement de son appel divin.

Avec trois livres remarquables à son actif, Holly a prouvé à maintes reprises que sa passion pour la propagation de l'Évangile ne connaît pas de limites. Son premier ouvrage, « Déverrouiller la Prochaine Dimension», offre aux lecteurs un aperçu approfondi de la croissance spirituelle et de la transformation personnelle. Cette introduction convaincante a ouvert la voie à ce qui allait devenir un voyage littéraire transformateur.

Dans son deuxième livre, "Le Brave Chevalier de la Grâce ", Holly s'est aventuré dans le domaine de la littérature pour enfants, captivant les jeunes esprits avec des histoires de courage, de foi et de grâce illimitée qui coule d'en haut. Ce délicieux départ de son genre habituel a mis en valeur sa polyvalence en tant qu'auteur, démontrant sa capacité à toucher les cœurs de tous âges.

Aujourd'hui, avec son troisième chef-d'œuvre, « La Porte du Salut : Comment Naître de Nouveau », Holly a une fois de plus braqué les projecteurs sur le cœur de la mission de son ministère. Dans cet ouvrage éclairant, il emmène les lecteurs dans une exploration profonde du salut, fournissant une feuille de route pour une renaissance spirituelle à la fois accessible et éclairante. Les paroles de Holly sont un phare qui guide d'innombrables âmes vers l'expérience transformatrice de la nouvelle naissance.

Le ministère de Holly incarne l'essence du Plein Évangile. Ses enseignements sont soulignés par un engagement à :

1. La moisson des âmes : Ses efforts inlassables pour amener les âmes perdues dans l'étreinte aimante du salut du Christ témoignent de son dévouement inébranlable.

2. Discipolat : Le ministère de Holly s'étend bien au-delà de l'expérience initiale du salut. Il donne aux individus les moyens de suivre le chemin du

discipolat, en nourrissant leur foi et en les aidant à devenir de véritables disciples du Christ.

3. Guérison divine, miracles et merveilles : La foi de Holly dans la puissance miraculeuse de Dieu est inébranlable. Il a été témoin d'innombrables vies transformées grâce à la guérison divine et à la manifestation des merveilles de Dieu.

4. Délivrance : Holly est un fervent défenseur de la délivrance spirituelle, aidant les individus à se libérer des chaînes qui les lient et les guidant vers une vie de liberté en Christ.

5. Le prophétique : Grâce au don prophétique, Holly Van Usele offre un aperçu et une révélation, dévoilant les mystères les plus profonds du plan de Dieu pour l'humanité.

Résidant actuellement en Afrique du Sud, Holly est prophète auprès d'un organisme local de l'église réformatrice Harvester dans la ville Heidelberg. Son partenariat dans le ministère s'étend à son épouse bien-aimée, Tara Stanley Van Usele, qui se tient à ses côtés dans leur mission commune de propagation de l'Évangile.

La vie et le ministère de Holly témoignent de sa foi inébranlable, de sa profonde spiritualité et de son engagement inébranlable à partager le message du salut. Il continue d'inspirer et d'élever d'innombrables âmes, les exhortant à franchir la « Porte du Salut » et à s'embarquer dans un voyage de foi transformateur. Alors que nous attendons le retour glorieux de Jésus-Christ, Holly Van Usele se présente comme une lueur d'espoir et un instrument puissant entre les mains du Saint-Esprit.

Connectez-vous avec Holly Van Usele :
-SiteWeb :
https://sites.google.com/view/prophethollyvanusele/shop?authuser=0

- Liens vers les réseaux sociaux :
X https://twitter.com/HollyTresor?s=09

https://www.threads.net/@prophet_holly_van_usele

https://instagram.com/prophet_holly_van_usele?igshid=MzNlNGNkZWQ4Mg==

https://www.facebook.com/profile.php?id=100063764588046

Pour les demandes des médias, les interviews ou les allocutions, veuillez contacter : prophetehollytresor@gmail.com
+27836932043
Merci.

https://payment.payfast.io/eng/process/payment/2ca7b038-aaf3-44d2-a28b-ce13a0768023

https://www.amazon.fr/dp/B0CBWD4QWW

www.ingramcontent.com/pod-product-compliance
Lightning Source LLC
Chambersburg PA
CBHW051923160426
43198CB00012B/2013